Conciliation et médiation devant la juridiction administrative

Béatrice BLOHORN-BRENNEUR

et Jacques BIANCARELLI

Conciliation et médiation devant la juridiction administrative

Actes du colloque du Conseil d'État du 17 juin 2015

GEMME
France

L'Harmattan

Des mêmes auteurs, aux éditions L'Harmattan

- **Béatrice Blohorn-Brenneur :**
  . Du désamour au divorce – Jugement, conciliation, médiation, 2013
  . Stress et souffrance au travail – Un juge témoigne, 2010

- **GEMME-France :**
  . Conciliation et médiation commerciales, (sous la direction de Béatrice Blohorn-Brenneur), 2013
  . Conciliation et médiation prud'homales, 2013
  . Guide pratique de la conciliation et de la médiation judiciaires, 2012
  . Panorama des Médiations du monde, (sous la direction de Béatrice Blohorn-Brenneur), 2010

5-7, rue de l'Ecole-Polytechnique, 75005 Paris

http://www.harmattan.fr
diffusion.harmattan@wanadoo.fr
harmattan1@wanadoo.fr

ISBN : 978-2-343-07270-8
EAN : 9782343072708

Colloque organisé par le Conseil d'État, à la Maison du Barreau, en partenariat avec l'Ordre des avocats de Paris et la section française du Groupement européen des magistrats pour la médiation (GEMME-France)

Nous remercions entre autres Marie Delord et Laura-May Weil qui ont contribué à la retranscription et à la relecture des interventions.

Sommaire

ALLOCUTION DE BIENVENUE **11**

Pierre-Olivier Sur, bâtonnier de l'ordre des avocats de Paris 13

PROPOS INTRODUCTIFS **17**

Jean-Marc Sauvé, vice-président du Conseil d'État 19

Béatrice Blohorn-Brenneur, présidente de GEMME-France 29

TABLE RONDE 1
MISE EN PERSPECTIVE ET ENJEUX **37**

Pierre Guerder, doyen honoraire de la Cour de cassation 39

Catherine Chadelat, conseillère d'État 43

Natalie Fricero, professeur à l'université de Nice, directrice de l'Institut d'études judiciaires 51

Jean-Luc Baechler, président du tribunal administratif fédéral suisse 59

Peter Osten, juge administratif honoraire allemand et médiateur 79

TABLE RONDE 2
LES ATTENTES DES PARTIES PRENANTES **85**

Hirbod Dehghani-Azar, avocat, président de l'association des médiateurs européens (AME - centre de médiation du Barreau de Paris), élu local 87

Christian Pierret, ancien ministre, avocat, président d'honneur de « Villes de France » 91

Jean Maïa, conseiller d'État, directeur des affaires juridiques des ministères économiques et financiers 97

Catherine de Salins, conseillère d'État, ancienne directrice des affaires juridiques des ministères chargés des affaires sociales 103

Jean-Pierre Brunel, avocat, médiateur spécialisé en droit public, ancien président de tribunal administratif 113

TABLE RONDE 3
EXAMEN ET BILAN COMPARATIFS DES PRATIQUES DU JUGE ADMINISTRATIF ET DU JUGE JUDICIAIRE 119

Christine Maugüé, présidente adjointe de la section de l'administration du Conseil d'État 121

Fabrice Vert, conseiller coordonnateur de l'activité des conciliateurs de justice et des médiateurs à la cour d'appel de Paris 123

Gilbert Cousteaux, président de chambre à la cour d'appel de Toulouse 133

Jean-Marc Le Gars, président de la cour administrative d'appel de Lyon 145

Cécile Cottier, première conseillère à la cour administrative d'appel de Lyon 157

Stéphane Wegner, vice-président du tribunal administratif de Grenoble 167

TABLE RONDE 4
QUELLES RÉFORMES POUR LA JURIDICTION ADMINISTRATIVE ? QUELS OUTILS ? 171

Bernard Stirn, président de la section du contentieux du Conseil d'État 173

Odile Piérart, conseillère d'État, chef de la mission d'inspection des juridictions administratives 177

Jérôme Rousseau, avocat au Conseil d'État et à la Cour de cassation 191

Jean-Christophe Gracia, premier conseiller des tribunaux administratifs et cours administratives d'appel, directeur adjoint des affaires civiles et du sceau 201

Bernard Stirn, président de la section du contentieux du Conseil d'État 221

ALLOCUTION DE CLOTURE 223

Pierre-Olivier Sur, bâtonnier de l'ordre des avocats de Paris 225

ANNEXES
DISCOURS SUR LA MÉDIATION ADMINISTRATIVE PRONONCÉS LORS DE DIFFÉRENTS COLLOQUES ORGANISÉS PAR GEMME-FRANCE 227

Médiation et conciliation devant le juge administratif en Allemagne. La médiation de courte durée. Une méthode efficace pour les médiations devant les juridictions administratives allemandes (Roland Fritz M.A.) 229

Médiation administrative en Allemagne (Jan Malte von Bargen) 235

ALLOCUTION DE BIENVENUE

Pierre-Olivier Sur,
bâtonnier de l'ordre des avocats de Paris

Chers amis,

J'ai le plaisir d'ouvrir cette journée, Conseil d'État, Barreau de Paris, GEMME, de saluer M. le vice-président du Conseil d'État, de lui dire que c'est un grand honneur pour nous de l'accueillir. Il nous fait souvent l'honneur de venir parmi nous pour intervenir, pour échanger. Cette fois c'est une journée entière, ce qui honore notre profession et notre Maison du Barreau. Je salue aussi Monsieur le président de la cour administrative d'appel, au 1er rang.

Je salue Mesdames et Messieurs les magistrats, les conseillers d'État, les professeurs et mes chers confrères. Le public de ce colloque comporte 375 inscrits, parmi lesquels des conseillers d'État, des magistrats de l'ordre judiciaire et de l'ordre administratif, des avocats inscrits au barreau de Paris ou autres ; et puis il existe des passerelles – tout à l'heure j'ai rencontré un ancien préfet qui est passé par Sciences Po et l'ENA et qui, devenu avocat à 72 ans, m'a raconté ses premières Assises.

Nous allons parler de la médiation, des modes alternatifs de règlement des litiges. C'est un sujet extrêmement intéressant, actuel et qui appelle à des réformes et à des progrès, en particulier concernant les juridictions administratives, c'est ce que nous verrons aujourd'hui.

Deux mots pour situer les choses de mon point de vue, très modestement : qu'est-ce que le droit ? Qu'est-ce que la justice ? C'est un véhicule de régulation sociale, un véhicule de croissance économique, un véhicule de progrès. Ce véhicule est conduit par une main extérieure, la main qui tient le glaive, la main qui tient le volant ; cette main-là est celle du magistrat, du juge.

Mais on peut aussi imaginer que cette main soit une main invisible et intérieure. Ce peut être dans la culture religieuse et, pourquoi pas, transcendantale, la voix du pardon, qui réconcilie.

Mais cette main extérieure peut être républicaine, elle peut être consensuelle, elle peut être contractuelle. Elle peut permettre, sans l'intervention du juge, aux parties de se rapprocher. Alors, on sort de la justice sanctionnatrice, pour une justice réparatrice, et on trouve une justice consensuelle.

C'est un sujet d'espoir et de progrès, parce que d'abord nous y sommes contraints. En effet, chaque génération essaie de progresser et de faire en sorte que la société fonctionne mieux, que les régulateurs soient plus sophistiqués et meilleurs. Mais aussi, il faut bien le dire, nous n'avons plus de magistrats, pas beaucoup plus que sous Napoléon III, tandis que les avocats ...

Une façon de voir les choses consisterait alors à se dire : « s'il n'y a plus assez de magistrats, et si le progrès veut que les parties parviennent à se rapprocher, essayons d'aller dans ce sens ».

C'est bien la philosophie du projet « Justice du XXIème siècle », c'est bien la philosophie générale, qui est européenne, et aussi africaine. Je reviens du Conseil des ministres de l'Organisation pour l'harmonisation en Afrique du droit des affaires (OHADA) où les ministres de la Justice des pays membres de l'OHADA n'avaient qu'un mot à la bouche : la médiation et l'arbitrage.

D'un point de vue juridique, on arrive à une révolution copernicienne que je trouve extraordinaire. On passe d'un raisonnement à trois temps à un raisonnement à quatre temps. Qu'est-ce que le raisonnement à trois temps ? C'est celui que nous avons tous appris à la faculté : le contrat, la rupture contractuelle et le juge.

Nous allons inventer un quatrième temps. Le contrat, la rupture contractuelle, la médiation (les modes alternatifs, voisins extrajudiciaires) et *in fine* peut-être le juge, ou ce qu'il en reste, parce qu'il n'y a plus de juges. Ce nouveau temps, qui devient le troisième, est en particulier celui de l'avocat, car l'avocat fait partie de ceux qui conduisent à la médiation.

Un mot avant de conclure : je participais hier à des travaux de réflexion sur ce que sera l'avocat dans une génération. En observant les changements depuis trente ans, on imagine qu'ils seront encore plus importants dans trente ans. Le grand spécialiste du droit de l'informatique, Alain Bensoussan, nous parlait du rôle des robots : aujourd'hui, pour le diagnostic du cancer, un professeur de médecine n'a que deux chances sur trois de tomber juste, contre 99% pour un robot ; pour les avocats, selon lui, c'est la même chose. Je disais que le droit est un régulateur, un véhicule de paix sociale, de progrès. Mais le droit passe par un syllogisme et qui dit syllogisme, dit mathématiques. Le robot peut dès lors analyser la situation et présenter la solution. Pour chacune des parties, les algorithmes du robot n'ont aucun risque d'erreur. La solution interviendrait donc de façon mécanique. Je disais tout à l'heure qu'il n'y aurait plus de magistrats ; je suis en train de vous dire qu'il n'y aura plus d'avocats non plus.

Heureusement, nous exerçons ensemble, c'est ce qui nous rassemble et fait que nous sommes heureux d'exercer un métier où il y a une vision humaine. Cette part de « cristal » au-dessus de tout, c'est ce qui fait que le magistrat existera toujours, et l'avocat aussi, et c'est ce qui fait que nous pouvons exercer mieux, plus complètement et de façon totalement humaine, grâce à ces voies alternatives, cette médiation, cet extrajudiciaire dès lors qu'on le professionnalisera et dès lors qu'il répondra à un certain nombre d'impératifs législatifs, qui seront réfléchis au cours de nos travaux.

Je vous souhaite une bonne journée de travail et donne la parole à M. le vice-président du Conseil d'État.

PROPOS INTRODUCTIFS

Intervention de Jean-Marc Sauvé, vice-président du Conseil d'État

Monsieur le bâtonnier de l'ordre des avocats au barreau de Paris,

Madame la présidente de la section française du Groupement européen des magistrats pour la médiation,

Mesdames et messieurs les juges et les avocats,

Mesdames et messieurs les représentants des administrations et des associations,

Chers collègues,

Je vous remercie, M. le Bâtonnier, de votre accueil dans cette Maison du Barreau de Paris. Je suis venu certes pour parler, mais aussi pour écouter, parce que nous devons progresser ensemble dans la diversification du règlement des litiges. Les modes alternatifs de règlement des différends sont pertinents, mais ils peinent à se développer pour régler les litiges en France et, en particulier, en matière administrative. Cet insuccès ne doit pas être attribué à une forme de désaveu. Car ces procédures répondent à de profondes aspirations de la société et elles sont l'une des réponses possibles à la forte croissance de la demande de justice. Cet insuccès doit aussi être nuancé. Les procédures « extrajuridictionnelles », qu'elles soient institutionnelles ou conventionnelles, se sont davantage développées que les procédures « parajuridictionnelles », c'est-à-dire celles qui font intervenir un juge. En outre, force est aujourd'hui de constater que le règlement des litiges privés par cette voie a davantage progressé que le règlement des litiges publics.

De longue date, le Conseil d'État s'est préoccupé de cette situation, en produisant notamment deux études sur ce sujet en 1993[1] et en 2011[2]. La particularité de la matière administrative appelle certes une limitation du champ des règlements amiables, compte tenu de l'importance des règles

---

[1] *Régler autrement les conflits*, étude adoptée par l'Assemblée générale du Conseil d'État, le 4 février 1993.

[2] *Développer la médiation dans le cadre de l'Union européenne*, étude adoptée par l'Assemblée générale du Conseil d'État, le 29 juillet 2011 ; voir aussi : *Le développement de la médiation*, actes du colloque organisé le 4 mai 2011 à la Chambre de commerce et d'industrie de Paris, La Documentation française, 2011.

d'ordre public. Mais cette particularité ne doit pas être une source d'inhibition ou d'indifférence. Elle ne saurait en tout cas justifier l'atrophie et l'inemploi de ces instruments par le juge administratif. Par conséquent, il est temps aujourd'hui de s'engager plus activement dans la mise en œuvre de mesures concrètes et concertées de développement des procédures alternatives. C'est pourquoi le Conseil d'État a tenu à organiser ce colloque en partenariat avec l'ordre des avocats au Barreau de Paris et le GEMME-France.

*

* *

I. Alors qu'elles répondent à des besoins accrus et inédits, les procédures amiables ont été insuffisamment développées en matière administrative

A. La conciliation et la médiation concourent à la pacification des rapports sociaux et à la régulation d'une demande de justice de plus en plus forte et diverse

Plusieurs facteurs montrent qu'elles sont susceptibles de répondre aujourd'hui à des besoins nouveaux, y compris en matière administrative.

Le premier de ces facteurs tient à l'évolution des modes de régulation sociale. L'emprise contemporaine du droit dans l'organisation des relations sociales a placé le juge et, notamment, le juge administratif au cœur des transformations démocratiques. Pour autant, ces dernières « *obligent à penser les moyens de se substituer à lui pour régler les litiges, de façon à en faire non plus une première ligne, mais (...) un recours* »[3]. La judiciarisation de notre société appelle paradoxalement un recentrement du juge sur le cœur de son office. Tous les différends ne sauraient être réglés par lui et d'autres modes de régulation sociale doivent être utilisés, soit en remplacement, soit en complément de son intervention : des modes plus horizontaux, plus souples, plus efficaces, plus rapides aussi, qui ménagent l'avenir et, en particulier, la qualité des rapports humains et sociaux[4]. C'est en particulier le cas, lorsque des personnes entrées en conflit sont appelées à se côtoyer durablement : le « rituel judiciaire » apparaît alors peu adapté à l'apaisement des relations entre un agent et son service, ou entre un usager et son administration de proximité. C'est aussi le cas, lorsque les difficultés d'exécution d'un

[3] A. Garapon, S. Perdriolle, B. Bernabé, *La Prudence et l'Autorité, juges et procureurs du XXIème siècle*, O. Jacob, 2014, p. 27.

[4] Voir sur ce point : N. Fricero, « Modes alternatifs de règlement des conflits et procès équitable », *Liberté, justice, tolérance, Mélanges en l'honneur du Doyen Gérard Cohen-Jonathan*, Bruylant, 2004, p. 839.

contrat appellent un règlement rapide et technique dans l'intérêt du service public et d'une bonne gestion des deniers publics.

Le second facteur justifiant un renforcement des procédures amiables réside dans l'impératif d'une bonne administration de la justice. Dans un contexte marqué par l'inflation des contentieux et la restriction des moyens budgétaires, la qualité des décisions de justice doit être maintenue, sans alourdir à l'excès la charge de travail des magistrats et des agents de greffe. Depuis vingt ans, le nombre des affaires enregistrées chaque année augmente en moyenne de 6% dans les tribunaux administratifs et de 10% dans les cours administratives d'appel. L'année dernière, cette augmentation a atteint dans les tribunaux 11,4% et, hors contentieux électoral, 7,3%. Cette dynamique des flux d'entrée ne saurait neutraliser les efforts entrepris depuis plusieurs années pour réduire les délais de jugement et épurer les « stocks » d'affaires pendantes. Tous les leviers d'adaptation doivent donc être actionnés, en amont, comme en aval et au cours des procédures juridictionnelles. Les modes alternatifs de règlement des litiges offrent à cet égard un instrument de prévention des contentieux, le cas échéant, un utile « *circuit de dérivation* »[5] et surtout un mode de traitement adapté.

B. Malgré ces besoins nouveaux, les outils de conciliation et de médiation restent limités et insuffisamment utilisés

Alors que les procédures de conciliation et de médiation se sont développées en matière civile, quoique d'une manière inégale selon le degré d'intervention du juge[6], elles présentent en matière administrative un bilan très mitigé et globalement insuffisant. Les procédures précontentieuses ont certes été étoffées au sein des administrations : de nombreuses instances de médiation spécialisées ont été créées dans les ministères, les collectivités territoriales et les autres services publics. En outre, des expérimentations de recours préalables obligatoires ont été conduites pour régler les litiges relatifs à la situation des agents civils de l'État[7], en faisant intervenir des « tiers de référence ». Toutefois, en matière administrative, il subsiste de profonds gisements inexploités de progrès.

Cette situation s'explique, en premier lieu, par le caractère à la fois récent et restreint des instruments prévus par le code de justice administrative[8].

---

[5] L. Cadiet, « Panorama des modes alternatifs de règlement des conflits en droit français », *Ritsumeikan Law Review*, n°28, 2011, p. 154.

[6] Voir pour un bilan récent : *Sur le développement des modes amiables de règlement des différends*, avril 2015, rapport réalisé par l'Inspection générale des services judiciaires, avec l'appui du Secrétariat général à la modernisation de l'action publique.

[7] Décret n° 2012-765 du 10 mai 2012 portant expérimentation de la procédure de recours administratif préalable aux recours contentieux formés à l'encontre d'actes relatifs à la situation personnelle des agents civils de l'État.

[8] Voir sur ce point : E. Muller, « Le recours à la conciliation et à la médiation par le juge administratif », in *La régulation par le juge de l'accès au prétoire*, Dalloz, 2013, p. 190.

D'une part, si le pouvoir de concilier a été reconnu aux tribunaux administratifs en janvier 1986[9], il n'a été étendu aux cours administratives d'appel qu'en décembre 2011[10] et il ne peut être délégué à un expert que depuis février 2010[11], même si la jurisprudence en avait dès 2005[12] admis le principe. En outre, si le juge peut avoir recours à un conciliateur extérieur à la juridiction administrative[13], aucune disposition réglementaire n'est venue préciser et encadrer cette « externalisation ». D'autre part, la médiation n'a fait son entrée dans la partie législative du code de justice administrative qu'en novembre 2011, à la faveur de l'ordonnance de transposition d'une directive européenne[14]. Mais, selon l'article L. 771-3 du code de justice administrative, cette procédure ne s'applique qu'aux seuls cas, rares par construction, de différends transfrontaliers et elle ne régit pas le traitement des litiges internes, contrairement aux recommandations du Conseil d'État[15] et à la différence de ce qui a été fait en matière civile[16]. Pour résumer, dans le code de justice administrative, la conciliation est un instrument peu opérationnel, tandis que la médiation a un champ d'application proche de la tête d'épingle. Par conséquent, le développement de ces deux procédures n'a pu se faire dans la proximité immédiate du juge. Tout au plus ont-elles pu se frayer un chemin au sein des administrations ou par voie conventionnelle, ce qui est certes utile d'un point de vue social, mais ne répond pas au cœur de nos préoccupations.

En second lieu, le faible développement des modes de règlement amiable résulte des « *réticences des acteurs du procès administratif* »[17]. Pour les parties et les administrations, l'intérêt de ces procédures dépend étroitement des gains de temps et d'argent qu'elles leur assurent, et du caractère définitif

---

[9] Loi n°86-14 du 6 janvier 1986 fixant les règles garantissant l'indépendance des membres des tribunaux administratifs et cours administratives d'appel.

[10] Loi n° 2011-1862 du 13 décembre 2011 relative à la répartition des contentieux et à l'allègement de certaines procédures juridictionnelles.

[11] Décret n° 2010-164 du 22 février 2010 relatif aux compétences et au fonctionnement des juridictions administratives. Voir art. R. 621-1 du code de justice administrative.

[12] CE, Sect., 11 février 2005, *Organisme de gestion du cours du Sacré Cœur*, Rec. 65.

[13] Art. L. 211-4 du code de justice administrative : « *Dans les tribunaux administratifs et les cours administratives d'appel, les chefs de juridiction peuvent, si les parties en sont d'accord, organiser une mission de conciliation et désigner à cet effet la ou les personnes qui en seront chargées* ».

[14] Ordonnance n° 2011-1540 du 16 novembre 2011 portant transposition de la directive 2008/52/CE du Parlement européen et du Conseil du 21 mai 2008 sur certains aspects de la médiation en matière civile et commerciale.

[15] *Développer la médiation dans le cadre de l'Union européenne*, étude adoptée par l'assemblée générale du Conseil d'État, le 29 juillet 2011.

[16] Voir en ce qui concerne les procédures de médiation initiées par le juge civil : art. 127 du code de procédure civile et, en particulier, les art. 131-1 à 131-15 du code de procédure civile ; en ce qui concerne les procédures de médiation « conventionnelle » : art. 1528 du code de procédure civile et, en particulier, les art. 1532 à 1535 du code de procédure civile.

[17] E. Muller, « Le recours à la conciliation et à la médiation par le juge administratif », in *La régulation par le juge de l'accès au prétoire*, Dalloz, 2013, p. 187.

du règlement amiable obtenu. Or, les incitations à recourir aux procédures alternatives apparaissent à cet égard encore trop faibles. La réduction des délais de jugement et le faible coût de la justice administrative ont paradoxalement réduit l'attractivité de ces procédures, d'autant que la conclusion d'une transaction ne supprime pas tout aléa contentieux à l'égard des tiers[18]. En outre, lorsque l'intervention directe du juge est requise, les procédures amiables apparaissent trop souvent coûteuses en temps et en moyens humains et, peut-être aussi, trop éloignées de son « cœur de métier »[19].

Pour autant, ces facteurs d'inhibition ne sont pas insurmontables et leur intensité doit être relativisée, comme en témoignent plusieurs expériences locales réussies. Ces facteurs ne sauraient en tout cas nous écarter de notre devoir d'adaptation à une demande de justice forte, diverse et renouvelée, qui appelle des réponses elles-mêmes diversifiées.

II. Pour développer les procédures amiables en matière administrative, une refonte des textes en vigueur s'impose et des actions volontaires doivent être entreprises au niveau local

A. La « boîte à outils » du juge doit d'abord être complétée et les procédures alternatives, sécurisées par des instruments de « droit dur »

Il doit être remédié à l'insuffisance des textes, en développant les procédures déléguées à un tiers et en clarifiant l'articulation des règlements amiables avec les procédures juridictionnelles.

En premier lieu, les outils mis à la disposition du juge doivent être diversifiés, en donnant la priorité aux procédures amiables « externalisées », c'est-à-dire confiées à une personne extérieure à la juridiction. Le juge peut, dès maintenant, prendre l'initiative d'une procédure de conciliation sur la base de l'article L. 211-4 du code de justice administrative[20]. Mais il est essentiel qu'il puisse garder le pouvoir de confier la réalisation concrète de cette mission à une personne extérieure. C'est pourquoi je ne pourrais être favorable à une modification de l'article L. 211-4, qui reviendrait sur la possibilité d'une telle délégation. Par ailleurs, le champ de la médiation, aujourd'hui restreint aux litiges transfrontaliers, doit être élargi aux différends internes, sous réserve bien sûr qu'elle ne conduise pas à mettre en

---

[18] Que le juge soit saisi par le préfet dans le cadre d'un déféré (CE 8 décembre 1995, *Commune de Saint Tropez*, Rec. p. 432) ou par un contribuable ou un élu local (CE 22 février 2008, *Tête*, n°266755 ; CE 17 mai 2006, *Commune de Jonquières*, n°281509).

[19] J.-M. Le Gars, « La conciliation par le juge administratif », *AJDA*, 2008, p. 1468.

[20] La décision par laquelle une juridiction administrative refuse d'exercer une mission de conciliation n'est pas une décision juridictionnelle, mais une décision administrative insusceptible de recours (CE 1 août 2012, *Société nationale des chemins de fer français (SNCF)*, n°358157).

cause des prérogatives de puissance publique. Je souhaite par conséquent qu'un projet en ce sens puisse être prochainement soumis au Parlement ou que soit tout simplement voté l'article 3 du projet de loi portant ratification de l'ordonnance du 16 novembre 2011 qui mettrait un terme à ces restrictions[21]. Nous avons par ailleurs déjà avancé dans la simplification des dispositifs de médiation, car l'ordonnance du 16 novembre 2011 définit un bloc d'exigences communes aux médiations juridictionnelle et extrajuridictionnelle[22].

En deuxième lieu, la qualité et l'accessibilité des procédures confiées à un tiers doivent être renforcées. Le juge doit pouvoir désigner ce tiers avec l'accord et la confiance des parties, en se référant à un corpus de règles minimales de procédure et en s'assurant des compétences, de l'indépendance et de l'impartialité de la personne désignée. Un tel cadre doit être développé en matière de conciliation, comme il existe déjà en matière civile[23]. S'agissant des procédures de médiation, le code de justice administrative renvoie d'ores et déjà aux articles 21, 21-2 à 21-4 de la loi du 8 février 1995[24], qui garantissent notamment le respect des principes d'impartialité, de compétence, de diligence et de confidentialité. Pour autant, l'accessibilité de la médiation doit être garantie, car le médiateur est un tiers rémunéré, à la différence du conciliateur, qui est en principe bénévole et ne bénéficie que d'un remboursement de ses frais[25]. Lorsqu'une partie bénéficie de l'aide juridictionnelle, la répartition des frais d'une médiation doit par conséquent être aménagée,

---

[21] Art. 3 du projet de loi, déposé au Sénat en mai 2012, ratifiant l'ordonnance n° 2011-1540 du 16 novembre 2011 portant transposition de la directive 2008/52/CE du Parlement européen et du Conseil du 21 mai 2008 sur certains aspects de la médiation en matière civile et commerciale.

[22] Voir les art. 21, 21-1 à 21-5 de la loi du n°95-125 du 8 février 1995, tels que modifiés par l'art. 1 de l'ordonnance n°2011-1540 du 16 novembre 2011. Ces dispositions générales, applicables à toutes formes de médiation, rappellent les exigences d'impartialité, de compétence et d'efficacité du médiateur. Elles prévoient en outre la confidentialité de la médiation et la possibilité pour les juridictions de rendre exécutoires les accords issus de la médiation. Pour les juridictions administratives, cette dernière possibilité est prévue à l'art. L. 771-3-2 du code de justice administrative, tel que modifié par l'art. 2 de l'ordonnance n°2011-1540 du 16 novembre 2011.

[23] Art. 129-2 à 129-6 du code de procédure civile. Voir également le décret n° 2012-66 du 20 janvier 2012 relatif à la résolution amiable des différends.

[24] Art. L. 771-3 du code de justice administrative.

[25] Les conciliateurs de justice ne perçoivent pour leur intervention qu'une indemnité forfaitaire destinée à couvrir les menues dépenses qu'ils peuvent exposer. Comme le souligne un rapport publié en avril 2015 par l'inspection générale des services judiciaires (*Sur le développement des modes amiables de règlement des différends*, avril 2015), le montant de cette indemnité forfaitaire « *a été fixée, selon un arrêté du 12 juin 2006, à 232 euros par an, avec la possibilité d'un dépassement, sur autorisation spéciale des chefs de cours et présentation de justificatifs, dans la limite de 432 euros par an. Le montant n'a pas été revalorisé depuis 2006* ».

comme le prévoit la loi du 8 février 1995 en matière de médiation judiciaire[26].

En troisième lieu, les procédures alternatives doivent être mieux articulées avec les procédures juridictionnelles. En s'inspirant de la récente réforme du code de procédure civile[27], il pourrait être envisagé d'obliger les parties à indiquer, dans l'acte de saisine de la juridiction, les démarches de résolution amiable précédemment effectuées et, à défaut, de permettre au juge de leur proposer d'y avoir recours. Par ailleurs, si les conditions de suspension des délais de prescription ont certes été précisées en cas de médiation par l'ordonnance du 16 novembre 2011, modifiant sur ce point la loi du 31 décembre 1968[28], les conditions d'une suspension des délais de recours contentieux doivent encore être clarifiées, en conciliant les exigences d'une procédure amiable de qualité avec le principe de sécurité juridique, comme l'a proposé le Conseil d'État dans son étude de juillet 2010[29].

B. En complément de ces instruments de « droit dur », des initiatives locales doivent être soutenues, sécurisées et valorisées auprès de l'ensemble des acteurs

La flexibilité des procédures amiables doit être préservée ; il serait nuisible à leur développement de vouloir les corseter dans un cadre obligatoire, trop formel ou trop détaillé. Il faut ainsi privilégier des outils souples et « sur mesure ».

La plus grande synergie entre les acteurs de la vie administrative doit être recherchée. Les juridictions doivent soutenir et apporter leur concours aux initiatives locales, tendant à la prévention des contentieux administratifs. À ce titre, des expériences positives peuvent être mentionnées. C'est notamment le cas des commissions ou comités *ad hoc* chargés de délivrer, avec le concours de juges administratifs, un avis sur certains litiges en matière fiscale, de marchés publics, de responsabilité médicale ou de travaux publics[30].

---

[26] En matière de « médiation judiciaire », voir l'art. 22-2 de la loi n°95-125 du 8 février 1995 relative à l'organisation des juridictions et à la procédure civile, pénale et administrative, dans sa rédaction issue de l'ordonnance n°2011-1540 du 16 novembre 2011.

[27] Décret n° 2015-282 du 11 mars 2015 relatif à la simplification de la procédure civile à la communication électronique et à la résolution amiable des différends.

[28] Art. 3 de l'ordonnance n° 2011-1540 du 16 novembre 2011 portant transposition de la directive 2008/52/CE du Parlement européen et du Conseil du 21 mai 2008 sur certains aspects de la médiation en matière civile et commerciale.

[29] Le Conseil d'État avait proposé de limiter à trois mois la suspension des délais de recours, dans son étude : *Développer la médiation dans le cadre de l'Union européenne*, adoptée par l'assemblée générale du Conseil d'État, le 29 juillet 2011 (p. 58-59).

[30] Peuvent être mentionnés, en matière fiscale, les commissions départementales des impôts (CDI) ; en matière de marchés publics, les comités interrégionaux de conciliation des différends relatifs aux marchés publics (CCIRA) ; en matière de responsabilité médicale, les commissions régionales de conciliation et d'indemnisation des accidents médicaux, des affections iatrogènes et des infections nosocomiales (CRCI) ; en matière de dommages de

Cette convergence des acteurs peut aussi s'appuyer sur des instruments conventionnels complémentaires, comme à Grenoble où une charte éthique et une convention ont été conclues par le tribunal administratif, le département de l'Isère, la commune et le barreau de Grenoble pour organiser le règlement amiable des litiges en matière de fonction publique, de contrat administratif, d'urbanisme ou d'occupation du domaine public.

Par ailleurs, la sécurité juridique des accords conclus au terme d'une procédure amiable doit être préservée. Lorsque les parties concluent une transaction, ce contrat a entre elles l'autorité de la chose jugée[31] et, comme l'a souligné le Conseil d'État, il est exécutoire de plein droit, sans qu'y fassent obstacle, notamment, les règles de la comptabilité publique[32]. Par conséquent, lorsqu'une action contentieuse a été engagée, une transaction met fin au procès : en l'absence de désistement, le juge constate qu'il n'y a plus lieu de statuer sur les demandes satisfaites par la transaction[33]. Par ailleurs, une action contentieuse portant sur le même objet que celui qui a donné lieu à une transaction est jugée irrecevable[34] et, lorsque la transaction a été conclue en dehors de tout procès, la demande tendant à son homologation est en principe irrecevable, sauf dans certains cas pour des motifs d'intérêt général[35]. Enfin, l'homologation ne saurait conduire à « *juridictionnaliser une procédure amiable, dont l'objet même est d'éviter de recourir au juge* »[36], même si la spécificité des règles de droit public conduit à un contrôle plus poussé qu'en matière civile. Il appartient à cet égard au juge

---

travaux publics, les commissions de règlement amiable des dommages causés à des riverains par la création de lignes de tramway (voir sur ce point : E. Costa, « La conciliation devant le juge administratif, l'exemple de la commission de règlement amiable de Seine-Saint-Denis », *AJDA*, 2012, p. 1834).

[31] Art. 2052 du code civil – dont le juge administratif fait application.

[32] CE, Ass., avis, 6 décembre 2002, *Syndicat intercommunal des établissements du second cycle du second degré du district de l'Haÿ-les-Roses*, n°249153, Rec. p. 196.

[33] CE 9 juillet 1929, *Sieur Quillery*, Rec. p. 703 ; CE, 28 janvier 1994, *Société Raymond Camus et Compagnie*, T. p. 1041. En l'absence de convention en bonne et due forme, le juge fait preuve de souplesse, en déduisant l'accord des parties d'un faisceau d'indices (CE, 7 octobre 1981, *Sahuc*, Rec. p. 335 ; CE 26 juillet 1949, *Marquis*, Rec. p. 470).

[34] CE, 8 juillet 1925, *Renaud*, Rec. p. 653 ; CE 28 novembre 1990, *OPHLM de la Meuse*, T. p. 871.

[35] La recevabilité d'une telle demande est admise lorsque la conclusion d'une transaction vise à remédier à une situation telle que celle créée par une annulation ou la constatation d'une illégalité qui ne peuvent donner lieu à régularisation, ou lorsque son exécution se heurte à des difficultés particulières. Tel peut notamment être le cas en matière de marchés publics et de délégations de service public (CE, Ass., avis, 6 décembre 2002, *Syndicat intercommunal des établissements du second cycle du second degré du district de l'Haÿ-les-Roses*, n°249153, Rec. p. 196).

[36] G. Le Chatelier, ccls p. 13 sur CE, Ass., avis, 6 décembre 2002, *Syndicat intercommunal des établissements du second cycle du second degré du district de l'Haÿ-les-Roses*, n°249153, Rec. p. 196.

administratif[37], qui se prononce en tant que juge de l'homologation, de vérifier l'effectivité du consentement et la licéité de l'objet de la convention, mais aussi que cette dernière ne constitue pas de la part de la collectivité publique une libéralité[38] et ne méconnaît pas d'autres règles d'ordre public[39].

Enfin, des actions de sensibilisation et de formation doivent être entreprises auprès des acteurs institutionnels et des barreaux, afin de faire éclore une « culture » de la conciliation et de la médiation. Au sein du réseau des juridictions, les règlements locaux et les bonnes pratiques doivent faire l'objet de la plus grande diffusion possible. Plus en amont, la formation des juges doit intégrer des modules spécifiques de formation.

*

* *

Les défis que nous devons relever sont à notre portée. Le « décollage » des procédures amiables en matière administrative dépend de l'engagement de chacun d'entre nous : les juges et les avocats doivent être mieux formés et disposer de l'ensemble des outils nécessaires ; les administrations doivent être économiquement incitées à prendre au sérieux ces procédures ; les parties doivent mesurer, outre les bénéfices en termes de qualité du règlement du litige, les gains de temps substantiels qu'elles peuvent escompter de ces procédures. Sans attendre une réforme des textes, nous pouvons avancer grâce à des mesures concrètes, en nous appuyant sur les synergies locales et sur les expériences réussies. C'est pourquoi je me félicite de la tenue du colloque d'aujourd'hui et j'en remercie les organisateurs du Conseil d'État –

---

[37] En ce qui concerne la compétence du juge administratif, le Tribunal des conflits a jugé que la transaction conclue par une personne morale de droit public est, en principe, un contrat de nature civile, sauf si elle met en œuvre des prérogatives de puissance publique ou aboutit à la participation du cocontractant à une mission de service public. Dès lors, sous cette réserve, l'homologation de la transaction et les litiges nés de son exécution relèvent de la compétence du juge judiciaire, hormis le cas où il est manifeste que les différends qui s'y trouvent compris ressortissent principalement à la compétence du juge administratif (TC 18 juin 2007, *Société Briançon Bus et M. Brunet*, n°3600, sur renvoi du Conseil d'État : CE, 12 juillet 2006, n°227250).

[38] CE, Sect., 19 mars 1971, *Sieur Mergui*, Rec. p. 235.

[39] Voir, pour un accord conclu en dehors de tout procès : CE, Ass., avis, 6 décembre 2002, *Syndicat intercommunal des établissements du second cycle du second degré du district de l'Haÿ-les-Roses*, n°249153, Rec. p. 196. ; pour un accord conclu au cours d'un procès et y mettant fin : CE, Ass., 11 juillet 2008, *Société Krupp Hazemag*, n°287354 ; en cas d'homologation de la transaction, le juge administratif doit constater le non- lieu à statuer sur la requête ou, dans le cas où la partie requérante aurait subordonné son désistement à l'homologation de la transaction, donner acte de ce désistement. En revanche, le refus d'homologation entraînant la nullité de la transaction, il appartient dans cette hypothèse au juge de statuer sur la requête. À noter que, sous réserve de dénaturation, il n'appartient pas au Conseil d'État, juge de cassation, de contrôler l'interprétation faite par les juges du fond de la commune intention des parties à un contrat de transaction (CE, 15 avril 2015, *Ministre délégué chargé du budget c/ société LPG Systems*, n°369521).

la section des rapports et des études et, en particulier, Jacques Biancarelli qui en a assuré la direction scientifique –, du Barreau de Paris et du GEMME-France, comme je remercie de leur présence l'ensemble des présidents de séance et des intervenants. J'espère que les analyses et les pistes de travail évoquées dans cette introduction pourront être utilement débattues, critiquées, complétées et enrichies par toutes les réflexions, les expériences et les contributions des participants à ce colloque. De cette confrontation des idées, j'attends beaucoup pour qu'une véritable impulsion puisse être donnée au règlement alternatif des litiges dans la sphère publique. C'est plus qu'une utopie qu'il s'agit de construire. C'est aujourd'hui une ambition nécessaire au sein de la justice administrative et hors de ses prétoires.

Intervention de Béatrice Blohorn-Brenneur, présidente de GEMME-France

La Justice traverse une crise : procès longs et coûteux, décisions parfois inappropriées ou injustes, trop souvent incomprises ou difficilement exécutées. Le juge, animé de l'esprit de justice, ne peut se satisfaire de cet état des lieux.

Les États doivent trouver des solutions qui tiennent compte de la mouvance des conflits sur un fond de mondialisation et d'engorgement des tribunaux. Les sociétés ont changé, les peuples ont changé, les relations ont changé, les différends ont changé : les réponses doivent donc être adaptées à ces changements.

Parfois, les décisions rendues présentent des difficultés d'exécution car elles sont mal acceptées ou interdisent toute reprise de relations futures. Ceci peut avoir des conséquences particulièrement graves, par exemple, lorsque les parties sont toujours liées par un contrat de travail, ou lorsque la condamnation entraîne inévitablement la fermeture de l'entreprise, ou lorsque le divorce contentieux, après l'échange de conclusions, interdit à jamais la reprise d'un dialogue familial, au moins autour des enfants.

La médiation peut apporter des réponses satisfaisantes à ces situations en abordant une autre façon de régler les conflits et en responsabilisant les citoyens qui vont devenir les acteurs de la solution. Pour régler les différends, les tribunaux font appel à une forme de communication verticale en imposant leurs décisions, une communication qu'en analyse transactionnelle on appelle « parent-enfant ». En médiation, on va passer à une communication horizontale « adulte-adulte », entre personnes responsables : c'est un bouleversement des mentalités.

Historique de la médiation

La médiation judiciaire est née d'une pratique prétorienne. Dès 1970, principalement en matière de conflits du travail, puis en matière familiale, des magistrats ont réalisé que la stricte application de la règle de droit ne leur permettait pas toujours de rendre une décision humainement satisfaisante.

Certes, la décision de Justice, en appliquant la règle de droit, pouvait, par exemple, faire évacuer des piquets de grève. Mais elle était insuffisante à rétablir le dialogue social et à régler en profondeur le conflit. Des juges ont alors délégué leur pouvoir de conciliation à des médiateurs, dans le cadre de leur mission générale de concilier les parties. Cette pratique a été consacrée par le législateur le 8 février 1995 (loi n°95/125 relative à l'institutionnalisation de la médiation judiciaire).

Mais pourquoi ces magistrats ont-ils délégué leur pouvoir de conciliation, alors qu'ils auraient pu, eux-mêmes, mener ce processus ? Le constat que l'on peut faire, dans le domaine judiciaire, est que, même lorsqu'elle constitue une phase obligaroire de la procédure, le nombre d'accords issus de la conciliation menée par le juge est insignifiant.

Les raisons en sont :

– L'absence de formation des juges à la technique de communication et à la conduite des entretiens.
– Le temps insuffisant dont disposent les magistrats pour concilier : ils sont submergés de dossiers et n'ont pas le temps de prendre quelques heures pour régler amiablement une affaire.
– Le juge qui aura recueilli les confidences des parties pendant la conciliation ne devrait pas être autorisé à juger postérieurement l'affaire, en cas d'échec de la conciliation. Il sait tout ce qui se dit devant lui et il lui sera difficile, s'il doit juger l'affaire, de ne pas en tenir compte.

Ces points faibles de la conciliation ne se retrouvent pas en médiation : la médiation est un acte de professionnel qui suppose une formation spécifique aux techniques de communication ; les médiateurs ont trois mois pour accomplir leur mission ; et la confidentialité qui s'attache à tout ce qui se dit lors des réunions de médiation est un atout qui joue en faveur de la désignation d'une tierce personne impartiale.

Les textes

La France est l'un des premiers pays européens à s'être doté d'une législation sur la médiation avec la loi du 8 février 1995 et son décret d'application du 22 juillet 1996, devenu les articles 131-1 et suivants du code de procédure civile. Dès leur parution, ces textes ont suscité enthousiasme chez les uns et résistance chez les autres.

Certains soutenaient que la médiation avait été créée pour désengorger les tribunaux, qu'elle avait pour but ou pour résultat de faire pencher la balance du côté du fort, de détourner le juge de sa mission de dire le droit, de faire échec à la phase obligatoire de conciliation quand elle est instituée, d'augmenter les frais, de faire perdre du temps, de mettre en place une justice dépourvue des garanties essentielles de la défense. Si toutes ces remarques négatives étaient justifiées, alors il paraîtrait raisonnable de condamner cette mesure.

Mais si la médiation se réduisait à ce constat, comment expliquer son implantation en France, et au même moment dans presque tous les pays européens, dans les États d'Amérique du Nord et du Sud (notamment au Brésil et en Argentine), en Australie, en Afrique (et particulièrement au Maroc), au Moyen-Orient, (notamment en Jordanie et au Liban et sur le continent asiatique)[1] ? Comment expliquer que les juges qui l'ont pratiquée vantent ce nouvel outil mis à leur disposition, qui permet de dépasser les limites de la décision judiciaire ?

Les instances européennes se sont penchées sur la médiation et ont imposé aux États membres, à travers la directive du 21 mai 2008 (n°2008/52/CE), d'insérer la médiation dans leurs systèmes judiciaires. La directive a insisté sur 5 points-clés :

Premier point : Le juge peut ordonner une médiation

Le déni de justice ne peut plus être reproché au juge qui ordonne une médiation, comme cela s'est fait dans le passé. Etre poursuivi devant le conseil de discipline pour déni de justice pour avoir ordonné une médiation est le genre d'expérience dont un magistrat se passerait volontiers ! Et pourtant, c'est arrivé dans un pays voisin.

Si l'on veut que la médiation devienne une réalité, il faudrait que les juges en donnent l'impulsion, car il est démontré que les expériences judiciaires réussies sont celles où il y a eu une forte implication des juges.

La directive, si elle insiste sur le caractère volontaire de la démarche, laisse les États membres libres d'imposer une médiation obligatoire avant la saisine des tribunaux.

Médiation obligatoire ou volontaire est, en fait, un faux problème.

L'Italie a pris des dispositions pour remédier à l'engorgement de ses tribunaux en instaurant un processus de médiation obligatoire dans de nombreux domaines avant d'intenter un procès et autorise le juge, en toute matière, à ordonner une mesure de médiation quand elle paraît s'imposer.

En France, on crie au scandale lorsqu'on parle de médiation obligatoire car nous pensons que le recours à la médiation doit rester un acte volontaire. Mais tout le monde accepte l'idée d'autoriser le juge à faire injonction aux parties d'aller devant un médiateur pour qu'il leur explique ce qu'est la médiation et qu'il étudie avec elles si leur affaire relève de cette mesure. Or, se faire expliquer la médiation et les règles du jeu, c'est précisément le premier travail du médiateur. Et comme nul n'est tenu de signer un accord et peut arrêter la médiation à tout moment, y compris après que le médiateur a donné les règles du jeu et avant que la médiation proprement dite ne

---

[1] *Panorama des médiations du monde. La médiation, langage universel de règlement des conflits*. Béatrice Brenneur, L'Harmattan, 2010.

commence, il n'y a en pratique aucune différence entre obliger les parties à recourir à la médiation ou les obliger à se renseigner sur le processus de médiation au cours d'une réunion avec un médiateur.

Deuxième point, les États doivent garantir la qualité des médiations

Le médiateur doit être formé aux techniques de communication. La médiation, c'est un acte de professionnel. Avoir des dons de psychologue ou connaître la matière juridique dans laquelle on intervient comme médiateur est insuffisant.

Troisième point : la confidentialité doit être assurée

Pas de médiation sans confidentialité, ce qui impose de s'affranchir du principe du contradictoire.

Quatrième point : la médiation ne doit pas faire obstacle à l'accès à la justice

La loi du 17 juin 2008 (loi 2008/561) prévoit la suspension de la prescription quand les personnes sont en médiation.

Cinquième point : L'accord doit pouvoir être revêtu de la force exécutoire

Certains pays européens n'avaient pas prévu de procédure d'homologation. À quoi sert-il de trouver un accord si une partie ne peut pas recourir à l'exécution forcée en cas d'inexécution de son obligation par l'autre partie ?

Les pratiques de médiation

L'expérience pionnière en France en matière de médiation judiciaire est celle qu'a menée, entre 1996 et 2005, la chambre sociale de la cour d'appel de Grenoble : plus de 1 000 médiations ont été ordonnées avec un taux d'accords d'environ 80%. Pour cela, les dossiers ont été triés et la médiation a été proposée dans environ 20% du contentieux. C'est dire que, dans 80% des cas, les juges ont estimé qu'il n'y avait pas lieu de recourir à la médiation.

Le médiateur a trois mois pour remplir sa mission. Dans l'expérience précitée, dans ce laps de temps, non seulement les parties avaient trouvé leur accord, mais, de plus, il était exécuté.

Pour arriver à ces résultats, une cellule de tri des dossiers a été mise en place et les dossiers étaient examinés dès leur arrivée dans le service, pour ne pas perdre de temps. Ce n'est pas le jour de l'audience, quand les parties ont attendu plusieurs mois que leur affaire soit plaidée, qu'il faut proposer la médiation. Un diagnostic doit être posé dès l'engagement de l'affaire : faut-il privilégier la voie contentieuse ou le règlement amiable ?

J'ai ordonné, en matière judiciaire, une médiation très proche de la médiation administrative. Elle démontre que la médiation est un processus qui peut s'appliquer dans toutes les matières.

Dans cette affaire, le propriétaire d'un terrain voulait se lancer dans une entreprise de pisciculture, mais la présence d'un poteau EDF sur son terrain interdisait sa mise en eau. Le tribunal de grande instance a ordonné à EDF d'enlever le poteau dans les trois mois, sous astreinte de 1000 € par jour de retard. En appel, EDF soulevait l'impossibilité d'exécuter la décision dans les délais impartis. De plus, l'enlèvement d'un poteau électrique a pour corollaire sa réimplantation dans un lieu voisin, ce qui nécessitait des négociations.

Les parties ont donné leur accord pour aller en médiation. Autour de la table des négociations figuraient non seulement les parties (le propriétaire du terrain et EDF), mais aussi tout le village car tous étaient concernés par le passage de la ligne électrique ! Finalement, le village a préféré avoir un réseau souterrain, et les cessions de terrains (pour que EDF puisse enterrer ses lignes électriques) se sont faites à l'amiable.

Cet accord était conforme aux intérêts des personnes ; on était loin de savoir si EDF avait tort ou raison de refuser d'enlever son poteau !

Je remercie le président Wegner du tribunal administratif de Grenoble de m'avoir désignée dans deux médiations qu'il a ordonnées. J'ai été surprise de constater qu'il pouvait y avoir, parfois aussi, un impact affectif dans les médiations administratives, à l'instar de ce qui se passe dans les médiations judiciaires.

Dans les deux affaires, (l'une concernait un arrêté d'alignement et l'autre une cession de terrain) il y avait un différend entre le maire et un administré. En médiation, ils se sont expliqués sur les malentendus passés avant de régler, aisément et de manière apaisée, le problème de la cession de terrain et de l'arrêté d'alignement. Il est évident que le juge n'est saisi que de la partie visible de l'iceberg et non pas du conflit interpersonnel dont émane le procès et qu'en conciliation, il aurait pu difficilement aider les parties qui voulaient en découdre à régler amiablement leur conflit.

La spécificité de la médiation administrative

Il y a une <u>différence entre la médiation judiciaire et la médiation administrative</u> : les parties ne sont pas les seuls acteurs du règlement de leur litige.

Dans les deux médiations dont je viens de parler (cession de terrain et arrêté d'alignement), il a fallu <u>soumettre ces accords à la décision des assemblées délibérantes.</u> Dans le premier cas, le conseil municipal devait accepter la vente du terrain et, dans le deuxième, il fallait prendre un nouvel arrêté d'alignement définitif. Or, ces décisions échappent aux parties. Dans ces deux affaires, les parties ont trouvé un accord, mais, pour le finaliser, il a fallu plus de temps qu'un accord trouvé en médiation judiciaire qui dépend de la seule volonté des parties.

D'où la question que l'on peut se poser : quand s'arrête la médiation administrative ? Est-ce au moment où les parties ont trouvé un accord ou est-ce au moment du désistement, sachant qu'il peut s'écouler plusieurs semaines, voire plusieurs mois, entre l'accord et le désistement ?

Au niveau de la confidentialité, que peut révéler le médiateur au juge qui l'a désigné ? Peut-il dire que les parties sont parvenues à un accord qu'il convient de soumettre à l'assemblée délibérante ? Mais alors, que se passera-t-il au cas où cette dernière refuserait de prendre une décision conforme au souhait des parties et que l'accord ne peut être suivi d'effet ? Le juge qui jugera l'affaire peut être influencé en sachant que les parties ont trouvé un accord, surtout s'il en connaît le contenu.

On le voit, la médiation administrative soulève des problèmes spécifiques et le délai de trois mois donné par le législateur au médiateur judiciaire pour accomplir sa mission est peut-être insuffisant en matière administrative.

Je pense que la médiation administrative est appelée à un grand avenir, et je suis heureuse de voir l'enthousiasme suscité par ce colloque parce que, comme vous l'avez compris, il faut commencer par changer nos mentalités si l'on veut développer la médiation. Or, comme le disait Albert Einstein, il est plus facile de provoquer la fission de l'atome que de changer les mentalités !

Un réseau européen de juges pour développer la médiation

Le législateur a défini les grandes lignes de la médiation. Les juges ont mis en place la plupart du temps un processus spécifique. Il en résulte une diversité des pratiques, non seulement en France, mais aussi en Europe, où elle est aggravée par la différence des systèmes juridiques.

C'est l'une des raisons qui ont amené des juges de plusieurs pays de l'Union européenne à se regrouper.

Le 19 décembre 2003, une trentaine de magistrats européens, juges judiciaires et administratifs, se sont retrouvés à Paris, à la Cour de cassation, pour créer le Groupement Européen des Magistrats pour la Médiation (GEMME).

Ce réseau européen de juges a pour objectif de contribuer à l'information sur la médiation et à l'harmonisation des procédures, de procéder à l'inventaire des bonnes pratiques, d'échanger les expériences, de participer à l'élaboration des règles et d'apporter une aide matérielle, intellectuelle et morale à ceux qui veulent pratiquer ce mode de règlement des conflits consacré par la loi.

Les prochains groupes de travail de la section française de GEMME seront précisément la médiation administrative, la médiation pénale et la médiation en ligne.

Interlocuteur auprès des institutions européennes, Gemme a aujourd'hui le statut d'observateur auprès du Conseil de l'Europe.

Gemme comprend environ 500 magistrats européens répartis dans 24 pays de l'Union européenne et de l'AELE qui œuvrent pour implanter une culture de la paix au sein de la justice du 3e millénaire (site : gemme.eu).

L'œuvre de GEMME en ce domaine a déjà été déterminante. Observatoire privilégié pour la médiation, Gemme a fait l'inventaire des bonnes pratiques et donné des avis. Il reste à rendre obligatoire, dans tous les pays, la formation à la médiation (initiale et continue) tant dans les universités que dans les écoles d'avocats, de juges, de greffiers, d'huissiers et de notaires, pour que ces différentes professions acquièrent le réflexe de médiation. C'est par l'éducation que pourra naître une culture de pacification des conflits. Car pour reprendre l'exclamation du premier président Pierre Drai : « *la justice sans la paix, est-ce encore la justice ?* »

À l'heure de la mondialisation, on comprend que ce rassemblement de juges ne peut être ni régional, ni national, ni même européen : il doit être mondial.

C'est alors que le mouvement européen lancé par GEMME a pris un autre essor. À la suite des assises internationales de la médiation judiciaire qui se sont tenues à Paris, les 16 et 17 octobre 2009, à l'initiative de GEMME, trente-sept pays représentant les cinq continents se sont réunis et ont impulsé un mouvement mondial, concrétisé par la création d'une association : la Conférence internationale de la médiation pour la justice (CIMJ). La CIMJ est un formidable réseau international des acteurs de la médiation, mis en place pour apporter une réponse rapide dans les conflits transfrontaliers ou les enlèvements internationaux d'enfants. La CIMJ a pour ambition de créer une liste de médiateurs internationaux, consultable aisément.

Nous avons bâti nos sociétés sur les sables mouvants de la loi du plus fort qui a pour corollaire la destruction mutuelle. Nous sommes au pied du mur. Il est temps aujourd'hui de nous ancrer sur le roc solide du respect et de l'écoute de l'autre. Allier paix et justice est l'ambition de Gemme.

TABLE RONDE 1

MISE EN PERSPECTIVE ET ENJEUX

Intervention de Pierre Guerder, doyen honoraire de la Cour de cassation

Je suis particulièrement honoré et heureux d'animer cette table ronde dont je me plais à saluer l'exemplaire parité en accueillant quatre prestigieux intervenants.

Mme Catherine Chadelat, conseillère d'État, présidente du conseil des ventes volontaires, représente la juridiction administrative suprême qu'elle a intégrée après avoir appartenu à la magistrature judiciaire.

Mme Natalie Fricero, professeur à l'université de Nice Sophia Antipolis, directeur de l'institut d'études judiciaires et du master 2 de gestion des contentieux privés, incarne la doctrine qu'elle a magistralement exprimée dans le *Guide des modes amiables de résolution des différends (MARD)*, édité par Dalloz[1].

M. Jean-Luc Baechler nous fait l'amitié de venir de Saint-Gall où il préside, depuis son élection par l'Assemblée fédérale, le Tribunal administratif fédéral Suisse, dont il était vice-président.

M. Peter Osten a été magistrat administratif en Allemagne où il a exercé des fonctions juridictionnelles dans les tribunaux administratifs de Karlsruhe et Halle, ainsi qu'à la cour administrative d'appel de Mannheim, avant de suivre une formation à la médiation, pour exercer des fonctions de médiateur judiciaire. Il est à présent médiateur libéral.

Intitulée « Mises en perspectives et enjeux », la 1ère table ronde n'a pas pour objet de dresser un bilan. Elle tend à réaliser une approche descriptive et comparatiste. La comparaison implique évidemment un regard sur nos voisins européens, mais aussi sur l'ordre judiciaire français dont les juridictions administratives demeurent séparées en vertu de la dualité des ordres juridictionnels. Une dualité qui emporte des similitudes et beaucoup de différences.

Le constat d'une distorsion importante résulte à l'évidence de la comparaison des modalités de transposition dans notre droit national de la directive

---

[1] Natalie Fricero, Charlotte Butruille-Cardew, Linda Benraïs, Béatrice Gorchs-Gelzer, Guillaume Payan, *Le guide des modes amiables de résolution des différends (MARD)*, Dalloz 2014.

européenne du 21 mai 2008 sur la médiation[2], dont l'article 5 intitulé « Recours à la médiation » dispose, dans un premier alinéa, que « *une juridiction saisie d'une affaire peut, le cas échéant et compte tenu de toutes les circonstances de l'espèce, inviter les parties à recourir à la médiation pour résoudre le litige* ». Dans un second alinéa, l'article 5 de la directive prévoit que celle-ci « *s'applique sans préjudice de toute législation nationale rendant le recours à la médiation obligatoire ou le soumettant à des incitations ou des sanctions, que ce soit avant ou après le début de la procédure judiciaire, pour autant qu'une telle législation n'empêche pas les parties d'exercer leur droit d'accès au système judiciaire* ».

Dans l'ordre judiciaire, la transposition de la directive a été majeure. Elle a d'abord concerné la loi du 8 février 1995 dont on célèbre cette année le 20e anniversaire[3], qui a été amendée par l'ordonnance du 16 novembre 2011[4]. Elle a ensuite déterminé l'introduction dans le code de procédure civile, à la suite d'un livre V sur l'arbitrage créé par un décret du 13 janvier 2011[5], d'un volumineux livre VI créé par décret du 20 janvier 2012[6] et dédié aux modes amiables de résolution des différends, médiation conventionnelle, conciliation conventionnelle, procédure participative.

Extensive dans les textes législatifs et réglementaires de procédure civile, la transposition a été inversement proportionnelle dans l'ordre administratif, où elle a été limitée à trois articles L771-3 dans le code de justice administrative et un article dans la loi sur la prescription des créances contre l'État.

Pourtant la voie d'une transposition générale avait été tracée par les savants travaux et les propositions du groupe de travail du Conseil d'État placé sous la présidence de M. Jacques Biancarelli, propositions rassemblées dans l'étude de 2010, *Développer la médiation dans le cadre de l'Union européenne*[7], et reprises dans les travaux du colloque organisé par le Conseil d'État le 4 mai 2011 sur ce thème[8].

Le décalage de la transposition de la directive communautaire de 2008 en procédure civile et en procédure administrative, doublé d'une assimilation de

---

[2] Directive 2008/52/CE du Parlement européen et du Conseil du 21 mai 2008 sur certains aspects de la médiation en matière civile et commerciale, OJ L 136, 24.5.2008, p. 3–8.

[3] La médiation judiciaire, 20e anniversaire, Paris 19 mai 2015, Les Annonces de la Seine 10 juin 2015.

[4] Ordonnance du 16 novembre 2011 portant transposition de la directive 2008/52/CE du Parlement et du Conseil du 21 mai 2008 sur certains aspects de la médiation en matière civile et commerciale, JORF 17 novembre 2011.

[5] Décret n° 2011-48 du 13 janvier 2011 portant réforme de l'arbitrage, JORF 14 janvier 2011.

[6] Décret n° 2012-66 du 20 janvier 2012 relatif à la résolution amiable des différends, JORF 22 janvier 2012.

[7] *Développer le médiation dans le cadre de l'Union européenne,* étude adoptée par l'assemblée générale du Conseil d'État le 29 juillet 2010, Conseil d'État, La Documentation française 2010.

[8] *Les développements de la médiation*, un colloque organisé par le Conseil d'État le 4 mai 2011 à la chambre de commerce et d'industrie de Paris, Conseil d'État, La Documentation française 2012.

la médiation transfrontalière en matière administrative à la médiation judiciaire, pose un premier problème, qui appelle des explications.

Comment expliquer ensuite que ces dispositions restrictives coexistent avec un texte, l'article L211-4 du code de justice administrative (CJA), remanié par la loi du 13 décembre 2011[9] pour offrir aux présidents des tribunaux administratifs et des cours administratives d'appel la faculté de confier une mission de conciliation à toute personne de leur choix, sans autre condition ni formalité ni structuration du processus ?

Que deviennent, dans un tel contexte, les notions de médiation et de conciliation ?

Que devient encore dans ce contexte le rôle du juge, dont la première mission est de rendre une décision au nom du peuple français, et dont les relations avec les justiciables issus de ce peuple sont peut-être appelées à évoluer, s'il devient « faiseur de paix », pour reprendre l'expression chère à Voltaire que M. Jean-Marc Sauvé a rappelée en ouverture d'un colloque sur l'arbitrage en 2009[10] ?

Quelles sont enfin les incidences de ces évolutions sur les droits ainsi que sur les devoirs des justiciables, qui peuvent être assujettis, dans le droit fil de l'article 5 de la directive, à de nouvelles contraintes préalables à la saisine du juge, comme celles prescrites par la loi du 13 octobre 2014 d'avenir pour l'agriculture[11], ou par le décret du 11 mars 2015 sur l'acte introductif d'instance[12] ?

La parole sur ces sujets revient en premier lieu à Mme la conseillère Catherine Chadelat, qui a été le rapporteur de l'ordonnance du 16 novembre 2011 devant le Conseil d'État.

---

[9] Loi n° 2011-1862 du 13 décembre 2011 relative à la répartition des contentieux et à l'allègement de certaines procédures juridictionnelles, JORF 14 décembre 2011.

[10] Colloque du 30 septembre 2009, L'arbitrage et les personnes morales de droit public, intervention de M. Jean-Marc Sauvé, vice-président du Conseil d'État, www.conseil-État.fr/Actualites/Discours-Interventions.

[11] Loi n° 2014-1170 du 13 octobre 2014 d'avenir pour l'agriculture, l'alimentation et la forêt, créant l'article L. 631-28 du code rural, JORF 14 octobre 2014 ; à rapprocher de l'arrêt de la Cour européenne des droits de l'homme du 26 mars 2015, *Momcilovic c/ Croatie*.

[12] Décret n° 2015-282 du 11 mars 2015 relatif à la simplification de la procédure civile, à la communication électronique et à la résolution amiable des différends, JORF 14 mars 2015 ; Chantal Arens et Natalie Fricero, « Médiation et conciliation : modes premiers de règlement des litiges ? », Gaz. Pal., 24 avril 2015, p. 13.

Intervention de Catherine Chadelat, conseillère d'État

Depuis un quart de siècle, le constat s'impose de l'engouement croissant en France comme en Europe à l'égard des modes alternatifs de règlement des différends (MARD)[1], en réaction à une réponse judiciaire jugée insatisfaisante à plus d'un titre.

Sans remonter à l'héritage napoléonien, où la conciliation était un préliminaire obligatoire dans la plupart des contentieux privés[2], système qui a perduré près de 150 ans, les MARD ont ressurgi dans la pratique des années 80 parce qu'ils permettent un traitement rapide, efficace et économe des litiges, englobant l'ensemble de leurs composantes factuelles, juridiques, relationnelles, historiques et psychologiques et réduisent de façon notable le risque de non-exécution grâce à l'adhésion sur laquelle ils reposent, en proposant des solutions « à la fois apaisantes et apaisées », sans oublier les enjeux d'une gestion performante du service public de la justice.

Cependant le droit judiciaire et le droit administratif leur consacraient traditionnellement peu de dispositions : on peut noter dans le premier, outre la mission générale de conciliation du juge et le préliminaire de conciliation devant certaines juridictions dont le tribunal d'instance, l'institution par le décret du 20 mars 1978 des conciliateurs de justice œuvrant initialement en dehors des procédures ; dans le contentieux administratif, l'article L.3 du code des tribunaux administratifs et des cours administratives d'appel se bornait à prévoir que les tribunaux administratifs – et eux seuls – pouvaient exercer une mission de conciliation dans les litiges dont ils étaient saisis.

Pour autant, la doctrine comme la jurisprudence et la pratique montraient tout l'intérêt qui s'attache à ce mode de règlement non contentieux des litiges. Ainsi, l' assemblée générale du Conseil d'État adoptait en 1993 une étude intitulée *Régler autrement les conflits : conciliation, transaction, arbitrage en matière administrative*, puis en 2008, dans la suite de ces travaux, une étude sur les recours administratifs préalables obligatoires tandis

---

[1] Egalement dénommés MARL (modes alternatifs de règlement des litiges) ou MARC (modes alternatifs de règlement des conflits).

[2] Les auteurs du NCPC ont recueilli cet héritage en posant, au titre des principes directeurs du procès, « *qu'il entre dans la mission du juge de concilier les parties* » (article 21).

qu'entre- temps, en 1999, le groupe de travail du président Labetoulle se penchait sur la conciliation devant les juridictions administratives et son développement. Dans le domaine du droit privé, la promotion de la médiation ressort tout autant, en 2008, des travaux du doyen Serge Guinchard (*L'ambition raisonnée d'une justice apaisée*) que du rapport du premier président de la cour d'appel de Paris Jean-Claude Magendie (*Célérité et qualité de la Justice : la médiation : une autre voie*). Dans la jurisprudence, l'assemblée du contentieux du Conseil d'État, faisant une interprétation « ouverte » du code de justice administrative, reconnaissait la faculté d'homologuer une transaction y compris en cassation[3]. Dans le contentieux judiciaire, la médiation se développait dans le cadre familial avec l'apparition de médiateurs familiaux spécifiquement formés, comme dans les litiges de la vie quotidienne tandis que la Cour de cassation donnait leur plein effet aux clauses de conciliation contenues dans les contrats en posant le principe qu'elles constituent des fins de non recevoir aux actions judiciaires.[4] Quant aux initiatives de terrain, elles ont été aussi nombreuses que diversifiées : création d'organismes privés regroupant des médiateurs et d'annuaires les recensant, élaboration de chartes de qualité, offres de formation privées et développement d'enseignements universitaires, conventions conclues entre les juridictions et les barreaux, institution de médiateurs au sein d'administrations ou d'autorités indépendantes, circulaires ministérielles incitant, quand le conflit s'y prête, à la transaction…

L'inconvénient est que l'on a vu, au-delà de ces exemples, proliférer sur le terrain, sans encadrement juridique et donc sans garanties pour les parties, des processus qualifiés de médiation ou conciliation sur un mode peu transparent et dont la qualité et l'objectivité pouvaient prêter à discussion.

Dans ce contexte, l'intervention des pouvoirs publics s'imposait. Elle ne s'est toutefois traduite que tardivement et uniquement dans le contentieux privé. C'est la loi n°95-125 du 8 février 1995 relative à l'organisation des juridictions et à la procédure civile, pénale et administrative qui a posé pour la première fois, au niveau législatif, un certain nombre de principes en matière de médiation et de conciliation judiciaires qui ont été ensuite déclinés dans le seul code de procédure civile au niveau réglementaire.

L'un des intérêts de cette loi est que, pour la première fois, la distinction entre la conciliation et la médiation est opérée. La première met en œuvre un processus de recherche d'un règlement amiable du conflit entre les parties par le juge lui-même ou un tiers désigné par celui-ci ou les parties. Dans la seconde, ce sont les parties elles-mêmes, maîtresses du processus, qui tentent de parvenir à un accord amiable avec l'assistance d'un tiers choisi par elles ou désigné avec leur accord par le juge chargé du litige.

---

[3] 6 décembre 2002, *Syndicat intercommunal des établissements du second degré du district de l'Haÿ-les Roses*.

[4] Cass. Civ. 3e 20 septembre 2011.

Mais restait en dehors des textes la médiation conventionnelle et aucune réforme n'était apportée à la matière administrative toujours régie par le seul article L. 3 du code des tribunaux administratifs et des cours administratives d'appel[5].

C'est dans ce contexte que les instances de l'Union européenne ont cherché à donner un cadre juridique à la médiation. On en trouve les prémisses dans les conclusions du Conseil de Tempere de 1999 puis dans celui de Lisbonne de 2000. Un pas supplémentaire a été franchi avec l'élaboration par la Commission en 2002 d'un Livre vert sur les modes alternatifs de résolution des conflits puis en 2004 d'un code de conduite européen pour les médiateurs. Mais ce n'est qu'en 2008 qu'a été élaborée une législation cadre sur la médiation au sein de l'Union avec la directive 2008/52/CE du Parlement européen et du Conseil du 21 mai 2008 sur certains aspects de la médiation en matière civile et commerciale.

La directive poursuit trois objectifs :

- Promouvoir la médiation extrajudiciaire comme mode autonome de résolution des conflits et non comme un simple instrument visant à désengorger les tribunaux ;
- Renforcer la sécurité juridique des acteurs de la médiation et la qualité de celle-ci ;
- Coordonner les processus de médiation avec les modes judiciaires de règlement des litiges, notamment en matière d'exécution des accords conclus et de prescription des actions.

Très ambitieuse à l'origine dans son champ d'application comme dans les mécanismes d'organisation et de fonctionnement qu'elle prévoyait, la proposition de directive de la Commission a vu sa portée largement affaiblie au cours des négociations malgré les efforts de la France qui se présentait comme pionnière en la matière.

Le texte final, de 14 articles, a une portée limitée : il ne vise que les médiations transfrontalières[6] (tout en laissant aux États membres la possibilité d'étendre les règles qu'elle édicte aux processus de médiation internes), n'établit pas un régime uniforme de médiation mais une législation cadre légère et souple en fixant quelques règles minimales d'harmonisation conformément au principe de subsidiarité, ne réglemente pas la profession de médiateur et, pour le surplus, se borne à encourager l'adoption de garanties de qualité[7].

---

[5] Qui deviendra l'article L. 211-4 du code de justice administrative.

[6] C'est-à-dire faites dans les litiges dans lesquels une des parties au moins a sa résidence habituelle dans un autre État membre que celui où réside une autre partie, à la date à laquelle il est recouru à la médiation.

[7] Élaboration de codes volontaires de bonne conduite et de mécanismes de contrôle de qualité, promotion de la formation initiale et continue, information à destination du public.

La médiation y est définie comme un processus structuré, quelle que soit sa dénomination (ce qui inclut les conciliations « à la française »), dans lequel deux ou plusieurs parties à un litige tentent de parvenir à un accord sur la résolution de leur différend avec l'aide d'un médiateur. Ce dernier doit agir avec efficacité, impartialité et compétence.

Sont visées les médiations juridictionnelles[8] aussi bien que purement conventionnelles, le partage à faire entre elles étant fonction de la seule qualité des personnes qui en prennent l'initiative et non du contexte dans lequel elles se déroulent.

S'agissant des matières concernées ne sont visées que les médiations intervenant en « *matière civile et commerciale* » c'est-à-dire dans les litiges relatifs à des intérêts privés mais aussi en matière administrative non régalienne ne mettant pas en jeu des prérogatives exorbitantes du droit commun. En revanche, sont exclues les matières où l'autorité publique agit en exerçant ses prérogatives de puissance publique[9] et, plus généralement, les matières d'ordre public dans lesquelles les parties ne peuvent disposer de leurs droits.

S'agissant enfin du régime de la médiation, il se résume à quatre catégories de règles normatives qui portent sur la qualité du médiateur et sa formation, les garanties attachées au déroulement de la médiation, dont la confidentialité, l'effet interruptif de celle-ci sur les délais de prescription des actions en justice et le caractère exécutoire des accords issus de la médiation.

Afin de transposer dans notre ordre juridique national les principes de la directive et compte tenu des difficultés rencontrées par les administrations à recenser les textes susceptibles d'être impactés par elle, le Premier ministre a saisi, le 28 mai 2010, le Conseil d'État d'une demande d'étude destinée à appuyer les travaux préparatoires à la transposition et propre à définir les critères permettant de distinguer, parmi les très nombreuses médiations ou conciliations existantes[10], celles qui seraient susceptibles d'entrer dans le champ de la directive et qui devraient, le cas échéant, faire l'objet d'une évolution pour s'y conformer.

L'étude, adoptée le 29 juillet 2010 par l'assemblée générale du Conseil d' État[11], a procédé à une réflexion globale intégrant, au-delà des conflits transfrontaliers, les médiations internes afin d'éviter la coexistence de deux régimes au sein d'un même système juridique. Elle s'est attachée à dégager les critères de la médiation devant être intégrés dans notre droit en optant

---

[8] À l'exception des conciliations exercées par le juge lui-même dans le cadre du règlement d'un conflit dont il est saisi.

[9] Arrêts CJUE *Eurocontrol* des 14 octobre 1976 et 19 janvier 1994 et *P.B. c/ Ruffer* du 16 décembre 1980.

[10] Ces termes sont abusivement utilisés lorsque l'on ne se trouve pas en présence d'un mécanisme de règlement amiable des litiges (RAPO, traitements de plaintes des usagers, avis ou recommandations...) ou lorsque les critères exigés par le régime de la médiation ne sont pas remplis (processus institutionnel non choisi ou processus interne à une entreprise sans indépendance de l'intervenant ...).

[11] Intitulée *Développer la médiation dans le cadre de l'Union européenne.*

pour un degré de précision propre à satisfaire la sécurité juridique tout en préservant la souplesse de l'institution, gage de son succès.

C'est sur la base de ces travaux et en application de la loi d'habilitation du 17 mai 2011 de simplification et d'amélioration de la qualité du droit, qu'a été élaborée l'ordonnance n°2011- 1540 du 16 novembre 2011 portant transposition de la directive 2008/52/CE du Parlement européen et du Conseil du 21 mai 2008 sur certains aspects de la médiation en matière civile et commerciale, portant à la fois sur la médiation juridictionnelle et, innovation majeure du texte, sur la médiation conventionnelle.

Le choix a été, pour cette dernière, non de créer une nouvelle loi qui aurait été le pendant de la loi du 8 février 1995 sur la médiation judiciaire, mais d'insérer dans celle-ci les dispositions sur la médiation conventionnelle afin de marquer, sinon l'unité de régime, du moins la très grande affinité que la directive confère aux deux types de médiation. Mais, à travers cette loi, les dispositions nouvelles de la médiation en droit administratif ont trouvé naturellement leur place dans la partie législative du code de justice administrative[12].

L'ordonnance décline tout d'abord les principes généraux communs à toute médiation en reprenant les lignes directrices de la directive[13] et en conférant à cette dénomination un caractère transversal qui englobe la conciliation. Elle établit ensuite le régime propre aux médiations judiciaires en fixant notamment leur durée et les règles relatives à la rémunération du médiateur. Elle crée enfin, dans le code de justice administrative, un chapitre nouveau (articles L. 771-3 à L. 771-3-2) dédié à la médiation et portant sur les seuls différends transfrontaliers.

Cette dernière limitation est le fruit d'un compromis entre le gouvernement et le Sénat lors de la discussion de la loi d'habilitation du 17 mai 2011, la Haute assemblée entendant s'en tenir, en toutes matières, à une transposition de la directive limitée aux litiges transfrontaliers alors que le gouvernement souhaitait profiter de la transposition pour améliorer globalement le régime français de la médiation. En définitive, le caractère transfrontalier n'a été retenu qu'à l'égard des litiges en matière administrative et en droit du travail. Par là même était singulièrement réduit l'intérêt de la médiation en droit administratif où les litiges transfrontaliers sont en nombre limité.

Si la matière administrative ne s'entend que des domaines de l'action administrative où l'autorité publique agit sans mettre en œuvre des préroga-

---

[12] À la différence de la médiation en droit privé au regard du caractère réglementaire du code de procédure civile.

[13] Qualités que doit remplir le médiateur, caractère exécutoire des accords issus de la médiation par l'homologation de ceux-ci, confidentialité dans le déroulement de la mesure et interruption de la prescription.

tives de puissance publique[14], le champ d'application n'en est pas moins vaste puisque sont concernés des secteurs aussi variés que les marchés publics, les délégations de service public, les décisions individuelles d'urbanisme (permis de construire) ou encore la responsabilité à l'occasion des dommages de travaux publics ou de l'activité hospitalière, le plein contentieux apparaissant le domaine de prédilection.

Quant au régime de la médiation en matière administrative, il est calqué sur celui de la médiation de droit privé auquel les nouvelles dispositions du code de justice administrative renvoient, qu'il s'agisse de la définition de la médiation, des qualités du médiateur, de la subordination de la médiation ordonnée par le juge à l'accord des parties, de la confidentialité de son déroulement, de l'homologation par le juge de l'accord issu de la médiation propre à lui donner force exécutoire ou encore de l'effet suspensif de la prescription.

Une différence notable persiste toutefois entre les deux contentieux privé et administratif : alors que tout juge judiciaire peut ordonner une médiation, seules peuvent recourir à celle-ci les juridictions régies par le code de justice administrative, soit les tribunaux administratifs, les cours administratives d'appel et le Conseil d'État, pris comme juge de premier et dernier ressort, d'appel ou de cassation. Par là même sont exclues les juridictions administratives spécialisées bien que la directive 2008/52 n'implique pas de distinction sur ce point. Il est vrai que bon nombre de ces juridictions sont saisies de litiges soit internes soit mettant en œuvre des prérogatives de puissance publique[15], ce qui relativise le débat.

Mais, même ainsi limitées, les médiations administratives posent une délicate question de coordination entre le régime auquel l'ordonnance du 16 novembre 2011 les soumet et les dispositions de l'article 49 de la loi n° 2011-1862 du 13 décembre 2011 relative à la répartition des contentieux et à l'allègement de certaines procédures juridictionnelles. Cet article a en effet modifié l'article L. 211-4 du code de justice administrative en prévoyant que, désormais, les chefs de juridiction, dans les tribunaux administratifs comme dans les cours administratives d'appel, pourront organiser, avec l'accord des parties, une mission de conciliation et, plutôt que de la diligenter eux-mêmes, désigner une tierce personne qui en sera chargée.

Or, dès lors qu'un tiers pourra désormais mener les missions de conciliation, le dispositif du nouvel article L. 211-4 entre dans le champ de la directive et, par conséquent, de l'ordonnance du 16 novembre 2011.

[14] Avis d'assemblée générale précité du 31 janvier 2002 et décision de section du contentieux du 4 février 2004 *Leseine et Mme Warnimont.*

[15] Cour nationale du droit d'asile, Cour des comptes, Cour de discipline budgétaire et financière, juridictions spécialisées en matière de contentieux d'aide sociale, telles que les commissions départementales d'aides sociales, juridictions ordinales.

Or, ce dispositif procède d'un mécanisme tout à la fois incompatible avec l'ordonnance et non conforme à la directive, qu'il s'agisse de son champ d'application ou du régime juridique applicable.

S'agissant du premier point, l'article L. 211-4 s'applique sur le plan spatial à tous les différends, transfrontaliers comme internes, couvre sur le plan matériel les litiges, y compris mettant en cause des prérogatives de puissance publique, devant les tribunaux administratifs et les cours administratives d'appel mais non le Conseil d'État, alors que l'ordonnance, à l'inverse, ne vise que les litiges transfrontaliers, les matières non régaliennes relatives à des droits disponibles et s'applique devant toutes les juridictions relevant du code de justice administrative, Conseil d'État compris.

S'agissant du second point, la loi du 13 décembre 2011 ne vise que les conciliations (sans référence aux médiations, mais là n'est pas l'essentiel) ordonnées par le juge alors que la directive impose de légiférer aussi sur les médiations conventionnelles et ne comporte pas de régime d'encadrement du processus que prescrit pourtant la directive (confidentialité, qualités du mandataire, procédure d'homologation de l'accord conclu).

La coordination entre les deux textes n'a pu être opérée, comme l'avait souhaité le Conseil d' État lors de l'examen du projet d'ordonnance[16], avant qu'ils ne soient adoptés définitivement. C'est pourquoi le projet de loi de ratification de l'ordonnance, enregistré à la présidence du Sénat le 3 mai 2012, prévoyait de remédier à cette difficulté en supprimant la faculté offerte par l'article 49 de la loi du 13 décembre 2011 aux tribunaux administratifs et aux cours administratives d'appel de désigner un tiers pour mener la procédure de conciliation[17], faisant ainsi sortir cette procédure du champ de la directive.

L'apport du projet de loi de ratification ne s'arrêtait pas là : parallèlement, il étendait la possibilité de recourir à la médiation administrative aux litiges nationaux (hors prérogatives de puissance publique), dans un souci de cohérence juridique afin d'assurer l'unité de régime. Il ouvrait ainsi la médiation au contentieux social dont le rapport Schilte a montré combien il s'y prêtait. Parallèlement, le projet de loi de ratification entendait étendre la possibilité de recourir à la médiation administrative à toutes les juridictions administratives relevant du Conseil d'État, y compris spécialisées, afin de donner à la médiation toute sa place dans les litiges internes que ces juridic-

---

[16] Note d'assemblée générale du 27 octobre 2011 n°385619 : « *L'attention du gouvernement est appelée sur la nécessité d'opérer une coordination entre les deux dispositifs dont les modalités pourraient trouver leur place dans le projet de loi de ratification de l'ordonnance* ».

[17] La distinction entre conciliation au sens de cet article et médiation au sens de l'ordonnance est ainsi opérée par un critère purement organique : tandis que la conciliation est opérée par le juge, la médiation est opérée par un tiers.

tions ont vocation à connaître[18]. Enfin, il entendait remédier à l'absence de réglementation du régime des frais de la médiation administrative (y compris lorsqu'ils sont pris en charge par l'État au titre de l'aide juridictionnelle), qu'avait dénoncée le Conseil d' État lors de l'examen du projet d'ordonnance[19].

Le projet de loi de ratification déposé au Sénat n'a toutefois pas été examiné à ce jour de telle sorte que la problématique reste entière sur l'ensemble de ces points. Mais le règlement de la question devrait pouvoir trouver place dans le projet de loi en préparation au ministère de la justice portant application des mesures relatives à la justice du XXIème siècle.

Ce retard n'a cependant pas découragé les professionnels du terrain de recourir à la médiation/conciliation. Je ne citerai que deux exemples :

– les médiations/conciliations initiées avec succès et sur plus d'une dizaine d'années, à Dijon puis à Nice, à l'initiative du président Jean-Marc Le Gars dans des domaines aussi variés et pour des litiges aussi importants que la modernisation du réseau d'eau desservant une vingtaine de communes, l'extension d'un terminal de l' aéroport Nice-Côte d'Azur, le coût de l'électricité fournie à une grande ville par EDF, la réparation du préjudice subi par l'annulation de contrats de concession pour l'exploitation d'un ensemble de loisirs aquatiques sur la côte ou pour la construction d'un grand stade, ou encore l'occupation sans titre du domaine maritime par un grand complexe hôtelier ;
– la convention conclue en 2013 à Grenoble entre le tribunal administratif, la ville, l'ordre des avocats, le département et le centre de la fonction publique territoriale aux fins de recourir à la médiation/conciliation, notamment dans la fonction publique, les contentieux sociaux, les marchés publics, pour les permis de construire ou encore l'occupation du domaine public. En un an, une quinzaine de dossiers ont pu être ainsi traités avec succès.

*

*   *

La conclusion s'impose et elle est double : d'une part, il existe une demande potentielle réelle de médiation/conciliation en matière administrative, d'autre part, c'est par la sensibilisation et l'implication de l'ensemble des protagonistes (juges, avocats, administrations, collectivités publiques…) que le recours à cette mesure se développe. Ces observations préliminaires n'ont d'autre but que d'y concourir.

---

[18] Telles les juridictions de l'aide sociale, de la tarification sanitaire et sociale, des pensions militaires.

[19] Note d'AG précitée du 27 octobre 2011 qui n'avait pu que prendre acte de l'absence de consultation du Conseil national de l'aide juridique dont l'avis était requis.

Intervention de Natalie Fricero, professeur à l'université de Nice, directrice de l'Institut d'études judiciaires

Le cadre juridique de la médiation et de la conciliation judiciaires

I. Le droit à un règlement amiable équitable des différends rend nécessaire l'encadrement juridique de la médiation et de la conciliation judiciaires

Il n'est plus possible d'opposer la justice traditionnelle, qui tranche les litiges en appliquant la règle de droit équitablement, à cette autre justice alternative dite amiable, qui permet aux parties, avec ou sans l'aide d'un tiers, de trouver un accord sur une solution, qui pacifie leurs relations, qui prend en considération leur subjectivité, la perception qu'elles ont des enjeux de la situation et qui peut faire abstraction de la règle de droit pour se concentrer sur les besoins des intéressés. Comme l'a démontré le rapport de l'Institut des hautes études sur la justice[1], la conciliation et la médiation font partie intégrante de l'office du juge du XXIème siècle à côté de l'office jurisprudentiel ! Les modes non juridictionnels ou extrajudiciaires s'inscrivent dans un mouvement de fond universel, relié aux courants de l'individualisme post-moderne, qui placent l'individu au centre de la régulation sociale, en tant que sujet libre, responsable et autonome qui devient la mesure de toute chose[2]. La régulation sociale n'est donc plus exclusivement externe et fondée sur l'autorité du droit, la *jurisdictio* et l'*imperium*, elle résulte de la participation directe et de la responsabilisation de chacun dans la résolution de ses propres conflits, et se contractualise. Ces considérations affectent aussi bien les matières de droit privé que la matière administrative : un mode amiable de résolution des différends peut être utilisé à condition que ne soient en jeu ni un droit privé indisponible, ni une prérogative de puissance publique.

---

[1] *La prudence et l'autorité*, mai 2013.
[2] J.F. Lyotard, *La condition postmoderne*, éd. de Minuit, 1978.

Si la communauté des juristes, aussi bien les théoriciens que les praticiens, si les politiques, les économistes et même les usagers s'entendent pour louer les mérites des modes amiables de résolution des différends, lorsqu'il s'agit d'en préciser le concept, le régime juridique, les techniques pour parvenir à un accord, le rôle exact du tiers conciliateur ou médiateur, il est possible d'affirmer que l'incertitude et la confusion règnent en maîtres !

La tradition française a toujours privilégié la conciliation par le juge. Le code de procédure civile de 1975 rappelle qu'il « *entre dans la mission du juge de concilier les parties* », et la conciliation constitue parfois une phase obligatoire de l'instance (tribunal d'instance, juge aux affaires familiales, conseil de prud'hommes). Néanmoins, le décret du 20 mars 1978 a créé les conciliateurs devenus conciliateurs de justice, auquel le juge peut de nos jours déléguer dans certains cas cette mission de tentative de conciliation. Ce n'est que vingt ans plus tard, par la loi du 8 février 1995, que la médiation judiciaire fut introduite dans le dispositif normatif, après que certains juges l'eurent expérimentée. Mais le succès des modes amiables ne fut pas au rendez-vous. C'est certainement à la pression européenne que l'on doit le renouveau de la médiation et des précisions sur la notion, particulièrement en matière civile et commerciale, mais également en matière administrative transfrontalière. La transposition de la directive du 21 mai 2008 a permis à l'ordonnance du 16 novembre 2011 de modifier la loi du 8 février 1995 et d'insérer par le décret du 20 janvier 2012 un livre 6 sur les modes amiables de résolution des différends dans le code de procédure civile. Cette transposition a abouti à une mise en cohérence des MARD, à l'instauration d'une sorte de droit commun, de régime général de la médiation et de la conciliation. Toutes ces modifications se sont ajoutées à un ensemble de textes épars qu'il serait vain de vouloir lister de manière exhaustive, et qui se réfèrent à la conciliation, ou la médiation, ou à des notions voisines dont toutes ont pour point commun la mise en place d'une alternative à la solution judiciaire ou juridictionnelle. Lorsque le Conseil d'État a élaboré un rapport *Développer la médiation dans l'Union européenne* le 29 juillet 2010, il avait déjà mis en évidence la variété des processus dans le domaine de l'amiable et l'absence de distinction pertinente entre médiation et conciliation (p. 23 du rapport). En outre, les professionnels et acteurs économiques privés ont tiré profit des avantages des modes amiables pour instituer des processus innommés, des avatars de conciliation-médiation (comités de conciliation, d'expertise, de médiation, des « *dispute boards* »), laissant libre cours à leur liberté contractuelle dans le domaine des droits disponibles.

Pourtant, le développement effectif d'une autre justice impose que des exigences de qualité soient remplies : tout processus de régulation sociale doit respecter les exigences de l'État de droit. Ces exigences assurent la crédibilité et la légitimité du processus, et génèrent la confiance dans l'esprit des intéressés et des juges qui proposent une médiation ou une conciliation. Comment assurer ce nouveau droit émergent, « **le droit à un règlement**

amiable équitable », puisqu'un État de droit doit garantir aux personnes soumises à sa juridiction les droits fondamentaux essentiels (libertés individuelles, égalité des armes, sécurité juridique) ? L'intervention du juge, tant judiciaire qu'administratif, est essentielle : des études étrangères sur la médiation démontrent qu'elle est devenue un « marché » et qu'elle peut conduire à des violations des principes fondamentaux d'un État de droit (Rainer Kulms, « Mediation », *Privatising civil justice and the Day in Court*, Oxford University Press : les parties sont contraintes d'aller en médiation contre leur gré, et la confidentialité heurte de plein fouet la transparence démocratique ; voir aussi Garapon et Servan Schreiber, *Deals de justice, le marché américain de l'obéissance mondialisée*, PUF).

II. Le droit d'accès démocratique à un règlement amiable impose de définir les institutions de manière précise et cohérente !

Les processus alternatifs doivent être accessibles et lisibles, ce qui impose de définir les concepts et le régime.

La médiation judiciaire, qui est proposée par tout juge saisi d'un litige, en 1ère instance comme en appel, au fond comme en référé, est ainsi définie par l'article 21 de la loi du 8 février 1995 : « *la médiation régie par le présent chapitre s'entend de* ***tout processus structuré, quelle qu'en soit la dénomination, par lequel deux ou plusieurs parties tentent de parvenir à un accord en vue de la résolution amiable de leurs différends, avec l'aide d'un tiers, le médiateur, choisi par elles ou désigné avec leur accord par le juge saisi du litige*** »[3]. On retrouve évidemment les termes de la directive de 2008 transposée. Ces termes sont d'ailleurs repris pour la médiation conventionnelle à l'article 1530 du code de procédure civile (CPC) « *tout processus structuré, par lequel deux ou plusieurs parties tentent de parvenir à un accord, en dehors de toute procédure judiciaire en vue de la résolution amiable de leurs différends, avec l'aide d'un tiers choisi par elles qui accomplit sa mission avec impartialité compétence et diligence* ». L'article 21 de la loi rappelle que le « *médiateur accomplit sa mission avec impartialité, compétence et diligence* »[4].

La conciliation judiciaire ou déléguée, menée par un conciliateur de justice délégué (art. 21 CPC et art. 127 s. CPC) reçoit la même définition que la médiation judiciaire : l'article 21 de la loi de 1995 définit « *tout processus structuré quelle qu'en soit la dénomination* » et le chapitre dans lequel il

---

[3] L'article 131-1 CPC proposait une définition différente : « *le juge saisi d'un litige peut, après avoir recueilli l'accord des parties, désigner une tierce personne afin d'entendre les parties et de confronter leurs points de vue pour leur permettre de trouver une solution au conflit qui les oppose* ».

[4] Alors que la directive 2013/11 du 21 mai 2013 précise que les entités de règlement des litiges de consommation doivent avoir des compétences en techniques de médiation et avoir une compréhension générale du droit, être en outre indépendantes et impartiales…

figure est placé sous le titre « *la conciliation et la médiation judiciaires* ». On observera que la conciliation conventionnelle est définie selon des termes rigoureusement identiques à ceux de la médiation par l'article 1530 CPC. Mais si tous les juges peuvent proposer une médiation, seuls certains tribunaux peuvent déléguer leur mission de conciliation (les tribunaux d'instance, les juridictions de proximité, les tribunaux paritaires de baux ruraux et les tribunaux de commerce). Compte tenu du caractère bénévole de leurs fonctions, il est regrettable que l'intervention des conciliateurs de justice ne soit pas prévue devant toutes les juridictions (TGI et CA notamment : la proposition n° 36 du rapport de l'Inspection des services judiciaires d'avril 2015[5] va dans ce sens, souhaitant « *étendre la possibilité pour le juge d'enjoindre les parties à se rendre à un entretien d'information sur la conciliation et la médiation* »).

Une conclusion s'impose : sur les plans normatif et conceptuel, aucune distinction n'est faite entre la médiation et la conciliation judiciaires ou conventionnelles ! L'influence de l'Europe est certainement à l'origine de cette situation : le terme de « médiation » est celui qui rend compte des différents processus en vigueur dans les États (en Allemagne par exemple, le juge peut faire lui-même une « médiation »). Comme l'a fait remarquer Jacques Faget[6], toutes les sciences, « *la linguistique, la neurobiologie, la psychologie, la sociologie, la science politique, les mathématiques, mais aussi le langage courant et le droit utilisent le mot médiation pour nommer un lien, un échange, une entremise, une communication, entre des groupes grammaticaux, des cellules, des psychismes, des normes, des idées, des personnes* ». Il est donc inévitable que son appropriation par le droit afin de créer des formes juridiques modernes de régulation sociale génère des transformations et de nouveaux modèles.

De nombreux points communs doivent être constatés entre la médiation et la conciliation judiciaires : l'égide du juge qui peut proposer la médiation et la conciliation, l'accord des parties qui traduit le caractère volontaire du processus, la confidentialité du processus (ni le médiateur ni le conciliateur ne peuvent révéler les constatations ou les déclarations recueillies), l'intervention d'une tierce personne soumise à des exigences déontologiques strictes de compétence, de probité et d'indépendance (art. 131-5 CPC), l'homologation par le juge de l'accord pour lui conférer la force exécutoire.

---

[5] Rapport sur le développement des modes amiables de règlement des conflits, avril 2015, ISJ avec l'appui du secrétariat général à la modernisation de l'action publique.

[6] *Médiations, les ateliers silencieux de la démocratie*, Erès, 2010, p. 13.

Pour synthétiser, comment distinguer, en droit positif français, la conciliation et la médiation ?

- **Le statut** du conciliateur de justice, collaborateur du service public de la justice inscrit sur une liste auprès d'une cour d'appel, est différent de celui du médiateur de droit commun, prestataire de services privé non contrôlé par les autorités publiques (même si cette situation est en voie d'évolution avec la transposition de la directive du règlement extrajudiciaire des litiges de la consommation, puisqu'une autorité de contrôle des médiateurs en ligne sera mise en place en juillet 2015) ;
- Le conciliateur de justice est un **bénévole**, alors que le médiateur est rémunéré (même s'il existe des variantes, comme la médiation familiale largement financée) ;
- **Le domaine d'intervention de la conciliation et de la médiation est identique** : les parties ne peuvent trouver un accord amiable que sur **les droits dont elles ont la libre disposition.** [7] L'ordre public reste étranger aux modes amiables. En outre, les textes interdisent parfois expressément le recours à la médiation : article 24 de la loi du 8 février 1995, précisant que la médiation conventionnelle est exclue pour les différends internes nés à l'occasion d'un contrat de travail (seuls les conflits transfrontaliers sont visés) ;
- Le conciliateur et le médiateur n'utilisent pas toujours les mêmes techniques, la médiation s'étant perfectionnée dans ses **techniques de communication** (les médiateurs ont réfléchi sur leur pratique, ont élaboré des modèles de négociation raisonnée, narratif, transformatif, le modèle hybride, ont fait de nombreuses publications, en France comme à l'étranger[8]) ;
- **Le rôle concret de chacun serait différent en pratique**, le conciliateur serait plutôt celui qui propose une solution pour mettre fin au différend, alors que le médiateur serait plutôt un rétablisseur de lien, un accoucheur ou facilitateur de solution. Ceci correspond à la définition que certains auteurs donnent de la médiation, que l'on retrouve dans le rapport de Marc Juston et Stéphanie Gargoullaud d'avril 2014, suivi d'une proposition de loi n° 1856 du 1er avril 2014 suggérant une nouvelle définition de la médiation familiale : « *la médiation familiale, qui a pour finalité d'apaiser le conflit et de préserver les relations au sein de la famille, est un processus structuré et confidentiel de résolution amiable des différends familiaux qui s'appuie sur une démarche volontaire* ». On constate que cette définition insiste sur la finalité première de la médiation qui est d'apaiser le conflit et de

---

[7] Art. 21-4 de la loi du 8 février 1995, applicable à la médiation judiciaire ainsi qu'à la conciliation.

[8] T. Fiutak, *Le médiateur dans l'arène, réflexion sur l'art de la médiation*, Erès, 2012. A. Pekar Lempereur et J. Salzer et A. Colson, *Méthode de médiation, au cœur de la conciliation*, Dunoc, 2008.

préserver les relations, c'est-à-dire de rétablir le lien social[9]. Mais peut-on affirmer que la finalité de la conciliation n'est pas identique ? La réalité est certainement bien plus complexe, certains conciliateurs étant d'ailleurs formés aux techniques de médiation, et certains médiateurs intervenant pour suggérer un accord, cette suggestion étant suivie par les parties !

Quelles solutions ? Le rapport de l'Inspection des services judiciaires d'avril 2015 [10] propose de « *changer la dénomination des conciliateurs de justice en médiateurs de justice* », afin de donner plus de cohérence et de lisibilité aux modes amiables, tout en en respectant le multiculturalisme à la française. Les conciliateurs de justice devenus médiateurs de justice conserveraient leur statut et leur bénévolat et leur faculté de recevoir une délégation de conciliation par le juge, mais leur recrutement et leur formation seraient redéfinis. Les médiateurs judiciaires feraient également l'objet de réformes relatives à leur statut (inscription sur une liste, vérification des compétences) avec la transcription de la directive 2013/11 du 21 mai 2013 concernant les « *entités de règlement* » en matière de litiges de consommation.

En revanche il est relativement aisé de distinguer la médiation et la conciliation des autres modes amiables. Ainsi **la procédure participative assistée par avocat** [11] repose sur une convention par laquelle les parties assistées chacune par un avocat décident d'œuvrer conjointement et de bonne foi en vue de trouver un accord mettant un terme au différend qui les oppose. Le dispositif leur permet de réaliser une véritable mise en état, à l'aide d'une expertise amiable notamment, pour parvenir à un accord qui peut être soumis à l'homologation du juge compétent pour statuer dans la matière considérée, laquelle porte nécessairement sur un droit disponible. La procédure participative se caractérise par l'absence de tiers dans le processus. **Le droit collaboratif** ressemble à la procédure participative : c'est un processus innomé qui repose sur une charte signée par les parties et leurs avocats, aux termes de laquelle un accord peut être trouvé à l'issue d'un processus de négociation raisonnée ; à défaut d'accord les avocats s'engagent à se retirer de la procédure. **La transaction**, contrat par lequel les parties mettent fin à leur différend en se faisant des concessions réciproques[12], est certainement une des modalités les plus connues : elle peut être convenue par les parties elles-mêmes, avec ou sans l'assistance d'un avocat, avec ou sans l'assistance d'un tiers (mais il est tout à fait possible

[9] M. Guillaume Hofnung, *La médiation*, Que sais-je.

[10] Rapport sur le développement des modes amiables de règlement des conflits, avril 2015, ISJ avec l'appui du secrétariat général à la modernisation de l'action publique, préc. prop. n° 1.

[11] Art. 2062 C. civ. et art. 1542 s. CPC.

[12] Art. 2044 s. C. civ., art. 1567 CPC : le juge peut homologuer une transaction conclue sans qu'il ait été recouru à un MARD.

que les parties signent une transaction après une médiation ou une conciliation). Elle peut être homologuée par le juge compétent pour statuer sur la matière qui en est l'objet pour avoir force exécutoire.

Si la souplesse des processus amiables et leur diversité sont certainement des gages de réussite, il reste essentiel qu'ils se déroulent à l'ombre du droit et dans le cadre de l'office du juge…

Intervention de Jean-Luc Baechler, président du tribunal administratif fédéral suisse

L'expérience helvétique de la médiation et de la conciliation en matière administrative

Introduction

Obéissant à un besoin croissant et légitime des citoyens de se trouver face aux autorités étatiques dans une relation d'égal à égal et non pas dans un rapport ressenti parfois comme hiérarchique, la panoplie de méthodes de règlement des conflits moins unilatérales et plus consensuelles – dont notamment la conciliation et la médiation – a connu un essor important dans le domaine administratif au cours des dernières années. Ces méthodes ont l'avantage d'aboutir souvent à une issue mieux acceptée par les parties, plus rapidement, et ce tout en déchargeant les autorités et tribunaux. En particulier, la procédure de médiation permet de faire intervenir dans le litige un tiers neutre et indépendant qui les aidera à trouver une solution au conflit qui les oppose. L'autre mécanisme important se matérialise sous la forme de la conciliation consistant en un processus mené par l'autorité ou le tribunal et visant à instaurer une entente entre les parties.

Soumise généralement à la maxime inquisitoire, à l'application du droit d'office ainsi qu'au respect des droits fondamentaux et des intérêts publics, la procédure administrative se prête probablement moins bien que la procédure civile à la médiation et à la conciliation. Ainsi, si ces instruments existent de longue date en matière de droit privé où ils ont fait leurs preuves (ancrés notamment aux art. 197 ss du code de procédure civile[1] qui institue la procédure de conciliation en tant qu'étape obligatoire dans de nombreux litiges, pouvant être remplacée par une médiation sur demande des parties), ils sont de tradition plus récente dans le domaine de la juridiction administrative où ils se développent – avec plus ou moins de succès – sous différentes formes que nous essayerons de décrire brièvement avant de nous pencher plus avant sur les procédures de médiation et de conciliation.

---

[1] Code de procédure civile du 19 décembre 2008 (CPC, RS 272).

I. La résolution amiable des différends

A. Généralités et définitions

Une difficulté que l'on rencontre lors de l'examen des mécanismes de résolution amiable des différends repose sur le manque d'homogénéité de la terminologie tant au niveau fédéral que cantonal[2]. En particulier, force est de constater que l'on mélange à de nombreuses reprises les notions de conciliation, de médiation et les activités d'un ombudsman, ce qui ne s'avère pas favorable à la clarté du débat. Ce manque d'homogénéité se retrouve également dans les modalités concrètes des diverses procédures existantes, comme on le verra plus bas. Enfin, les définitions que l'on trouve dans la doctrine ne se recoupent pas toujours ou mettent l'accent sur certains éléments plus que sur d'autres. Il convient donc dans une première étape de définir les différentes notions pour la suite de l'exposé.

1. L'ombudsman

L'ombudsman est un intermédiaire entre l'administration – dont il est indépendant – et les administrés. Il peut agir soit dans un domaine administratif spécifique, soit de manière générale en lien avec toutes les affaires administratives de la collectivité qui le nomme. Cette institution a été introduite en Suisse par la ville de Zurich en 1971 et existe à présent dans plusieurs autres villes et certains cantons[3]. L'ombudsman intervient en principe sur demande d'un administré. Il dispose d'un accès privilégié aux institutions mais ne possède pas de compétences décisionnelles ; son rôle se limite à faciliter le dialogue entre les organes de la collectivité et les particuliers en recevant les plaintes de ces derniers, interrogeant l'administration et suggérant des solutions. Par le rapport annuel qu'il est généralement chargé de rendre sur son activité, il dispose du pouvoir de se prononcer sur le fonctionnement de l'administration, ce qui lui attribue une fonction de surveillance.

En langue française, le terme médiateur est souvent utilisé pour désigner l'ombudsman, ainsi en Suisse dans le canton de Vaud, en France mais aussi dans l'Union européenne. Son activité ne se recouvre que partiellement avec celle de la médiation dans le sens faisant l'objet de cet exposé.

2. La conciliation

Par conciliation, on entend ici une procédure de résolution des litiges menée par l'autorité – administrative ou judiciaire – compétente pour le traitement de l'affaire. Celle-ci détient le pouvoir de proposer des solutions

[2] BELLANGER / GAVILLET, p. 4.
[3] MOOR / POLTIER, p. 620.

aux parties à titre généralement préliminaire et amiable. En cas d'échec de la conciliation, elle rendra une décision[4].

La conciliation existe dans le droit de procédure administrative de certains cantons, par exemple les cantons de Vaud[5] et de Fribourg[6], mais n'a jusqu'ici pas été introduite formellement au niveau de la procédure administrative fédérale. On l'y retrouve toutefois aussi, la pratique admettant que les autorités et tribunaux tentent, même sans base légale formelle, de concilier les parties si l'affaire s'y prête.

3. La médiation

La médiation se définit comme un processus dans lequel un tiers indépendant des parties, mais aussi des autorités chargées de trancher le litige (elle se distingue en cela de la procédure de conciliation), intervient avec leur consentement afin de les aider à communiquer et à négocier une solution volontaire à leur conflit. Ce caractère volontaire signifie que le médiateur ne dispose pas d'un pouvoir décisionnel et que son mandat prend fin lorsque les parties trouvent un accord ou renoncent à la médiation[7]. Le médiateur au sens de cette définition se distingue de l'ombudsman en ceci qu'il est nommé dans le cadre d'un différend spécifique et non pas de manière permanente[8].

La médiation figure formellement depuis quelques années dans la procédure fédérale mais son utilisation au niveau judiciaire demeure rare. Nous y reviendrons plus bas.

4. L'arbitrage

L'arbitrage, mode conventionnel de règlement des litiges, se fonde sur la volonté des parties de recourir à des tiers particuliers qu'elles choisissent directement ou indirectement et dont elles définissent le mandat ; le jugement rendu par les arbitres déploie les mêmes effets qu'une décision judiciaire[9]. Il ne s'agit ainsi pas d'un règlement amiable au sens propre si ce n'est qu'il procède d'un commun accord des parties. Rien n'exclut toutefois que les arbitres choisis disposent de la compétence de tenter une conciliation entre les parties avant de trancher le litige par une sentence.

Bien qu'il soit envisageable en matière de droit public, par exemple dans des cas de responsabilité patrimoniale ou de fixation de l'indemnité

---

[4] BELLANGER / GAVILLET, p. 4 ; MIRIMANOFF, p. 164.
[5] Art. 84 et 115 al. 1 de la loi sur la procédure administrative du canton de Vaud du 28 octobre 2008 (LPA-VD, RSVD 173.36).
[6] Art. 92 du code du 23 mai 1991 de procédure et de juridiction administrative du canton de Fribourg (CPJA, RSF 150.1).
[7] BELLANGER / GAVILLET, p. 3 ; MIRIMANOFF, p. 164 ; MOOR / POLTIER, p. 67.
[8] MOOR / POLTIER, p. 66 s.
[9] Art. 387 CPC notamment.

d'expropriation[10], l'arbitrage n'y joue pas un rôle significatif. Il convient de relever que les diverses instances arbitrales prévues par la loi, notamment dans les domaines du droit du travail et des assurances sociales, ne sont pas des arbitres au sens de ce qui précède.

B. La résolution amiable et la prévention des conflits dans l'ordre constitutionnel

La Constitution fédérale[11] prévoit ou évoque à plusieurs endroits de tels mécanismes. Dans le cadre de la procédure de consultation, les cantons, les partis politiques et les milieux intéressés sont invités à se prononcer sur les actes législatifs importants et sur les autres projets de grande portée lors des travaux préparatoires, ainsi que sur les traités internationaux importants[12]. La Confédération informe les cantons de ses projets en temps utile et de manière détaillée ; elle les consulte lorsque leurs intérêts sont touchés[13]. Ces mesures permettent de prévenir des conflits ultérieurs en prenant en compte les divers intérêts en présence. Les différends entre les cantons ou entre les cantons et la Confédération sont, autant que possible, réglés par la négociation ou par la médiation[14]. Le droit fondamental de la liberté syndicale renvoie également aux méthodes de règlement amiable des litiges. Ainsi, les conflits entre travailleurs et employeurs doivent, autant que possible, être réglés par la négociation ou la médiation ; la grève et le *lock-out* doivent être conformes notamment à l'obligation de recourir à une conciliation[15]. Enfin, les cantons sont tenus de prévoir une procédure de conciliation ou une procédure judiciaire simple et rapide pour certains litiges relevant de la protection des consommateurs et des consommatrices[16].

On retrouve ces notions dans les constitutions cantonales également, dont celles des cantons de Vaud[17], de Fribourg[18] et de Genève[19], s'agissant notamment de la liberté syndicale et du droit de grève où la teneur de l'article constitutionnel fédéral s'avère largement reprise[20]. Ces cantons ont également introduit une institution de médiation administrative[21] sur laquelle nous reviendrons plus loin.

---

[10] MOOR / POLTIER, p. 655 ss.
[11] Constitution fédérale de la Confédération suisse du 18 avril 1999 (Cst., RS 101).
[12] Art. 147 Cst.
[13] Art. 45 al. 2 Cst.
[14] Art. 44 al. 3 Cst.
[15] Art. 28 al. 2 et 3 Cst.
[16] Art. 97 Cst.
[17] Constitution du canton de Vaud du 14 avril 2003 (Cst-VD, RSVD 101.01).
[18] Constitution du canton de Fribourg du 16 mai 2004 (Cst. FR, RSF 10.1).
[19] Constitution de la république et canton de Genève du 14 octobre 2012 (Cst-GE, RSGE A 2 00).
[20] Art. 23 Cst-VD, art. 27 Cst. FR, art 36 s Cst-GE.
[21] Art. 43 Cst-VD, art. 119 Cst. FR, art 115 Cst-GE.

Il paraît évident que les garanties générales de procédure, notamment le droit d'être entendu, constituent un instrument essentiel pour la prévention des conflits. L'exercice de ce droit permet souvent de clarifier la situation et d'orienter une procédure dans une direction non contentieuse.

II. La conciliation dans la procédure administrative

A. Généralités

Comme nous l'avons expliqué plus haut, la conciliation implique généralement la participation active de l'autorité compétente pour trancher le litige en présence. Le conciliateur propose une solution aux parties si elles n'y sont pas parvenues elles-mêmes, l'objectif étant de mettre fin au litige par une transaction formelle ou informelle. On trouve des mécanismes de conciliation dans le cadre de la juridiction administrative tant au niveau fédéral que cantonal.

B. La conciliation dans les procédures fédérales

Tout comme les procédures devant la majorité des autorités de première instance, les recours devant le tribunal administratif fédéral obéissent aux règles de la loi fédérale sur la procédure administrative[22]. Celle-ci ne mentionne la conciliation à aucune disposition. Nonobstant, même sans base légale explicite, il est loisible aux autorités – tribunaux y compris – de tenter la conciliation entre les parties[23]. Le tribunal pourra à cette fin suspendre la procédure si cela est de nature à favoriser la conclusion d'un accord ; la possibilité de procéder à un débat[24] poursuit également cet objectif.

Outre les affaires portées devant le tribunal administratif fédéral par la voie du recours auxquelles s'applique la loi sur la procédure administrative, celui-ci connaît également, par voie d'action, diverses contestations dont, notamment, celles reposant sur des contrats de droit public signés par la Confédération, ses établissements, ses entreprises ou des organisations extérieures à l'administration fédérale lorsqu'elles accomplissent des tâches de droit public que la Confédération leur a confiées[25]. Ces procédures se trouvent régies par la loi fédérale de procédure civile[26], applicable également à certaines procédures devant le tribunal fédéral, qui dispose qu'une transaction passée entre les parties devant le juge ou remise au juge pour être consignée au procès-verbal met – immédiatement[27] – fin au procès ; elle vaut

[22] Loi fédérale du 20 décembre 1968 sur la procédure administrative (PA, RS 172.021).
[23] PFISTERER, p. 1549 ; SIEGWART, ch. 12.
[24] Art. 57 al. 2 PA.
[25] Art. 35 de la loi du 17 juin 2005 sur le tribunal administratif fédéral (LTAF, RS 173.32).
[26] Loi fédérale de procédure civile du 4 décembre 1947 (PCF, RS 273).
[27] Arrêt du tribunal fédéral 2A.106/2003 du 28 mars 2003 consid. 2.1.

force exécutoire d'un jugement[28]. Bien que cette loi ne prévoie pas expressément la tentative de conciliation, il n'en demeure toutefois pas moins qu'elle permet d'en tenir compte lorsqu'elle aboutit.

Aux fins d'illustrer ce processus, examinons par le menu un exemple pratique :

Une association de développement économique régional (demanderesse) dépose une action devant le tribunal administratif fédéral contre une fondation (défenderesse) apportant son aide aux chômeurs et autres personnes ayant des difficultés d'insertion. Il s'agit d'une action en restitution de subventions octroyées dans le cadre de l'assurance chômage.

Le litige a pour cadre quatre contrats de mise à disposition de personnel en emplois temporaires subventionnés conclus entre les parties.

Faisant suite à l'échange d'écritures initial, le tribunal administratif fédéral invite les parties à des débats préparatoires au sens de l'art. 35 PCF et éventuellement à une tentative de conciliation.

Lors de la séance, le juge délégué reprend les éléments du dossier dans l'ordre. Il rappelle les faits, délimite l'objet du litige et ouvre la discussion avec les parties en suivant un ordre précis des points à éclaircir : les parties, leurs relations, l'objet du litige et le dommage.

Le juge délégué propose ensuite de suspendre la séance en précisant qu'à sa reprise, les parties seront entendues l'une après l'autre suivant le principe de la navette – et non pas en contradictoire – dans le but de trouver un accord et que ces discussions ne seront pas consignées au procès-verbal.

Puis, le tribunal administratif fédéral informe les parties qu'il leur soumettra un projet de convention tenant compte de ces discussions et qu'un délai leur sera accordé pour formuler leurs observations.

Les parties décident de poursuivre la procédure pour les aspects du litige qui ne font pas l'objet de la convention en recherchant une solution négociée. Elles acceptent à cet effet de demander une expertise et de s'en partager les frais. Le choix de l'expert se fera après un échange de propositions et le résultat sera soumis au tribunal. La séance est close.

Le tribunal porte à la connaissance des parties un projet de transaction judiciaire et les invite à formuler leurs observations ainsi qu'à confirmer leur consentement à cette convention. Les parties sont notamment tenues de lui faire savoir si elles sont toujours disposées à poursuivre les négociations. Dans la négative, le tribunal considérera que celles-ci n'ont pas abouti et poursuivra la procédure.

Les parties confirment qu'un accord complet a été trouvé.

Le tribunal remet un exemplaire du projet de convention qu'il a préparé sur la base de l'échange des courriers entre les parties et invite celles-ci à confirmer si elles sont d'accord avec le projet de convention. Il transmet d'abord à la demanderesse, puis à la défenderesse, les exemplaires de la

[28] Art. 73 al. 1 et 4 PCF.

convention pour signature de manière à disposer d'un exemplaire signé par les deux parties.

Après réception de la convention signée, le tribunal administratif fédéral fait parvenir aux parties une décision incidente récapitulant l'accord accompagnée d'un exemplaire signé de la convention.

Celle-ci valant transaction judiciaire et revêtant la force exécutoire d'un jugement, elle met fin au litige en vertu de l'art. 73 al. 1 PCF.

C. La conciliation dans les procédures cantonales

De nombreux cantons connaissent, de manière formelle ou informelle, un mécanisme de conciliation dans le cadre de la procédure administrative. Nous avons déjà mentionné à titre d'exemple les cantons de Vaud et de Fribourg où l'autorité de recours peut rechercher la conciliation des parties (cf. *supra* chap. I let. A ch. 2) ; en procédure vaudoise, le tribunal arbitral des assurances assigne les parties à une audience et tente la conciliation ; si la conciliation échoue, il désigne les arbitres[29]. Dans le canton de Genève, les juridictions administratives peuvent en tout temps procéder à une tentative de conciliation[30] ; sauf renonciation de la part du recourant, la conciliation est obligatoire dans les procédures en matière d'égalité entre femmes et hommes[31].

Il s'agit généralement d'une disposition potestative : l'autorité n'est pas tenue de donner suite à une requête des parties allant dans ce sens[32]. Les tribunaux administratifs semblent d'ailleurs faire un usage très modéré de cette possibilité en relevant que les prises de position des parties ne justifient pas de tenter une conciliation.

III. La médiation dans la procédure administrative

A. Généralités

La médiation administrative peut revêtir des formes très diverses. Elle pourra intervenir avant, pendant ou après la phase de prise de décision, devant une autorité de première instance ou de recours, avec la participation de l'autorité ou indépendamment d'elle[33]. Dans la procédure administrative fédérale, elle est comprise dans son acception stricte, ancrée à l'art. 33b PA. Au niveau des diverses procédures cantonales, on la trouve sous une forme plus diluée.

---

[29] Art. 115 al. 1 LPA-VD.

[30] Art. 65A al. 1 de la loi du 12 septembre 1985 sur la procédure administrative (LPA-GE, RSGE E 5 10).

[31] Art. 65B al. 1 LPA-GE.

[32] Arrêt de la Chambre administrative de la cour de justice de Genève ATA/234/2015 du 3 mars 2015 consid. 3a.

[33] OVERNEY, p. 192.

B. L'accord amiable et la médiation selon l'art. 33b PA

« *Art. 33b PA*

Accord amiable et médiation

[1] *L'autorité peut suspendre la procédure, avec le consentement des parties, afin de permettre à celles-ci de se mettre d'accord sur le contenu de la décision. L'accord doit inclure une clause de renonciation des parties aux voies de droit ainsi qu'une clause réglant le partage des frais.*

[2] *Afin de favoriser la conclusion d'un accord, l'autorité peut désigner comme médiateur une personne physique neutre et expérimentée.*

[3] *Le médiateur est soumis uniquement à la loi et au mandat de l'autorité. Il peut administrer des preuves ; il ne peut procéder à une inspection locale, demander une expertise ou entendre des témoins qu'après y avoir été habilité par l'autorité.*

[4] *L'autorité fait de l'accord le contenu de sa décision, sauf si l'accord comporte un vice au sens de l'art. 49.*

[5] *Si les parties parviennent à un accord, l'autorité ne prélève pas de frais de procédure. Si elles n'y parviennent pas, l'autorité peut renoncer à leur imposer des débours pour la médiation pour autant que les intérêts en cause le justifient.*

[6] *Chaque partie peut en tout temps demander la reprise de la procédure.* »

1. Le cadre général

L'accord amiable constitue la finalité de cette norme ; la médiation, un moyen d'y parvenir. L'art. 33b PA, entré en vigueur le 1er janvier 2007, octroie expressément à l'autorité la possibilité d'accorder la priorité à la recherche d'une solution consensuelle avant de trancher le litige par une décision. Cela étant, il convient néanmoins de noter que les parties ont toujours eu l'occasion de s'accorder sur une solution à l'amiable en dehors de toute procédure formelle et sans intervention de l'autorité, à moins que des intérêts publics ou de tiers ne s'y opposent. Une base légale ne s'avère donc pas nécessaire à cette fin. L'art. 33b PA apporte quelques précisions sur l'impact de l'accord amiable et de la médiation sur la procédure administrative et offre aux parties la possibilité d'obtenir une sanction judiciaire sur le contenu de leur accord.

Un article consacré aux accords amiables n'était pas prévu dans le projet du Conseil fédéral relatif à la révision totale de l'organisation judiciaire fédérale et n'a fait son apparition que dans le cadre des travaux de la Commission des affaires juridiques du Conseil des États[34]. Celle-ci a considéré que les procédures de première instance au niveau fédéral et au niveau cantonal devaient se dérouler dans des conditions telles qu'elles débouchent

---

[34] GUY-ECABERT, p. 51, SIEGWART, ch. 15.

sur des accords à l'amiable, des arrangements, des arbitrages et des médiations pour prévenir les recours à une instance supérieure[35]. Au final, l'inscription de l'art. 33b dans la PA a été approuvée par l'Assemblée fédérale à l'occasion de l'adoption de la LTAF en 2005.

De nombreuses lois spéciales de procédure connaissent une disposition allant dans le même sens. Ainsi, lorsque le secrétariat de la Commission de la concurrence considère qu'une restriction à la concurrence est illicite, il possède la faculté de proposer aux entreprises concernées un accord amiable portant sur les modalités de la suppression de cette restriction[36] ; à l'inverse, la Commission de la concurrence peut exiger des entreprises participant à une concentration interdite qu'elles présentent des propositions qui les lient en vue du rétablissement d'une concurrence efficace[37]. En matière de surveillance des prix, lorsque le Surveillant constate un abus, il s'efforce de parvenir à un règlement amiable avec l'auteur de l'abus allégué ; ce règlement n'est soumis à aucune forme particulière[38]. Une personne en désaccord avec certaines décisions sur l'accès à des documents officiels peut déposer une demande en médiation auprès du préposé fédéral à la protection des données et à la transparence[39] ; si la médiation n'aboutit pas, ce dernier établit une recommandation écrite à l'attention des participants à la procédure[40]. La médiation constitue alors une étape obligatoire avant de recourir, le cas échéant, aux voies de droit ordinaires.

Les procédures de recours devant le tribunal administratif fédéral étant régies par la PA[41], elles peuvent donner lieu à une médiation au sens de l'art. 33b PA. Celle-ci vise en principe les litiges opposant plusieurs particuliers et non pas une autorité administrative et un administré[42]. Nonobstant, elle peut servir de fondement à un accord dans une telle situation également, ainsi en matière fiscale (*rulings* par lesquels l'administration et le contribuable s'entendent sur l'interprétation ou le traitement fiscal d'un état de fait particulier)[43] ou dans des affaires portant sur la responsabilité de l'État[44].

---

[35] Postulat 01.3038 du 2 mars 2001 : Réforme de la justice. Décharge des tribunaux fédéraux et cantonaux.

[36] Art. 29 de la loi fédérale du 6 octobre 1995 sur les cartels et autres restrictions à la concurrence (LCart, RS 251).

[37] Art. 37 al. 2 LCart.

[38] Art. 9 de la loi fédérale du 20 décembre 1985 concernant la surveillance des prix (LSPr, RS 942.20).

[39] Art. 13 de la loi fédérale du 17 décembre 2004 sur le principe de la transparence dans l'administration (LTrans, 152.3).

[40] Art. 14 LTrans.

[41] Art. 37 LTAF.

[42] Arrêt du tribunal administratif fédéral B-6085/2009 du 22 janvier 2010 consid. 3.2.

[43] Arrêt du tribunal administratif fédéral A-1568/2006 du 2 septembre 2008 consid. 2.3.1.

[44] Décision de radiation du tribunal administratif fédéral A-6197/2012 du 11 décembre 2013.

L'art. 33b PA ne peut trouver application lorsque des dispositions de droit impératif s'y opposent[45] ; l'autorité doit en outre disposer d'une certaine marge de manœuvre sous la forme d'une liberté d'appréciation ou de pesée des intérêts en présence. Il sied de noter que des conditions autres que juridiques doivent être aussi remplies : l'adhésion de toutes les parties à la médiation et leur disposition à accepter un compromis ; une probabilité raisonnable qu'un accord puisse être trouvé ; le cadre temporel, par exemple l'absence d'urgence, qui permet d'attendre l'issue de la procédure.

2. Les modalités

Lorsqu'elle l'estime opportun, l'autorité peut suspendre la procédure – avec le consentement des parties – afin de faire place à un processus de négociation auquel celles-ci participent de manière volontaire. Il n'existe pas de droit à ce que l'autorité tente une médiation ou suspende la procédure[46]. Ont qualité de parties les personnes dont les droits ou les obligations pourraient être touchés par la décision à prendre, ainsi que les autres personnes, organisations ou autorités qui disposent d'un moyen de droit contre cette décision[47]. La participation de toutes les parties étant en principe requise, l'autorité doit s'efforcer de les identifier à temps. La suspension peut être levée à tout moment, soit parce qu'une partie le demande[48], soit parce que l'autorité estime que les parties ne parviendront pas à un accord.

Si l'autorité le juge utile, un mandat peut être conféré à un médiateur désigné par elle ou choisi et mandaté par les parties – contrat de droit administratif dans le premier cas, de droit privé dans le second. Il s'accompagne d'une convention de médiation entre les parties et le médiateur, précisant notamment les objectifs, les étapes du processus et les formes des communications entre les acteurs[49]. La loi précise que le médiateur doit être une personne physique neutre et expérimentée. Une formation particulière ou une affiliation à une association ne sont pas obligatoires. Le métier n'est d'ailleurs pas réglementé de manière unitaire. Toutefois, diverses organisations ou associations de médiateurs soumettent leurs membres à des codes déontologiques ainsi qu'à des exigences en matière de formation. De nombreuses universités et écoles offrent des cours et des formations dans ce domaine.

Le médiateur dispose de certaines compétences d'instruction, en partie sous réserve de l'assentiment de l'autorité[50]. Il est prévu en outre que le médiateur puisse refuser de témoigner sur des faits dont il a eu connaissance

[45] KÖLZ / HÄNER / BERTSCHI, p. 212.
[46] Arrêt du tribunal administratif fédéral A-6085/2009 du 22 janvier 2010 consid. 3.2.
[47] Art. 6 PA.
[48] Art. 33b al. 6 PA.
[49] MOOR / POLTIER, p. 66.
[50] Art. 33b al. 3 PA.

dans le cadre de l'activité à lui confiée en vertu de l'art. 33b PA (art. 16 al. 1bis PA) ; cette norme juridique concrétise l'un des principes cardinaux de la médiation, à savoir la confidentialité de l'ensemble du processus suivi dans le cas où, finalement, il échouerait. Ce principe constitue sans doute la clef du succès de la médiation car ladite confidentialité exhorte ainsi les parties à abattre toutes leurs cartes et à exprimer ouvertement leurs sentiments ainsi que leur vision globale du problème ; il convient d'y ajouter toutefois un bémol dans la situation où l'entité administrative participe à la médiation et se retrouve en même temps autorité de décision, la confidentialité de la médiation ne peut pas alors être vraiment garantie. Ce double rôle est cependant admis par la jurisprudence pour autant que la fonction et l'organisation soient réglées dans une loi et que le cumul des rôles soit commandé par la nature même du système, sans pouvoir être évité[51].

3. L'issue de la médiation

Si les parties parviennent à un accord – qui doit inclure une clause de renonciation aux voies de droit ainsi qu'une clause réglant le partage des frais[52] – elles le soumettent alors à l'autorité qui, après en avoir vérifié la légalité et l'opportunité[53], y compris le respect des garanties procédurales[54], est tenue de l'inclure dans sa décision (généralement une décision de radiation) ; eu égard au droit de recours d'éventuels tiers, qui ne sont pas liés par l'accord, elle doit exposer – du moins sommairement – les motifs de son approbation[55]. La libération des frais de procédure[56] sert à encourager les parties dans la recherche d'un compromis. La renonciation aux voies de recours ne vaut que pour les parties concernées et pour celles-ci uniquement s'agissant du contenu de l'accord, à défaut des autres aspects possibles de la décision.

La médiation peut évidemment aboutir à un retrait du recours sans conclusion d'un accord ; dans ce cas cependant, les conséquences prévues par l'art. 33b PA ne sont pas applicables.

C. La médiation au niveau des cantons suisses

Nous avons déjà eu l'occasion de le mentionner, de nombreux cantons (une douzaine actuellement sur les 26 cantons de la Confédération suisse) connaissent la médiation dans le cadre de leur procédure administrative. Les modalités se présentent cependant de manière très diverse. On retrouve ici la

---

51 PFISTERER, p. 1555.
52 Art. 33b al. 1, 2ème phrase, PA.
53 Art. 49 PA.
54 SIEGWART, ch. 65 ss.
55 ATF 135 V 65 consid. 2 ; KÖLZ / HÄNER / BERTSCHI, p. 213.
56 Art. 33b al. 5 PA.

confusion – s'agissant tant de la terminologie que des compétences – entre ombudsman et médiateur.

Premier canton romand à créer une telle fonction, l'État de Vaud instaure en 1998 – d'abord à titre expérimental – un Bureau cantonal de médiation administrative (BCMA). Le titre de médiateur administratif a été préféré à celui d'ombudsman pour des raisons d'ordre linguistique. L'institution a été par la suite ancrée dans la Constitution vaudoise (cf. *supra* chap. I let. B) au chapitre des tâches de l'État. La loi sur la médiation administrative du 19 mai 2009 (LMA) a ensuite été adoptée pour sa mise en œuvre.

Le BCMA est une autorité indépendante[57], rattachée administrativement à la Chancellerie d'État. Il est composé de quatre personnes : la médiatrice et le médiateur qui le dirigent conjointement, leur adjoint ainsi que le secrétaire. Le personnel du BCMA est tenu au secret de la médiation[58]. Le médiateur dispose d'un accès aux informations nécessaires tant auprès de l'administration que des autorités judiciaires[59]. Dans la mesure du possible, il recherche avec les personnes et les autorités concernées une solution de nature à leur donner satisfaction et à éliminer si nécessaire les dysfonctionnements des autorités[60] ; il est habilité à donner des conseils à la personne qui l'a saisi, prendre position, faire une recommandation orale ou écrite à l'intention des autorités concernées et informer les supérieurs hiérarchiques ou d'autres autorités idoines[61]. Ses compétences s'avèrent toutefois nettement plus restreintes en présence d'autorités judiciaires[62].

Il en découle que le médiateur vaudois procède d'une double nature[63]. Il agit ainsi en tant que médiateur au sens propre dont la fonction consiste à faciliter le règlement amiable des conflits entre particuliers et administration. Une part importante de son activité relève cependant de l'institution de l'ombudsman dans la mesure où elle tend à améliorer le fonctionnement des autorités administratives. Selon son rapport annuel 2012, le BCMA a traité durant cette année 138 demandes concernant des autorités administratives, 20 concernant des autorités judiciaires tandis que 3 demandes touchaient les deux types d'autorité.

Dans son projet de loi sur la médiation[64], le canton de Fribourg a opté pour cette même double fonction ombudsman-médiateur en excluant néanmoins les autorités judiciaires du champ d'application de la loi ; cette

[57] Art. 6 LMA.
[58] Art. 23 LMA.
[59] Art. 27 et 31 LMA.
[60] Art. 28 al. 1 LMA.
[61] Art. 28 al. 2 LMA.
[62] Art. 30 LMA.
[63] OVERNEY, p. 208.
[64] Avant-projet de loi sur la médiation administrative (LMéd) du 18 mars 2014.

institution est décrite dans le rapport explicatif comme « magistrature d'influence »[65].

Ces législations ont cela de commun qu'elles ne prévoient pas une suspension de la procédure ou une interruption des délais en raison de l'intervention du médiateur, contrairement à ce que permet l'art. 33b PA.

Le canton du Valais a préféré encore une autre solution : une seule loi doit régir la médiation devant les autorités administratives et judiciaires en matière de procédure civile, pénale ainsi qu'administrative, sous réserve du droit fédéral[66]. Le processus de médiation – ses modalités, son impact sur la procédure concernée – y est décrit de manière très détaillée. À noter que, contrairement à la situation qui prévaut dans la majorité des autres cantons, le projet valaisan prévoit une suspension de la procédure administrative pendant la phase de médiation.

On constate que, dans toutes ces réglementations, le médiateur se trouve soumis au secret de fonction, bénéficie de pouvoirs d'instruction et d'un accès aux dossiers de l'administration, mais ne dispose pas de pouvoir décisionnel.

IV. Quelques chiffres

Au niveau des autorités de première instance (et des divers services de l'administration en général), il n'est pas facile d'obtenir des statistiques fiables, chacune des entités idoines ayant sa manière propre de les gérer en toute indépendance. En outre, elles ne sont pas nécessairement toujours publiées.

Cela dit, on peut simplement estimer que, en moyenne, le nombre de cas ayant fait l'objet de mesures propres aux modes amiables de résolution des différends oscille autour des 20 %, étant entendu que le taux peut s'avérer fort variable d'une autorité administrative à l'autre (des domaines aussi différents, par exemple, que les marchés publics ou l'asile ne postulent pas des mêmes enjeux et des mêmes réponses). S'agissant du Tribunal administratif fédéral, en tant que juridiction administrative de recours, le nombre de cas traités, depuis 2007 à 2014, se décompose de la manière suivante :

1. Conciliation

Nombre d'affaires dans lesquelles s'est déroulée une tentative (séance) de conciliation :

Ayant conduit à un accord :	21
Ayant échoué :	13

[65] Rapport explicatif de l'avant-projet de loi sur la médiation administrative (LMéd) du 18 mars 2014, pp. 12 et 21.

[66] Avant-projet de loi sur la médiation judiciaire et administrative.

2. Médiation

Nombre d'affaires ayant fait l'objet d'une médiation :

Ayant abouti : 0

Ayant échoué : 1

Force est de constater que le nombre de cas de médiation s'approche du zéro absolu puisque, en tout et pour tout, une seule tentative est officiellement enregistrée qui, finalement, a échoué. Pour le reste, le Tribunal administratif fédéral ne s'est prononcé qu'à quelques rares occasions sur des questions purement procédurales[67].

V. La résolution amiable des conflits dans quelques domaines particuliers

A. La médiation dans les procédures de marchés publics[68]

Le recours à la médiation dans le domaine des marchés publics est possible tant au niveau fédéral que cantonal. Le canton d'Uri, par exemple, l'a même rendue obligatoire ; s'agissant des procédures fédérales, l'art. 33b PA trouvera application conformément au renvoi contenu à l'art. 26 de la loi fédérale sur les marchés publics[69].

La société suisse des ingénieurs et des architectes (SIA) prévoit, au travers de ses règlements 142 et 143, une procédure de médiation ou de conciliation pour les concours non assujettis au droit public. Les participants qui s'estiment lésés peuvent alors saisir la commission SIA 142-143 en tant qu'organe de médiation ou de conciliation. Le droit public ne s'oppose pas nécessairement à ce que les pouvoirs adjudicateurs se fondent, dans le cadre de concours et d'attribution de mandats d'étude parallèles, sur un système privé de médiation ou de conciliation comme celui proposé par la SIA (on connaît d'ailleurs en droit suisse d'autres exemples d'une telle autoréglementation, en matière de surveillance des marchés financiers, par exemple). Cependant, en raison des contraintes imposées par le droit administratif, il ne peut être fait appel à la commission SIA 142-143 puisqu'elle ne correspond pas au profil du médiateur défini dans les diverses législations topiques.

En matière de marchés publics, comme dans les autres domaines qu'il régit, l'art. 33b PA fixe un certain nombre de jalons à l'endroit de l'autorité et des parties qui disposent d'un large pouvoir d'appréciation dans la manière de gérer le processus de médiation, sous réserve des quelques règles impératives déjà commentées précédemment. Le mécanisme de médiation peut s'appliquer en première instance, soit au début de la procédure de concours,

---

[67] Notamment arrêts du Tribunal administratif fédéral A-6085/2009 du 22 janvier 2010, A-1568/2006 du 2 septembre 2008, A-710/2007 du 24 septembre 2009, décision de radiation A-8272/2008 du 14 janvier 2010, décision de radiation A-6971/2012 du 11 décembre 2013.

[68] ZUFFEREY/ESSEIVA, p. 49 ss.

[69] Loi fédérale du 16 décembre 1994 sur les marchés publics (LMP, RS 172.056.1).

soit après la survenance du litige. La médiation peut aussi intervenir en procédure de recours, avec l'accord du juge. En revanche, elle est en principe exclue après la notification de la décision d'adjudication et pendant le délai de recours. Il serait en effet *a priori* non conforme à l'esprit du droit public de restreindre la possibilité de former recours (et, par voie de conséquence, d'empêcher des mesures provisionnelles telles que l'effet suspensif ou de suspendre le délai de recours). À cet égard, seul le canton d'Uri présente une solution différente mais sur la base d'une norme juridique expresse et l'instauration d'une commission paritaire spécifique aux marchés publics (procédure obligatoire et suspension automatique du délai de recours).

L'accord finalement passé entre les parties devra encore être soumis au contrôle de l'autorité administrative, soit en l'espèce le pouvoir adjudicateur. Les recommandations d'un médiateur ne déploieront aucun effet contraignant ; à telle enseigne que l'organisateur de la procédure gardera les coudées franches pour s'en écarter, le cas échéant. Sa mission de validation comportera de nombreux écueils car une médiation ne saurait modifier les offres, rectifier les évaluations ou encore correspondre à une négociation, au risque d'engendrer un éventuel recours du côté des autres participants au concours.

On rappellera encore, à toutes fins utiles, que les parties disposent, à tout moment, du droit de requérir la reprise de la procédure administrative ou judiciaire.

B. La conciliation dans la loi sur l'expropriation[70]

La loi fédérale sur l'expropriation[71] prévoit, dans le cadre de la procédure de conciliation ouverte devant les commissions d'estimation, la possibilité d'un accord entre les parties sur les indemnités dues aux propriétaires expropriés. Ledit accord porte, d'une part, sur le montant de l'indemnité (objet régi par la LEx et donc soumis au droit public) ainsi que, d'autre part, sur le règlement de l'opposition (objet procédural).

L'audience de conciliation[72] vise un double objectif : d'un côté, examiner les réclamations et définir les points douteux ou litigieux ; d'un autre côté, tenter de mettre les parties d'accord, ce qui constitue l'essentiel de la démarche.

La procédure de conciliation aura lieu de manière orale (contrairement à la procédure en cas d'estimation) et se limite, en principe, à une seule audience. Les résultats seront consignés dans un procès-verbal[73].

En tant que la procédure aboutit à une entente des parties sur les demandes d'indemnité, le procès-verbal a la même valeur qu'un prononcé

---

[70] ZEN-RUFFINEN / GUY-ECABERT, p. 545 ss.
[71] Loi fédérale du 20 juin 1930 sur l'expropriation (LEx, RS 711).
[72] Art. 48 LEx.
[73] Art. 49 LEx.

définitif de la commission d'estimation[74], lequel déploie la même force qu'un arrêt du Tribunal administratif fédéral[75].

C. La conciliation dans le droit de l'environnement

La loi fédérale sur la protection de la nature et du paysage[76] et celle sur la protection de l'environnement[77] comportent une disposition identique[78] concernant les accords conclus entre les responsables de projets et les organisations de protection de la nature et de l'environnement relatifs à des travaux touchés par ces législations. De tels accords visent un règlement amiable des litiges, impliquant la renonciation au droit de recours ou le retrait d'un recours déjà formé. Ils peuvent contenir des éléments de droit privé et porter, par exemple, sur le règlement des frais, voire des dépens liés à la procédure[79]. Lorsqu'il porte sur des engagements relevant du droit public, l'accord ne vaut qu'au titre de proposition commune à l'endroit de l'autorité qui le prend en considération dans sa décision après en avoir examiné la légalité et l'opportunité ; celle-ci examine – apparemment librement (soit même en opportunité) – s'il y a lieu de la reprendre dans sa décision.

D. La conciliation dans la loi sur les télécommunications

Le législateur a prévu la création d'un organe de conciliation dans le domaine des services de télécommunication ; l'autorité compétente peut confier cette tâche à un tiers. Si un différend survient entre un client et un fournisseur de services, chaque partie peut saisir l'organe de conciliation. Les parties ne sont cependant pas liées par la décision de celui-ci[80]. Il s'agit ainsi d'une procédure de médiation au sens classique du terme. Les clients disposent de la sorte d'un moyen peu onéreux visant à trouver un accord avec le prestataire de services avant de porter l'affaire devant les tribunaux civils[81].

E. La transaction en droit des assurances sociales

La loi fédérale sur la partie générale du droit des assurances sociales prévoit la possibilité de régler un litige par la voie de la transaction[82]. Celle-ci peut intervenir non seulement au stade de la décision mais également en

---

[74] Art. 53 al. 1 LEx.
[75] Art. 75 LEx.
[76] Loi fédérale du 1er juillet 1966 sur la protection de la nature et du paysage (LPN, RS 451).
[77] Loi fédérale du 7 octobre 1983 sur la protection de l'environnement (LPE, RS 814.01).
[78] Art. 12d LPN et art. 55c LPE.
[79] POLTIER, p. 143.
[80] Art. 12c de la loi sur les télécommunications du 30 avril 1997 (LTC, RS 784.10).
[81] Arrêt du tribunal administratif fédéral A-6384/2011 du 11 octobre 2012 consid. 5.4.2.
[82] Art. 50 de la loi fédérale du 6 octobre 2000 sur la partie générale du droit des assurances sociales (LPGA, RS 830.1).

procédure d'opposition ou de recours. L'assureur est tenu de notifier la transaction sous la forme d'une décision sujette à recours.

F. Autres moyens de procédure

Comme déjà évoqué auparavant, le nombre de cas de médiation s'avère quasi inexistant au niveau du tribunal administratif fédéral. Sans doute est-il plus important devant les autorités administratives qui l'ont précédé.

D'un côté, ce déficit en matière de médiation pourrait inquiéter, laissant supposer que le tribunal administratif fédéral ne prendrait pas suffisamment au sérieux ce mode alternatif de règlement des conflits. D'un autre côté, tout bien considéré, cette situation s'explique pour plusieurs raisons.

En premier lieu, plusieurs instances sont susceptibles d'intervenir à tour de rôle avant que l'affaire ne parvienne jusqu'au tribunal administratif fédéral ; cela réduit immanquablement de manière significative le nombre potentiel de cas répondant aux critères de la médiation puisqu'une telle occasion se sera sans doute déjà présentée à un stade antérieur.

Ensuite, il n'est pas exclu que la majorité des juges concernés aient quelques préventions, voire quelques scrupules – à tort, à notre sens – à engager un tel processus qui, à leurs yeux, tend à escamoter la décision administrative et, par conséquent, à se substituer à l'action de l'État qui doit, pourtant, imposer sa volonté par le biais de décisions administratives. On devine aisément les sources de conflit avec les valeurs essentielles du droit public classique ; les principes de légalité, d'intérêt public et d'égalité de traitement risquent de devenir bien fragiles lorsque l'administration se meut à la périphérie d'un droit dont les structures sont précisément conçues pour les garantir.

Au demeurant, il y a encore une autre raison – et c'est sans doute la plus importante - qui explique le peu de cas de médiation à ce stade de la procédure : c'est l'existence de tout un arsenal de procédures particulières en amont de la prise de décision administrative ainsi que d'éventuels recours. Elles permettent à tout justiciable de mieux comprendre le sens d'une décision et d'être intégré très tôt à la procédure de sorte que le processus d'information et de communication se trouve engagé *ab ovo*.

Il s'agit notamment de la procédure d'opposition ou de réclamation qui permet d'obtenir, sur demande, une nouvelle décision plus détaillée de la part de l'autorité administrative qui avait déjà rendu antérieurement une première décision sommaire dans le cadre de procédures dites de masse ou dans des domaines où le grand nombre de décisions ne permet pas de garantir un respect complet du droit d'être entendu préalable (taxation fiscale[83], assurances sociales[84], etc.)[85] ; Ce mécanisme, en réglant le problème à la

---

[83] Par exemple art. 123 de la loi fédérale du 14 décembre 1990 sur l'impôt fédéral direct (LIFD, RS 642.11).

[84] Par exemple art. 52 LPGA.

source, permet très souvent d'éviter de nombreux recours subséquents et contribue ainsi à décharger les tribunaux[86]. On retrouve le terme d'opposition – qualifiée parfois d'impropre – dans d'autres législations, notamment en matière d'infrastructures, d'aménagement du territoire et d'expropriation, pour désigner une procédure permettant aux administrés de se prononcer sur un projet de décision avant que celle-ci ne soit prise[87]. Dans le même état d'esprit, la procédure de préavis (en matière de surveillance des banques, de révision, d'enquête administrative...) donne l'occasion à l'administré de se déterminer en détail sur une affaire qui le touche de près (y compris en matière d'administration des preuves) avant toute décision. Il convient encore de relever la possibilité pour une autorité de procéder à un nouvel examen de sa décision pendant la procédure de recours[88].

Dans un autre registre, la procédure de consultation pour tous les projets de loi de même que pour les plans directeurs permet à un large public de donner son avis et, donc, de réduire fortement le degré de frustration et d'impuissance que le citoyen *lambda* peut ressentir à l'égard de cette grande machine que constitue l'État (cf. *supra* chap. I let. B). Cela contribue par la suite à augmenter très sensiblement le taux d'acceptation respectivement des textes législatifs et des décisions ou arrêts subséquents.

Il vaut donc la peine de ne pas perdre de vue ces mécanismes parfois sous-estimés voire méconnus qui, au final, contribuent de manière significative au désengorgement des instances de recours.

En marge de l'objet qui nous occupe, il sied encore de relever que le tribunal administratif fédéral pratique une politique d'ouverture et de transparence vis-à-vis des justiciables qui trouve son ancrage dans un règlement sur l'information[89]. À cet égard, le tribunal ne se cantonne pas seulement à son rôle premier de dire le droit mais s'efforce également, par un souci de visibilité de l'image de la justice, de se rapprocher du public. Différentes mesures tendent à réaliser cet objectif outre les audiences et les délibérés publics : création d'un service de presse et nomination d'un porte-parole, mise à disposition du public de la page de garde et du dispositif de tous ses arrêts, publication anonymisée des arrêts dans une banque de données électronique ainsi que dans un recueil officiel sur papier et sous forme électronique, remise de communiqués de presse et octroi de renseignements sur demande. Ce souci de transparence ne saurait être négligé ; il contribue sans doute aussi à une meilleure acceptation de l'ordre juridique.

---

[85] CANDRIAN, ch. 78 ; TANQUEREL, ch.1275 ss.

[86] ATF 125 V 118 consid. 1c.

[87] CANDRIAN, ch. 79 ; TANQUEREL, ch. 1281.

[88] Art. 58 PA.

[89] Règlement du 21 février 2008 du tribunal administratif fédéral relatif à l'information (RS 173.320.4).

Conclusion

Il est pour le moins piquant de constater que, après plus de deux siècles de léthargie, la médiation interne éprouve bien des difficultés à renaître de ses cendres tandis que, au contraire, la Confédération helvétique a largement concouru depuis plus de cent ans à l'essor de la médiation dans les relations internationales, par sa politique des bons offices ainsi que sa neutralité active.

À ce jour, la portée pratique du système de médiation élaboré par l'art. 33b PA s'avère très restreinte voire inexistante. Dans la maigre jurisprudence qui y est consacrée, le tribunal administratif fédéral a, d'une part, remarqué qu'il n'y avait pas de droit des parties à la médiation et, d'autre part, émis quelques considérations d'ordre procédural.

Les atouts propres à la médiation se révèlent pourtant multiples et avantageux : en effet, la médiation permet d'éviter l'embrasement du conflit, le résout de manière définitive et peut sans doute en prévenir d'autres à venir. Elle s'intéresse au conflit dans sa globalité ; elle ne se limite pas à aplanir les événements passés, mais s'efforce de rétablir les relations entre les parties et de les améliorer aussi pour l'avenir. Elle revêt également le grand avantage de favoriser l'émergence d'une solution au conflit par les parties elles-mêmes qui, de la sorte, seront en mesure d'exprimer leurs ressentis, mais aussi – en se responsabilisant – contribuer au rétablissement du dialogue entre elles.

Par ailleurs, la médiation présente le grand intérêt de normaliser un conflit de manière durable et exécutable grâce à une solution délibérément admise par les parties, ce qui ne se révèle pas nécessairement le cas face aux solutions arrêtées par les tribunaux, sans compter qu'il y aura lieu parfois de recourir alors à l'exécution forcée pour leur application[90].

Cela étant, en matière administrative, le médiateur n'est pas vraiment libre de ses mouvements : il verra son rôle fortement restreint, ou canalisé, par les principes généraux régissant l'activité administrative alors que tel ne sera pas le cas du médiateur chargé de s'occuper d'un différend entre deux personnes privées. Ainsi, en matière administrative, le principe de la légalité ne souffre aucune exception. Par ailleurs, le recours à la médiation ne saurait d'aucune façon conduire à des inégalités de traitement choquantes entre les administrés.

Au demeurant, il convient de ne pas perdre de vue que l'autorité administrative affichera souvent une certaine retenue face à un processus nouveau dont elle ne maîtrise pas toutes les conséquences et dont elle peut redouter l'effet de précédent. Ce phénomène se révèle particulièrement exacerbé dans les domaines du droit administratif, là où l'action souveraine de l'État se manifeste la plupart du temps par la voie de la décision imposée[91].

---

[90] Médiation-MALINVERNI, p. 3.
[91] Médiation-OVERNEY, p. 212 s.

En dernier lieu, ce constat encore : derrière le conciliateur, l'ombudsman, le médiateur se manifeste très souvent la même réalité sociale ; une quantité en perpétuelle augmentation de textes législatifs dont la complexité s'accroît dans la même proportion, compromet la relation entre l'administration – garante de l'application des normes juridiques – et l'administré qui ne parvient plus à les absorber. M. Jean-Paul Delevoye, dernier médiateur de la République française ne constatait-il pas avec un certain découragement : « *Cette profusion réglementaire opacifie l'accès des citoyens à l'information et complique la tâche des exécutants, confrontés à l'incessante complexité du droit et au foisonnement de la jurisprudence [...]. Cette inflation de droit serait-elle en train de créer une illusion de protection alors qu'elle est précisément à l'origine d'une insécurité juridique ?* »[92].

[92] Rapport annuel 2010 du Médiateur de la République, p. 9.

Intervention de Peter Osten[1], juge administratif honoraire allemand et médiateur

La médiation et la conciliation judiciaires dans la juridiction administrative allemande

I. Avant-propos

Je limite mes propos à la médiation/conciliation judiciaires auprès des tribunaux administratifs en Allemagne, par des juges dits « juges conciliateurs » (*Güterichter*).

Le juge allemand a la possibilité, il est vrai, de surseoir à statuer dans une cause pour permettre aux parties de s'adresser à un médiateur « extrajudiciaire », mais dans les procédures devant les tribunaux administratifs allemands c'est jusqu'à présent plutôt rare. Et bien sûr il y a aussi en Allemagne la médiation conventionnelle « préjudiciaire » dans le domaine administratif[2], mais je voudrais ici la mettre également entre parenthèses.

II. Introduction de la médiation judiciaire « par le bas » en précédant la législation

A. Les « précurseurs » de la médiation dans la juridiction civile

L'Allemagne connaît – à l'instar de beaucoup d'autres pays – une longue tradition de pratique judiciaire ne visant pas uniquement à la production de

---

[1] L'auteur, né en 1945, a été magistrat administratif et médiateur judiciaire au Tribunal administratif de Karlsruhe (Allemagne) jusqu'en 2009. Il est membre du comité directeur de GEMME.

[2] Pour ne citer qu'un exemple récent, la médiation du *Landwehrkanal* de Berlin qui a commencé en novembre 2007, confrontant l'administration fédérale de la navigation fluviale, mouvements écologiques et divers secteurs de l'administration du Land de Berlin, réunissant 200 personnes et couvrant une période de 6 ans. Non seulement les parties prenantes, mais aussi le contribuable y ont gagné : grâce à la médiation, l'administration fédérale de la navigation fluviale a réussi à économiser 113 sur les 180 millions d'euros initialement prévus pour assainir le canal. Voir la documentation de l'administration fédérale de la navigation fluviale WSA Berlin : http://tinyurl.com/prq6s77 ; Schelp/Pfarr, ZKM 2010, 57.

décisions, mais à la résolution des conflits à l'amiable[3]. On estime que, selon les juridictions, entre 15% et 50% des causes judiciaires ne nécessitent pas une décision du juge, mais sont résolues par un accord des parties.

i. Rolf Bender (TGI Stuttgart)

Comme jeune président de chambre du TGI de Stuttgart, Rolf Bender avait mis en valeur, dès 1968, le caractère oral de la procédure civile. Notamment, il utilisait davantage la possibilité de convoquer les parties à l'audience en personne pour leur permettre d'expliquer « ce qu'ils veulent vraiment ». Ses expériences et publications ont inspiré une réforme des codes de procédure[4], qui imposent maintenant aux juges un débat en audience sur le contexte factuel et les aspects juridiques de l'affaire. En plus, les juges sont tenus d'avoir à l'œil à tout moment les possibilités pour un règlement à l'amiable. Ceci implique que le débat en audience dépasse le cadre restreint de la cause en ayant un regard sur les origines possibles du conflit.

ii. La médiation familiale, « *Cochemer Modell* »

Dès la fin des années 90, quelques juges aux affaires familiales en Rhénanie-Palatinat avaient compris que les procédures traditionnelles étaient mal adaptées face à la nécessité de protéger les jeunes enfants victimes d'un conflit de leurs parents en voie de séparation. Deux tribunaux de première instance du Rhénanie Palatinat – Cochem[5] et Altenkirchen[6] avec Arthur Trossen (juge aux affaires familiales, maintenant médiateur indépendant) – et plus tard leur cour d'appel – *Oberlandesgericht* Koblenz[7] – furent les premiers à offrir aux parties ce qu'ils appelaient la « médiation intégrée »[8].

B. Les pionniers dans la juridiction administrative

i. Karsten-Michael Ortloff (tribunal administratif de Berlin, dès 2000)

Comme président d'une des chambres au tribunal administratif de Berlin ayant la compétence pour l'urbanisme et les permis de construire, Ortloff avait commencé à résoudre les arriérés de sa chambre par des négociations avec les parties aboutissant souvent à des transactions, pour ensuite, en accord avec la hiérarchie de son tribunal, prendre en charge des causes d'autres

---

3 Joachim von Bargen, *Konfliktlösung mittels richterlicher Mediation als Alternative zum konventionellen Verwaltungsprozess, Die Verwaltung*, 2010, 405.
4 http://www.spiegel.de/spiegel/print/d-45202533.html
5 http://www.ak-cochem.de/
6 http://www.in-mediation.eu/altenkirchner-modell 6 http://www.in-mediation.eu/kappele-trossen-koblenzer-praxis
7 http://www.in-mediation.eu/kappele-trossen-koblenzer-praxis
8 http://www.in-mediation.eu/mediation 8 http://www.jurawiki.de/Mediation

chambres en vue d'une conciliation, offrant ainsi la médiation judiciaire surtout pour les conflits dans le domaine de la planification urbaine et les conflits de voisinage[9]. À partir de 2003 jusqu'à sa retraite en 2006, il fut libéré de toute activité décisionnelle pour pouvoir se consacrer uniquement à sa tâche de médiateur.

ii. Le tribunal administratif de Fribourg en Brisgau (2001)

En 2001, la médiation judiciaire fut introduite au tribunal administratif de Fribourg (Bade-Wurtemberg)[10]. Sur l'initiative de son Président Joachim von Bargen cette tâche fut confiée au magistrat administratif Peter Knorr, qui avait suivi auparavant un cycle de formation de médiateur à l'université à distance de Hagen. L'institution du juge médiateur a été maintenue malgré la résistance du ministre de la Justice du *Land* de Bade-Wurtemberg, qui désapprouvait l'initiative mais se voyait obligé de la tolérer, après avoir été confronté à la décision du conseil judiciaire du tribunal administratif déclarant que la médiation judiciaire faisait partie intégrante de la juridiction confiée par la constitution aux juges[11].

iii. Les projets pilotes en Basse-Saxe et Hesse

Par contre, avec l'accord ou même l'appui de la hiérarchie et des ministres de la Justice, c'est en Basse-Saxe qu'à titre expérimental on introduisit dès mars 2002 la médiation judiciaire dans quelques tribunaux ordinaires, administratifs et sociaux choisis, dont le TA de Hanovre[12]. Le *Land* de Hesse alla encore plus loin en introduisant en mai 2004 la médiation judiciaire par des juges dans tous les tribunaux administratifs y compris la cour administrative d'appel de Kassel[13].

C. La médiation judiciaire fait tache d'huile

En 2004, les tribunaux administratifs de Karlsruhe et de Stuttgart (Bade-Wurtemberg) se déclaraient solidaires avec les collègues à Fribourg et organisaient en commun une formation à la médiation pour cinq juges administratifs, qui, un an plus tard, étaient désignés juges-médiateurs par les conseils judiciaires de leurs tribunaux respectifs, tout en gardant leur fonc-

---

[9] http://www.jurawiki.de/Mediation

[10] http://vgfreiburg.de/servlet/PB/menu/1192816/index.html?ROOT=1192792

[11] Voir aussi: http://gemme.eu/nation/deutschland/article/rechtsgrundlage-gerichtlicher-mediation

[12] http://www.mj.niedersachsen.de/live/live.php?navigation_id=3787&article_id=10690&_psmand=13 ; voir aussi le rapport d'évaluation: http://tinyurl.com/3ty59of

[13] Fritz/Karber/Lambeck (ed.), Mediation statt Verwaltungsprozess? - Möglichkeiten und Grenzen außergerichtlicher / gerichtsnaher Streitschlichtung in Europa, Europäische Verwaltungsgerichtsbarkeit, tome 2, 2005.

tion de « juges-décideurs ». Ces médiateurs judiciaires furent alors approvisionnés par leurs collègues de causes judiciaires appropriées, et des règlements internes veillaient à ce que ces juges-médiateurs ne soient pas appelés à juger des causes qu'ils avaient déjà traitées comme médiateurs.

Comme fondement légal, les tribunaux administratifs invoquaient, sous l'œil malveillant de leur ministre de la Justice du *Land* de Bade-Wurtemberg, une application par analogie d'une disposition du code de procédure civile (*Zivilprozessordnung*), les alinéas 1 et 5 de l'article 278[14].

D'autres initiatives suivirent dans les autres *Länder*, et vers 2011 il y avait dans chacun des 16 *Länder* au moins un projet fonctionnant de médiation judiciaire.

III. Transposition de la directive 2008/52 CE : la législation entérine le médiateur judiciaire et élargit son domaine d'action

A. Un accouchement long et difficile

Le délai pour la transposition de la directive 2008/52 CE avait été fixé au 21 mai 2011. L'Allemagne a largement dépassé ce délai. Sa loi sur la médiation porte la date du 21 juillet 2012 et est entrée en vigueur cinq jours plus tard. Pourquoi ce retard de 14 mois ?

Dès le début – déjà au stade du projet élaboré par le ministère fédéral de la Justice – il y avait un conflit, une controverse à propos de la médiation judiciaire. La controverse : faut-il maintenir le « juge-médiateur » ?

Le projet ministériel de juillet 2010 et par la suite la proposition formelle d'une loi décidée par le conseil des ministres – *Bundesregierung* – en janvier 2011 essayaient de ne pas trancher cette question, et prévoyaient de laisser décider les législateurs des *Länder* du maintien ou de l'abandon de cette institution.

Mais le *Bundestag* avait par la suite récusé une telle délégation et avait voté le 15 décembre 2011 un texte de loi prévoyant l'abolition de la médiation judiciaire – au moins dans la terminologie. À sa place, le texte voté prévoyait de renforcer verbalement la position déjà existante du « juge conciliateur » (*Güterichter*).

Avant de devenir loi, la décision du *Bundestag* devait encore passer par la deuxième chambre, le *Bundesrat*, qui n'avait pas la possibilité de dire « non » à la loi, mais qui pouvait en cas de désaccord faire appel à une commission parlementaire mixte – dite de « médiation » (*Vermittlungsausschuss*).

---

[14] « *Le tribunal veillera à trouver, dans toutes les phases de la procédure, une solution à l'amiable du conflit ou de points conflictuels* » et « *Le tribunal pourra déléguer à un autre juge la tâche de trouver une conciliation des parties.* »

Personne n'y croyait, mais, en fait, la deuxième chambre composée des représentants des gouvernements des *Länder* a fait appel au *Vermittlungsausschuss*. La majorité des ministres de la Justice des *Länder* a voulu donner une place plus large à la médiation judiciaire.

B. La loi sur la médiation du 21 juillet 2012

La loi « définitive » a suivi à la lettre la proposition du *Vermittlungsausschuss* et est entrée en vigueur le 26 juillet 2012.

Elle va au-delà des exigences de la directive européenne et ne se limite pas, comme la directive l'exige, à des litiges transfrontaliers en matière civile et commerciale. Elle s'applique à toutes les médiations engagées en Allemagne, quels que soient la nature du litige et le domicile des parties. Elle prévoit en outre une certification – non obligatoire – des médiateurs ; les détails doivent être réglés dans un décret d'application du ministère fédéral de la Justice ; ce décret n'a pas encore été promulgué[15].

À propos de la conciliation/médiation judiciaires la loi stipule pour toutes les juridictions que :

« *Le tribunal pourra renvoyer les parties à une audience de conciliation et une poursuite de la conciliation devant un autre juge désigné à cet effet et qui n'est pas autorisé à décider l'affaire (juge conciliateur). Le juge conciliateur pourra utiliser toutes les méthodes de résolution des conflits, y compris la médiation.* »[16]

Cette norme – minimaliste par rapport à la législation française – ne contient elle-même pas de restrictions quant aux matières pouvant faire objet d'une conciliation/médiation devant le juge conciliateur[17] Aussi, la norme est interprétée de manière à rendre obligatoire non pas la conciliation mais la nomination d'au moins un juge conciliateur par tous les tribunaux et toutes les cours de justice de toutes les juridictions en Allemagne. Les règlements internes (*Geschäftsverteilungspläne*) des tribunaux doivent par conséquent régler cette question et inclure la nomination du ou des juge(s) conciliateur(s).

---

[15] Le projet de décret du 31.01.2014: http://www.bmjv.de/SharedDocs/Downloads/DE/pdfs/Verordnungsentwurf_ueber_die_Aus_und_Fortbild ung_von_zertifizierten_Mediatoren.pdf?__blob=publicationFile

[16] Art. 278 al. 5 du code de Procédure civile allemand (ZPO) applicable dans la procédure devant la juridiction administrative selon l'art. 173 du code de procédure des tribunaux administratifs.

[17] Par contre les codes de procédure administrative et budgétaire fédéraux (*Verwaltungsverfahrensgesetz, VwVfG ; Bundeshaushaltsordnung, BHO*) et des codes correspondants des *Länder* contiennent de telles règles limitatives et sanctionnent le cas échéant des transactions *contra legem* de nullité, cf. Art. 54 s. VwVfG, Art. 58 s. BHO.

IV. Perspectives

Si l'Allemagne a transposé la directive européenne dans une loi avec quelque retard, aussi la transposition de la loi dans la réalité vécue des juridictions est encore en cours …

Les statistiques publiées par l'office statistique fédéral au sujet de la justice comprendront pour l'année 2014 la première fois des données spécifiques à propos de l'activité des juges conciliateurs ; elles ne seront publiées qu'en novembre 2015. Pour 2013 j'ai trouvé des dates plus sommaires : il y avait 7.675 causes traitées par 2.097 juges conciliateurs toutes juridictions confondues ; l'institution du juge-conciliateur était établie dans 86% des tribunaux administratifs[18]. La très grande majorité des tribunaux administratifs a donc désigné les juges conciliateurs, mais puisque c'est obligatoire, il faudra encore faire des efforts pour atteindre les 100%.

Surtout faudra-t-il assurer que les juges puissent remplir valablement leurs fonctions. Pour citer un tweet récent de Madame la ministre Christiane Taubira : « *La médiation et la conciliation ne doivent pas être traitées comme un pis-aller pour désengorger les juridictions* ». Pour l'Allemagne cela signifie surtout, que les juges conciliateurs doivent recevoir une bonne formation qui inclut la médiation.

Une première initiation à la médiation fait maintenant de plus en plus partie du curriculum des facultés de droit ainsi que pour les stagiaires en justice (Rechtsreferendare). Pour les magistrats déjà en fonction, l'académie fédérale de la magistrature à Trèves et à Wustrau organise des stages de courte durée (deux semaines) en matière de médiation/conciliation[19].

L'académie de la magistrature de la Rhénanie du Nord/Westphalie à Recklinghausen offre une formation continue par modules pour les magistrats qui voudraient exercer la fonction de juge-conciliateur[20]. Quelques ministères de Justice des Länder donnent aussi des contributions financières à des juges qui suivent une formation de médiateur dans une université en parallèle à leur activité juridictionnelle.

---

[18] http://www.gueterichter-forum.de/neuigkeiten/gueterichter-statistik-ernuechternde-zahlen/

[19] Programme 2015 de la Deutsche Richterakademie, p. 32 et 49 : http://tinyurl.com/o3tdxst

[20] www.jak.nrw.de/aufgaben/Jahresprogramm/Jahresprogramm/ Programm2015_aktuell.pdf

TABLE RONDE 2

LES ATTENTES DES PARTIES PRENANTES

Intervention de Hirbod Dehghani-Azar, avocat, président de l'association des médiateurs européens (AME - centre de médiation du Barreau de Paris), élu local

Rôle pratique de l'avocat en médiation

Comme l'a précisé M. le vice-président Jean-Marc Sauvé lors de la séance d'ouverture du colloque organisé par le Conseil d'État le 4 mai 2011, *Les développements de la médiation*, *« la justice est une figure essentielle de la démocratie »* garantissant *« la régulation sociale »* qui *« ne saurait reposer tout entière sur une contrainte externe, et en particulier celle qu'imposerait le juge »*, précisant que la régulation sociale est une *« responsabilité qui incombe d'abord à chaque individu, chacune des personnes, qui forment la société »*.

En cela, M.. le vice-président a précédé le rapport dit Delmas-Goyon sur la Justice du XXIème siècle[1] qui stipule que la médiation judiciaire répond à un besoin sociétal d'apaisement des conflits à long terme et constitue une approche moderne et pragmatique d'une *« justice sur mesure et collaborative »*.

Or, en matière publique, il existe de nombreux acteurs avec des intérêts qui paraissent à première vue contradictoires. Il s'agit des collectivités territoriales, des opérateurs économiques privés et publics, des justiciables, des avocats, des magistrats, des administrations.

Toutefois, il apparaît que ces acteurs sollicitent une plus grande mise en œuvre des modes amiables ou alternatifs dans le cadre des procédures publiques.

C'est dans ce contexte qu'il m'a été demandé de traiter plus particulièrement de la place de l'avocat en médiation.

---

[1] Rapport sur *« Le juge du XXIème siècle »*, décembre 2013.

L'avocat et la médiation

En tant qu'avocat, pratiquant la médiation tant en qualité de médiateur que de conseil aux côtés des parties, j'ai acquis la conviction que cet acteur a un rôle-clé dans le développement comme dans le déroulement du processus de médiation.

Ayant l'habitude de former mes confrères *« au bon usage et au bien-fondé »* du processus, je sais aujourd'hui que *« le changement de culture »* plébiscité par Pierre Delmas-Goyon est en marche dans les barreaux, en parfaite collaboration avec les chefs de juridictions civiles, mais aussi administratives.

Il faut avant toute chose préciser que les avocats publicistes ont de longue date pris l'habitude d'accompagner leurs clients dans le cadre de « médiations institutionnelles » ou « organiques » ayant pour objet d'émettre des avis ou de trancher des litiges.

De plus, de longue date, les avocats accompagnent leurs clients dans le cadre de négociations donnant lieu à des transactions.

Le présent colloque a pour objet d'émettre des propositions concrètes afin de permettre un réel développement de la pratique de la médiation en matière administrative au sens de la directive 2005-52 relative à la médiation en matière civile et commerciale transposée *a minima* en la matière.

Dans cette perspective, il a semblé intéressant d'avoir une vision pratique et pragmatique de chaque intervenant et il m'appartient de traiter de la place de l'avocat.

Quel est donc le rôle de l'avocat ?

Première « interface » entre les protagonistes du litige et l'institution judiciaire, l'avocat, conseil d'une partie, a des obligations envers son client mais aussi envers l'institution judiciaire et en tout état de cause il doit :

- se former au processus de médiation afin de l'intégrer dans sa stratégie judiciaire et sa culture professionnelle,
- informer son client de la possibilité de recourir à une médiation judiciaire (ou de l'obligation en présence d'une clause de médiation dans la convention liant les parties et/ou un texte spécifique),
- mettre en œuvre une écoute active et un questionnement de son client afin de discerner la réalité du conflit et en conséquence lui apporter la solution la plus appropriée,
- faire un audit de la situation juridique exacte de son client pour l'informer des issues prévisibles au regard du droit et de la jurisprudence applicables,
- informer son client sur le cadre légal du processus de médiation, sur son opportunité au cas d'espèce, les avantages, le coût, les éventuels inconvénients, les issues envisageables, les modalités pratiques de mise en œuvre de l'éventuel accord (qui peut être total ou même partiel),

- proposer la médiation, en cas d'accord du client, au conseil de l'autre partie et au magistrat à tout moment,
- en cas de médiation, s'assurer de la compétence du médiateur, préparer parfaitement son client au processus et l'assister utilement,
- sécuriser le bon déroulement du processus et être un acteur positif (car il s'agit d'un choix de son client), bienveillant et protecteur, force de proposition et d'originalité, afin de permettre à son client de s'approprier au mieux le processus et d'entrevoir une issue amiable conforme à ses besoins et à la notion de l'ordre public spécifique de la matière,
- formaliser l'accord le cas échéant et s'assurer du formalisme nécessaire à sa mise en œuvre et à sa parfaite exécution,
- informer le magistrat de l'issue en sollicitant soit une homologation, soit un retrait du rôle ou encore un désistement.

Ainsi, une fois le processus parfaitement appréhendé, l'avocat a de nouvelles perspectives dans le cadre de son exercice professionnel à travers un mode de règlement des conflits dont il contrôle l'entrée, le déroulement, les délais, la sortie pour apporter une solution « sur mesure » à son client.

Dans ce contexte « nouveau », il peut même trouver une source de revenus et un cadre dans lequel il parvient à accompagner son client dans la sortie du conflit dans un délai maximum de six mois avec une solution choisie par lui et à laquelle il adhère.

C'est dans ce contexte que l'avocat doit intervenir aux côtés de son client afin de sécuriser le processus de médiation et rassurer tant son client que les magistrats de la parfaite sincérité et légalité des éventuelles solutions trouvées en médiation.

Mais l'avocat peut aussi avoir un rôle de médiateur à qui le juge va confier la responsabilité de mener le processus de médiation alors même qu'il reste saisi du dossier.

Il doit s'agir d'un professionnel répondant aux critères établis par la directive précitée et transposés en matière civile aux articles 131-4 et suivants du code de procédure civile, et notamment ceux précisés à l'article 131-5.

En conséquence de quoi, l'avocat, devenu le temps de sa mission médiateur, doit :

- s'être formé à la médiation afin de parfaitement maîtriser le processus et assurer un service de qualité et participer à une formation continue,
- informer le magistrat à la réception de la décision le nommant de son acceptation ou le cas échéant de l'impossibilité pour lui de mener la médiation (problème d'impartialité, de disponibilité ou refus de la consignation),
- être diligent afin de se rendre disponible pour recevoir les parties dans les plus brefs délais,

- s'assurer d'avoir un lieu d'accueil adapté pour organiser les réunions de médiation et qui permet la confidentialité des échanges,
- si la décision le nommant précise que le délai de trois mois court à partir de la première réunion, informer le magistrat de la tenue de ladite réunion pour faire partir le délai,
- informer le magistrat en cas de difficultés (non-consignation, impossibilité de réunir les parties),
- sans prendre part à la prise effective de décision, en sa qualité de professionnel du droit, s'assurer du bon respect de l'ordre public dans le cadre de l'accord régularisé par les parties,
- au terme de sa mission, avec l'accord des parties, il informe le magistrat de la fin de sa mission et le cas échéant qu'un accord est intervenu.

En conclusion

Dans la mise en place d'une médiation de qualité permettant de faire adhérer un grand nombre d'acteurs et une régulation sociale responsable, il est important que chaque intervenant appréhende parfaitement son rôle. L'avocat a un rôle important à jouer en pratique.

Intervention de Christian Pierret, ancien ministre, avocat, président d'honneur de « Villes de France »

De l'intérêt local de la médiation administrative

Le développement de la médiation en matière administrative :

- La pertinence des mécanismes de la médiation en matière administrative
- L'intérêt de la plus large introduction possible de la médiation administrative
- La nécessité de mettre en place un cadre organisationnel adapté

« *Mediare* : être au milieu »

La médiation est un terme générique pour désigner « *tout processus structuré, quelle qu'en soit la dénomination, par lequel deux ou plusieurs parties tentent de parvenir à un accord en vue de la résolution à l'amiable de leurs différends, avec l'aide d'un tiers, le médiateur, choisi par elles ou désigné, avec leur accord, par le juge saisi du litige* ».

« *La différence entre la médiation et la conciliation est aisée à définir en théorie : le conciliateur élabore une décision et recueille l'assentiment des plaideurs ; le médiateur aide les parties à élaborer elles-mêmes un accord* ». (1996, Jean-Loup Vivier).

La différence entre conciliation et médiation réside dans le fait qu'en conciliation le juge peut être lui-même conciliateur[1], alors que, dans la médiation, la présence d'un tiers extérieur est indispensable. Le médiateur ne s'appuie pas sur la recherche des preuves ni sur l'évaluation des faits comme le conciliateur. Le médiateur aide les parties à trouver elles-mêmes les solutions à leur conflit. Autrement dit, le conciliateur évalue en fonction de son appréciation des faits et propose une solution qui le plus souvent est fondée sur le droit. Le médiateur, lui est plutôt un facilitateur qui s'appuie sur l'expression des intérêts et des besoins des médiés pour leur permettre de dégager, eux-mêmes, les solutions à leur différend. On peut même affirmer que le médiateur se centre plus sur les personnes que sur les faits eux-mêmes

[1] Article 21 du NCPC

puisqu'il s'intéresse principalement à l'intersubjectivité des médiés. La médiation, dans ses principes, n'est pas obligatoire et requiert le volontariat et l'adhésion des médiés.

I. La pertinence des mécanismes de la médiation en matière administrative est aujourd'hui reconnue

Elle est incontestable, qu'il s'agisse de la médiation par une commission institutionnalisée, de la médiation par un expert choisi par les parties, de la médiation par un expert désigné par le juge des référés.

Le juge a la capacité de la proposer dans deux domaines qui touchent la vie des collectivités locales :

- Dans le **règlement des litiges « en série »** où il s'agit le plus souvent d'indemniser des riverains à l'occasion de la réalisation de grosses opérations en matière d'aménagements urbains ou de réalisation d'infrastructures. Dans ces cas précis, la médiation limite le nombre des recours devant le tribunal administratif et évite ainsi à celui-ci de statuer sur une foultitude de dossiers. De plus, la médiation raccourcit les délais de traitement des dossiers pour les administrés.
- Dans le **règlement des litiges ponctuels et complexes,** qu'il s'agisse des litiges les plus divers à tous les stades de la procédure que ce soit avant, pendant ou après la saisine, au contentieux, du tribunal. Cela est exact pour des problèmes touchant à l'occupation irrégulière du domaine public (par exemple, une construction immobilière sur un sentier douanier du littoral), à l'exécution de concessions ou de délégations de service public (par exemple, en cas de rupture pour intérêt général dans le cadre d'un conflit entre une collectivité territoriale et un délégataire), à l'exécution de certains marchés de travaux publics et de partenariats public-privé (par exemple, en cas de travaux non conformes au cahier des charges). La médiation permet de mettre en place des solutions qui permettent d'éteindre ainsi une instance pendante devant le tribunal administratif ou qui pourrait être portée devant lui. Tout litige mettant en cause l'intérêt des collectivités territoriales est susceptible de médiation, au profit de l'administré ou des entreprises.

Pour les élus, la médiation dans le contexte administratif remplit donc trois fonctions essentielles :

- donner la possibilité d'améliorer **la qualité des décisions** administratives des collectivités territoriales et donc de contribuer à développer une « bonne » administration telle que la garantit l'art. 41 de la Charte des droits fondamentaux de l'Union européenne[2].

[2] Article 41 : « *Droit à une bonne administration* », *1- Toute personne a le droit de voir ses affaires traitées impartialement, équitablement et dans des délais raisonnables par les*

- offrir de **nouvelles approches de gestion efficace,** au sein de l'administration territoriale, qui appréhendent les citoyens non seulement comme des destinataires ou bénéficiaires mais aussi comme des co-créateurs des décisions. Les citoyens sont ainsi associés activement à la garantie de l'intérêt général.
- enfin, la médiation permet de trouver une **solution innovante** en particulier dans la phase d'exécution d'une décision administrative complexe ou contestée. On peut citer son intérêt putatif dans une affaire administrative récente de construction d'un nouvel aéroport.

II. Pour les élus, l'introduction du processus de médiation, tel qu'il existe déjà dans le domaine judiciaire, aurait un intérêt certain dans le cadre de son application au contentieux administratif

- D'une part, il pourrait permettre de **dépasser, en contentieux de l'excès de pouvoir**, la seule alternative de la requête ou de l'annulation de l'acte attaqué (par exemple : annulation d'une titularisation d'un responsable administratif à choisir parmi plusieurs candidats alors que les protagonistes et l'administration seraient favorables à une médiation).
- D'autre part, il pourrait **donner plus de souplesse** à la recherche pragmatique d'une solution, faire évoluer l'objet du litige en cours de procédure, sachant que le véritable point cristallisant les tensions entre les parties n'est pas forcément celui indiqué dans le cadre de la requête initiale (par exemple : accident corporel et consolidation du préjudice).
- Il pourrait également donner la possibilité aux parties, dans le cadre d'un éventuel accord de médiation, de décider des mesures, réellement utiles à la résolution du conflit, mais que le juge administratif ne pourrait ordonner avec les pouvoirs d'injonction restreints qui sont les siens. Ici réside un avantage réel de la médiation : celui de sa **créativité**. La satisfaction des parties serait donc susceptible d'être plus manifeste, que celle obtenue par un jugement du juge administratif. (par exemple : droit du permis de construire dans le cadre d'un plan

---

institutions et les organes de l'Union. / 2- Ce droit comporte : le droit de toute personne d'être entendue avant qu'une mesure individuelle, qui l'affecterait défavorablement, ne soit prise à son encontre. Le droit d'accès de toute personne au dossier qui la concerne, dans le respect des intérêts légitimes et la confidentialité et du secret professionnel et des affaires. L'obligation pour l'administration de motiver ses décisions. / 3- Toute personne a droit à la réparation par la Communauté des dommages causés par les institutions ou par les agents dans l'exercice de leurs fonctions, conformément aux principes généraux communs aux droits des États membres. / 4- Toute personne peut s'adresser aux institutions de l'Union dans une des langues des traités et doit recevoir une réponse dans la même langue ».

local d'urbanisme (PLU) et d'un projet d'aménagement et de développement durable (PADD)).
- **Pour les élus**, certaines matières du contentieux administratif paraissent, en revanche, tant en raison de leur nature que des parties concernées, se prêter au processus de médiation comme, notamment, celle de la responsabilité hospitalière (ainsi que le soulignait déjà le Conseil d'État dans son rapport du 29 juillet 2010), celle du contentieux de l'hygiène publique (par exemple, dans le domaine de l'assainissement avec la mise à l'égout) ou encore celle du contentieux de l'urbanisme (par exemple, autorisation d'une ouverture dans un bâtiment, affectation de locaux à une nouvelle destination).

On peut confirmer que la médiation administrative peut décharger le juge civil ou pénal d'un certain nombre de contentieux spécifiques, lourds et complexes qu'il n'a pas le temps de traiter dans un délai raisonnable.

Toutefois, il existe des limites logiques au recours à la médiation :

Certaines matières du contentieux administratif (ou fiscal), **par leur nature**, ne semblent pas susceptibles de se prêter au processus de la médiation : celles qui impliquent la mise en œuvre de prérogatives de puissance publique, comme les mesures de police ; le contentieux des étrangers ; les litiges portant sur des enjeux financiers réduits ou les contentieux dits « sociaux ».

S'ajoute l'existence **d'éventuels conflits** entre médiation administrative et médiation civile ou pénale qui peuvent intervenir dans le cadre de certains litiges entre personnes physiques ou morales (menaces et injures, dégradations ou destructions sur la voie ou le domaine publics, contentieux techniques en matière d'urbanisme, de consommation, d'environnement…)

III. Pour les élus, la pertinence de la médiation nécessite la mise en place d'un cadre organisationnel plus adapté

Cinq axes pourraient être retenus :

- La définition de critères déontologiques pour le médiateur
  - **En matière d'indépendance du médiateur** (un critère géographique pourrait écarter la désignation comme médiateur d'une personne ayant eu des responsabilités administratives, des responsabilités associatives, un mandat électif ou autre dans le ressort géographique de la collectivité ou l'établissement public concerné par le litige),
  - **En matière de compétences** (un critère relatif à la nécessité de posséder des connaissances suffisantes en droit public et notamment en droit administratif relatif aux dispositions du code général des collectivités territoriales afin de ne pas permettre des

libéralités de la part de la collectivité publique ou d'accords contraires à l'ordre public),

  - **En matière d'impartialité** (un critère de déontologie portant sur l'obligation et de la garantie du respect des règles du consentement).

- **Non obligatoire en règle générale, la médiation pourrait être imposée, avant la saisine du juge administratif, dans certains domaines spécifiques et complexes,** susceptibles d'inciter l'ensemble des parties prenantes à avoir recours à cette procédure avant ou pendant le procès. Elle s'achèverait par une homologation, pour être validée par le juge administratif.
- **La mise en œuvre d'une formation spécifique des médiateurs en matière administrative :** Comme le souligne un rapport récent de l'Inspection générale des services judiciaires[3], « *les avocats sont réticents à engager leurs clients dans un processus de conciliation* ». Le rapport précise que « *si les avocats rencontrés estiment n'avoir aucune objection de principe à un renvoi de certaines de leurs affaires devant des conciliateurs ou médiateurs, ils font part de leurs craintes sur l'étendue de la formation juridique de ceux-ci* ». À l'évidence, cette réticence est transposable dans le domaine administratif.
- **La création d'un observatoire de la médiation en matière administrative**

  Contrairement aux pays anglo-saxons, il n'existe pas en France de culture de l'évaluation. Or, la médiation représente un excellent champ pour la développer. Un **observatoire de la médiation** pourrait être créé dans le but de dresser un état des lieux de la médiation administrative, de l'analyser et de l'améliorer en permanence.

  L'objectif est d'analyser, **pour le citoyen**, la dimension éducative et transformative de la médiation en prenant comme objectifs :

  - La médiation peut s'apparenter à un **processus éducatif** dans le sens où elle constitue un apprentissage d'un nouveau « rituel » de gestion des conflits visant à faire des médiés des acteurs à part entière ;
  - La médiation peut être une nouvelle forme d'action susceptible de **créer du lien social** et développer un esprit de responsabilité au sein des collectivités territoriales ;
  - La médiation permet d'éveiller l'attention des élus sur les évolutions de la réalité locale et ses dysfonctionnements.

---

[3] Rapport de l'Inspection générale des services judiciaires « *sur le développement des modes amiables de règlement des différends* » du ministère de la Justice, réalisé avec l'appui du secrétariat général à la modernisation de l'action publique, avril 2015, n°22-15.

Cet observatoire permettrait d'élaborer des outils pour mesurer les effets de la médiation à long terme sur les médiés ainsi que sur les médiateurs et plus généralement sur leur environnement direct.

- **L'introduction de l'explication de la médiation administrative dans l'information diffusée par les « points d'accès au droit ».**

Conclusion

Je suis donc persuadé, en conclusion, et après l'expérience qui est la mienne comme élu local des médiations civile et pénale que, devant la complexité, dans la vie quotidienne, des relations entre le citoyen et les instances publiques, la médiation administrative est une nécessité d'une bonne administration de la justice.

Intervention de Jean Maïa, conseiller d'État, directeur des affaires juridiques des ministères économiques et financiers

Avant que Catherine de Salins ne dresse un panorama plus large des attentes des administrations et des agents envers la médiation et la conciliation, je me bornerai à livrer ici un témoignage de l'expérience engrangée en ce domaine des ministères économiques et financiers, en vous livrant des éléments de constat sur l'état de la médiation et de la conciliation dans leur champ d'activité (1) et en formulant quelques observations et interrogations sur ses possibles développements à venir (2).

1. Deux grands constats me semblent se dégager de cette expérience propre à « Bercy »

1.1. Les administrations économiques et financières sont friandes, c'est le moins que l'on puisse dire, de médiation de type institutionnel

Après s'être dotés par un décret du 26 avril 2002 d'un médiateur ministériel[1] qui travaille aujourd'hui en relation étroite avec le Défenseur des droits, ces ministères ont déployé en leur sein en moins de dix ans trois dispositifs de médiation sectoriels sous forme de services ministériels : la médiation nationale du crédit, créée en 2008 au plus fort de la crise financière par la voie d'un accord de place ; la médiation interentreprises créée en 2010 pour lutter contre les déséquilibres entre producteurs et fournisseurs[2] ; le médiateur des marchés publics, en 2012[3].

Les deux dernières médiations sont nées de la nomination d'un médiateur mais sans qu'un texte réglementaire soit venu en définir davantage la mission, tandis que la médiation nationale du crédit trouve son fondement dans un accord de place.

---

[1] Décret n°2002-612 du 26 avril 2002 instituant un médiateur du ministère de l'Economie, des Finances et de l'Industrie.

[2] Décret du 8 avril 2010 portant nomination du médiateur des relations interentreprises industrielles et de la sous-traitance.

[3] Décret du 19 décembre 2012 portant nomination du médiateur des marchés publics.

Ce foisonnement de formes nouvelles de médiations institutionnelles très souples a un caractère assez spectaculaire dans le cadre de l'architecture administrative dans l'ensemble très stable de ces ministères. Il montre que la médiation, sinon étatique, du moins appuyée par l'administration, s'impose progressivement comme des formes possibles de l'action publique dans le champ de la régulation économique, en particulier pour appréhender des situations complexes.

Mais c'est moins la médiation par laquelle l'administration cherche à s'instituer elle-même médiatrice entre des personnes privées que la médiation entre l'administration et ses usagers qui fait l'objet des travaux de cette journée.

1.2. Du point de vue de la relation entre l'administration et ses usagers, la conciliation et le règlement amiable dans le champ fiscal et dans le champ de la commande publique restent des terrains d'élection privilégiés pour le règlement préjuridictionnel des litiges impliquant l'administration

En me concentrant ici sur la relation entre l'administration et ses usagers, je laisse ici à part la question de la relation de l'administration avec ses agents et du recours administratif préalable obligatoire (RAPO), que Catherine de Salins évoquera mieux que moi.

Je ne puis faire état de litiges gérés par les ministères économiques et financiers dans lesquels le juge administratif aurait lui-même pris l'initiative d'une formule de conciliation. En revanche, les mécanismes de conciliation préalables à la saisine du juge représentent un volant d'activité certain.

En treize ans d'existence, le médiateur des ministères économiques et financiers a statué sur 41 000 dossiers, la dernière période faisant apparaître une forte hausse des demandes émanant des entreprises, en particulier en ce qui concerne l'application du régime du crédit d'impôt recherche. Les litiges portés en médiation concernent toujours principalement la fiscalité, les oppositions à tiers détenteur (créances d'HLM et d'hôpitaux, trop-perçus de RSA, cantines scolaires…), la douane et les URSSAF[4].

Mais cette activité « chapeau » du médiateur ministériel, encore récente, atteste surtout, en réalité, la permanence à travers le temps de deux grands dispositifs de conciliation et règlement amiable du domaine économique et financier. Ce sont :

D'une part, les *commissions paritaires de conciliation en matière fiscale* qui, à l'échelle départementale permettent, pour les premières depuis les années 1940, de régler en présence d'un magistrat de nombreuses contestations de prix ou d'évaluations.

---

[4] http://www.economie.gouv.fr/files/directions_services/mediateur/rapports/rapport_mediateur_2014.pdf.

Avec la mise en place de conciliateurs fiscaux dans chaque département, le ministère des Finances a réussi à endiguer la croissance des dossiers portés par les contribuables jusque vers le Défenseur des droits[5], ce qui montre que plusieurs degrés de médiation s'articulent au cas précis dans une forme de subsidiarité entre eux.

Cette expérience en matière fiscale atteste que, même dans une matière très régalienne, il peut y avoir place pour des règlements alternatifs des litiges, notamment aux points de rencontre entre des questions d'une grande technicité et des questions de fait.

D'autre part, dans le domaine des marchés publics, *le comité national et les comités interrégionaux de conciliation et de règlement amiable des litiges en matière de marchés publics* contribuent, au stade de l'exécution des marchés, depuis plus d'un siècle, au règlement de nombreux litiges.

Leur origine est à rechercher dans un comité institué dès 1907 auprès du ministère des Travaux publics[6]. Présidés par des magistrats de l'ordre administratif et composés de représentants des acheteurs et des opérateurs économiques, ils sont aujourd'hui organisés par l'article 127 du code des marchés publics et rendent près de 180 avis chaque année à l'échelle nationale, dans des délais avoisinant 6 mois environ. Leurs avis sont suivis à 75 %.

Les raisons de ce succès durablement avéré sont sans doute à rechercher en premier lieu dans le soin qui a été pris à définir leur office et à définir une articulation entre leur intervention et celle du juge qui rendent leur saisine véritablement utile.

Quant à leur office, il faut souligner que ces comités ont pour mission de rechercher des éléments de droit ou de fait en vue d'une solution amiable et équitable des différends. Dans des litiges parfois inextricables, cette marge de manœuvre que leur donne le code des marchés publics de statuer en équité peut apparaître aux parties au litige elles-mêmes comme un avantage par rapport au cadre du procès juridictionnel.

Quant à l'articulation de leur intervention avec celle du juge, elle est conçue de manière à ne limiter aucunement l'exercice du droit à un recours effectif. Si le pouvoir adjudicateur refuse de suivre celui-ci, le juge pourra être saisi par l'une ou l'autre des parties. Si l'avis est suivi par celles-ci, il pourra être traduit dans une transaction ou un avenant.

Mais une force particulière est conférée à ce dispositif par la combinaison des textes et de la jurisprudence :

i) l'ensemble des cahiers des clauses administratives générales impose une procédure de conciliation, qui vaut ainsi en quelque sorte

[5] D'après B. Dreyfus, délégué général à la médiation avec les services publics auprès du Défenseur des droits, *Gazette du Palais*, 24 décembre 2013, n°358, p. 27.
[6] Pascale Gonod, in *La médiation*, Paris, Société de législation comparée, 2009.

RAPO[7], et le code des marchés publics organise tant l'interruption du cours des différentes prescriptions que la suspension des délais contentieux à raison de la saisine du comité ;

ii) les délais dans lesquels le comité doit se prononcer sont bornés, serait-ce seulement à titre indicatif, par le code des marchés publics, ce qui donne aux parties une visibilité sur l'issue du processus ;

iii) l'articulation de l'intervention des comités avec celle du juge est précisée par le juge dans un sens respectueux des exigences du droit au recours. En dehors même des cahiers des clauses administratives générales (CCAG), les parties ont la possibilité de déterminer contractuellement la phase préalable à la saisine du juge mais le juge a la maîtrise entière du débat devant lui[8].

2. Quels pourraient être, vu de Bercy et du point de vue des intérêts de l'administration, de nouveaux développements possibles de la conciliation ?

2.1. Une première question à aborder ici serait de savoir si l'administration n'est pas par construction rétive aux démarches de médiation ou de conciliation

Il serait très caricatural de dire que l'administration, généralement assez armée pour affronter le contentieux, en cultiverait une approche systématiquement « bornée », qui consisterait en toute situation à échapper à la reconnaissance de ses torts ou à retarder le moment de les admettre. Le traitement du contentieux s'intègre à la conduite même des politiques publiques et répond à des exigences d'intérêt général, aboutissant à ce que l'administration recherche des formes de règlement des litiges lui garantissant que le règlement soit compris de l'autre partie et diligent, ne serait-ce que pour des raisons réputationnelles.

À l'affirmation selon laquelle l'administration serait privée de savoir-faire en termes de règlement amiable, il peut aussi être objecté que, dans sa fonction interministérielle d'agent judiciaire de l'État, la direction des affaires juridiques fait l'expérience, avec la plupart des ministères, de règlements amiables pour des litiges ressortissant à la compétence judiciaire.

---

[7] Art. 50 du CCAG Travaux de 2009 modifié en 2014, art. 37 du CCAG prestations intellectuelles de 2009, art. 42 du CCAG marchés industriels de 2009 et art. 37 du CCAG fournitures courantes et services de 2009.

[8] Elise Langelier, « Limitation de l'incidence d'une procédure de conciliation obligatoire sur l'office du juge du contrat », sous CE, 14 novembre 2014, Département de la Guadeloupe, *AJDA*, n°12/2015, 6 avril 2015, pp. 701 et suiv.

2.2. Qu'en est-il des évolutions du cadre de la médiation ou de la conciliation susceptibles d'encourager davantage encore l'administration à s'engager dans ce type de démarches ?

i) Un premier constat est régulièrement dressé par les spécialistes : *le champ des relations d'affaires et du précontentieux se prête assurément mieux à la médiation / conciliation que le champ du recours pour excès de pouvoir, sans toutefois que ce dernier leur soit entièrement fermé.*

ii) *Une difficulté pour l'administration à appréhender la voie du règlement amiable peut résulter de la jurisprudence selon laquelle une personne publique ne saurait être condamnée à payer ce qu'elle ne doit pas*[9].

Il n'en résulte certes pas d'interdiction de transiger. Des circulaires sont venues le rappeler à plusieurs reprises aux responsables administratifs. Il est en outre très clair en principe, aux termes de l'article 19 du décret relatif à la gestion budgétaire et comptable publique (GBCP), que l'office du comptable public ne permet pas d'aller jusqu'à vérifier la réalité et l'équilibre des concessions consenties par les parties à la transaction. Il n'en reste pas moins que le risque pèse sur le signataire que lui soit reprochée une « libéralité ».

Le président D. Chabanol a ainsi proposé que l'accord issu de l'intervention d'une autorité de conciliation dûment habilitée devrait bénéficier d'une sorte de présomption de conformité aux principes généraux de la dépense publique et ce, sans remettre en cause ni les contrôles institutionnels ni les contrôles juridictionnels opérés sur demande de tiers[10].

iii) *Corrélativement, une limite du droit en vigueur tient en tout cas au degré de sécurité juridique qu'offre aujourd'hui aux parties la médiation / conciliation.*

Certes, par sa décision d'assemblée du contentieux du 6 décembre 2002, *Syndicat intercommunal des établissements du second degré du district de l'Haÿ-les-Roses* (Lebon p. 433), le Conseil d'État a admis qu'une homologation soit demandée directement devant le juge sans même qu'auparavant celui-ci n'ait été saisi du litige.

Encore est-ce dans des conditions assez étroitement définies quant aux difficultés particulières pouvant justifier sa mise en œuvre. L'obligation de ne saisir le juge que d'une transaction conclue présente pour limite que, du

---

[9] CE Section, 19 mars 1971, *Mergui*, Lebon p. 235.

[10] D. Chabanol, « Les modes alternatifs de règlement des conflits : vertus et limites », *Moniteur*, n° 5563, 9 juillet 2010.

côté des collectivités territoriales, la démarche d'homologation requiert un accord préalable de l'assemblée délibérante[11].

Et le refus d'homologation entraînera la nullité de la transaction, obligeant les parties à reprendre tout le processus à l'origine.

iv) *Faudrait-il créer d'autres formes d'incitation pour l'administration à « jouer » sincèrement le jeu de la médiation / conciliation ?*

Le constat étant fait que les avis des CCIRA tendaient à être moins suivis par l'administration en situation de forte contrainte budgétaire, le président Chabanol s'est également interrogé sur l'intérêt que pourrait avoir une forme de pénalisation de la partie rejetant une conciliation raisonnable.

Sans doute cette piste ne pourrait-elle être reprise à leur compte sans hésitation par les ministères économiques et financiers mais elle montre l'importance à organiser le cadre de la médiation et de la conciliation en des termes qui renforcent son attrait non seulement pour les usagers mais aussi pour l'administration.

[11] Limite relevée par G. Le Chatelier dans l'*AJ collectivités territoriales* 2012, p. 246.

Intervention de Catherine de Salins, conseillère d'État, ancienne directrice des affaires juridiques des ministères chargés des affaires sociales

Les attentes des administrations et de leurs agents à l'égard de la médiation et de la conciliation

L'observation de l'évolution des textes et des pratiques administratives depuis une cinquantaine d'années conduit à un constat qui n'est pas propre aux administrations économiques et financières et qui relève de l'évidence : les administrations françaises sont désireuses de régler les conflits autrement que par le recours au juge. Pour reprendre les termes employés par Jean Maïa, elles se sont montrées friandes de mécanismes permettant ce mode de règlement. Pour ne prendre que deux exemples récents dans le champ de la gestion du personnel, le ministère de l'Intérieur a mis en place à compter du 1er janvier 2013, par une circulaire DGPN du 31 décembre 2012, un médiateur interne de la police nationale afin de résoudre les litiges relatifs au déroulement de la carrière des agents exerçant au sein de la police nationale, soit pas moins de 143 000 personnes. Depuis sa création, ce médiateur a reçu 500 saisines par an. De son côté, le ministère de la Défense, qui a mis en place par un décret du 7 mai 2001 une commission de recours des militaires, a complété ce dispositif en instaurant, par un décret et un arrêté du 30 mars 2015, un « médiateur militaire » qui peut être saisi par un militaire d'une question relative à sa situation personnelle, aux conditions d'exécution du service ou à la vie en communauté, à l'exception des litiges relatifs au traitement automatisé de la liquidation et du paiement de la solde, au recrutement et aux sanctions disciplinaires, aux domaines des pensions de retraite, des pensions militaires d'invalidité et des victimes de guerre et aux recouvrements opérés par le Trésor public. Le même ministère, par décision du 21 juillet 2014, a également constitué au sein du contrôle général des armées une cellule dénommée « Thémis » de traitement des signalements de faits de harcèlement, violence et discrimination sexuels.

Mais une fois ce constat dressé, il doit être immédiatement tempéré des caractéristiques de ces procédures. La première de ces caractéristiques est que ce développement s'est effectué exclusivement en amont de la saisine de tout juge. Les administrations n'ont pris aucune initiative pour développer la médiation et la conciliation, devant le juge, si l'on met à part la transposition de la directive sur le recours à ces modes de règlements dans le cas des litiges transfrontaliers. Elles se montrent prudentes lorsqu'on les interroge à ce sujet.

À partir de ce double constat, j'articulerai mon propos autour de quatre points :

- Les principales caractéristiques des mécanismes alternatifs de règlements des litiges existants.
- La variété des procédures mises en place dans le champ de la santé pour prévenir les conflits.
- Les lignes forces que tirent de ces procédures ceux qui sont en charge de les mettre en œuvre.
- L'interprétation du relatif silence des administrations à l'égard des procédures de médiation et de conciliation devant le juge.

1. Les caractéristiques des mécanismes non juridictionnels de conflits avec l'administration ont peu à voir avec le cadre juridique de la médiation et de la conciliation au sens où ce colloque emploie ces termes

1.1. Un traitement particulier doit d'emblée être réservé à la forme la plus éminente de ces médiations, le Défenseur des droits

Éminent par son statut et les prérogatives qui lui ont été confiées, l'ancien Médiateur de la République, devenu Défenseur des droits, occupe en effet une place très particulière au regard du sujet qui nous rassemble aujourd'hui. Institution à part entière de la 5e République, créée en 1973 par une réforme de la Constitution, le Médiateur de la République a été d'emblée conçu afin de trouver une solution, individuelle ou par des propositions de modification de textes, à des litiges individuels ou révélant des questions d'ampleur plus large qui ont pour point commun de trouver leur origine dans des actes légaux. Ces litiges ne pourraient donc pas être utilement contestés devant le juge alors pourtant qu'ils viennent heurter les droits de la personne. La reconnaissance progressive de la possibilité pour les personnes morales ou physiques de saisir directement le Médiateur, sans passer par l'intermédiaire d'un parlementaire, le déploiement de délégués territoriaux, son regroupement avec d'autres médiateurs des services publics et son intégration au sein de l'institution du Défenseur des droits ont renforcé son rôle et son poids vis-à-vis des administrations, alors même qu'il ne dispose d'aucun pouvoir de décision.

Sa mise en place n'a donc pas, à proprement parler, eu pour objet de réduire le recours au juge mais de trouver une réponse institutionnelle à des difficultés touchant aux droits des personnes qui risquaient à défaut de ne pas trouver de solution.

1.2. À côté de cette institution, et parfois en lien avec elle, le législateur et les administrations ont mis en place quantité de mécanismes visant à régler des litiges individuels sans que le juge soit saisi ou avant sa saisine

Ces mécanismes portent donc sur des litiges qui auraient vocation à être soumis au juge administratif.

Il est impossible de les énumérer et même difficile d'en dresser une typologie tant ils sont hétérogènes. Ils peuvent néanmoins être analysés au regard de certaines caractéristiques.

En ce qui concerne leur saisine

Certaines procédures revêtent un caractère obligatoire avant toute saisine du juge : il s'agit alors d'un recours administratif préalable obligatoire, comme la saisine de la commission d'accès aux documents administratifs en cas de difficulté pour obtenir la communication d'un document ou le droit d'utiliser des informations publiques ou encore comme la commission de recours des militaires.

La saisine de nombreuses autres instances est au contraire facultative. Parmi celles-ci une subdivision plus fine peut être opérée entre les saisines facultatives qui conservent les délais de recours comme c'est le cas de tout recours hiérarchique et celles qui ne les conservent pas. Ainsi, la saisine du médiateur militaire et celle du médiateur interne de la police nationale ont en commun de ne pas conserver ces délais. Si l'agent ou le militaire veulent se réserver la possibilité de saisir le juge, ils doivent former un recours administratif préalable classique et le cas échéant saisir en parallèle le juge.

En ce qui concerne la portée de leur intervention

La plupart se bornent à émettre un avis qui ne lie pas l'autorité administrative qui reste compétente. C'est le cas de la CADA ou encore du médiateur militaire et du médiateur interne de la police nationale ou encore, j'y viendrai plus loin des commissions de conciliation et d'indemnisation dans le champ de la prise en charge sanitaire. Mais l'absence de portée contraignante de leur avis ne les rend pas inefficaces pour autant, au contraire.

En ce qui concerne leur composition

Confiés à une personne seule ou au contraire à une structure collégiale, ces mécanismes font plus ou moins de place à des personnes complètement extérieures à l'administration concernée.

Ainsi le médiateur militaire est-il exclusivement constitué d'officiers généraux de l'armée qui sont les inspecteurs généraux de l'armée et l'inspecteur général du service de santé des armées.

La mission de médiateur interne de la police nationale est assurée par un inspecteur général actif des services de la police nationale, secondé par huit délégués pour les zones de défense et de sécurité qui sont des commissaires divisionnaires en activité ou honoraires. Il est également assisté d'un adjoint qui est un magistrat administratif ayant au moins le grade de président.

En résumé, si ces instances chargées de prévenir les litiges sont toujours confiées à une personne qui est un tiers au conflit, les administrations ont tendance à confier ces missions à des agents de leur propre administration, honoraires ou en activité, qui la connaissent parfaitement. Cette observation est d'autant plus vérifiée que le champ de compétence de l'instance est restreint. Les administrations sont rassurées de savoir que l'organe en question saura se mettre à la place de celui qui a pris la décision en litige.

Enfin, la plupart de ces instances sont saisies par la personne qui se plaint de l'administration. J'ajouterais que ces mécanismes permettent d'éviter la saisine du juge mais s'inscrivent aussi dans le cadre d'une démarche « qualité » d'une administration qui se sait faillible et dont le champ des prérogatives de puissance publique s'est restreint.

Cette hétérogénéité traduit un souci de mettre en place des structures adaptées aux conflits à régler afin d'atteindre la plus grande efficacité possible, le caractère non contraignant de nombre de ces procédures n'y faisant pas obstacle.

2. Le champ de la santé en est une illustration

Une plus grande écoute du patient, acteur de sa prise en charge médicale, et la promotion des voies amiables pour prévenir, ou à défaut régler, les litiges pouvant résulter de cette prise en charge, ont constitué deux des principes cadres de la loi du 4 mars 2002.

Ainsi chaque établissement de santé, et pas seulement les établissements publics, comporte en vertu de cette loi, depuis le 1er septembre 2005, une **commission des relations avec les usagers et de la qualité de la prise en charge[1] (CRUQPC)**. Elle a pour mission de veiller au respect des droits des usagers et de contribuer à l'amélioration de la qualité de l'accueil des personnes malades et de leurs proches et de la prise en charge.

Cette commission facilite les démarches de ces personnes et veille à ce qu'elles puissent, le cas échéant, exprimer leurs griefs auprès des responsables de l'établissement, entendre les explications de ceux-ci et être informées des suites de leurs demandes. Plus concrètement, ce sont, aux côtés du directeur de l'établissement qui la préside et de représentants des

[1] Articles L. 1112-3 et R. 1112-79 à R. 1112-94 du CSP.

associés d'usagers, deux médiateurs : un **médiateur médecin** pour les questions qui mettent exclusivement en cause l'organisation des soins et le fonctionnement médical du service et **un médiateur non médecin** compétent pour toutes les autres questions. Si les réclamations non indemnitaires des patients sont adressées à la direction de l'établissement, celle-ci informe le patient qu'il peut saisir un médiateur mais elle peut aussi décider de saisir elle-même le médiateur. Les motifs de ces réclamations sont très variés : divergence sur les actes médicaux, difficultés de relation avec les médecins ou avec le personnel non médical, contestation du diagnostic, vol et perte d'objets ou encore préparation de la sortie, difficulté pour le patient ou ses proches de recevoir des informations sur son état de santé. La réclamation peut être formée pendant l'hospitalisation du patient et les dispositions réglementaires invitent alors à y répondre avant sa sortie. Elle peut l'être après.

À titre indicatif, l'Assistance publique-Hôpitaux de Paris a reçu en 2012 5 455 réclamations. Un peu plus de 2% d'entre elles ont donné lieu à une médiation soit 141 dont 103 médiations de médecins. Pour garantir l'effectivité de ce dispositif, des mesures ont été prises pour garantir l'information de l'usager sur son existence, dans son dossier d'accueil au sein de l'établissement ainsi que par voie d'affichage en de nombreux endroits de l'établissement. La gestion de ces réclamations fait aussi partie des « pratiques exigibles prioritaires » (PEP) prises en compte dans le cadre de la certification des établissements de santé.

À ce mécanisme interne aux établissements de santé, la loi a ajouté des mécanismes de règlement amiable en cas d'accidents médicaux, d'affections iatrogènes ou d'infections nosocomiales confiés dans chaque région ou interrégion à des **commissions de conciliation et d'indemnisation (CCI)**[2]. Leur saisine est une faculté pour le patient qui peut décider de saisir directement l'administration d'un recours indemnitaire préalable puis le juge. Elle présente l'intérêt de suspendre délai de recours contentieux et délai de prescription. La composition des commissions et leur pouvoir de recourir à une expertise externe garantissent au demandeur le bénéfice d'un examen à la fois médical et juridique compétent. La CCI travaille dans un premier temps à partir des pièces du dossier médical du patient que celui-ci lui a communiquées. Si ces éléments révèlent que le dommage atteint un seuil de gravité prévu par la loi et précisé par décret, la CCI, après avoir complété son dossier par une expertise du patient, émet un avis qui précise pour chaque chef de préjudice les circonstances, les causes, la nature et l'étendue des dommages subis ainsi que son appréciation sur les responsabilités encourues. Il indique si les dommages répondent aux conditions prévues. Il appartient alors à la personne désignée comme responsable du dommage par son avis de verser l'indemnité correspondant aux constations de la CCI. À

---

[2] Articles L. 1142-4 à L. 1142-24 et R. 1142-4-1 à R. 1142-29 du CSP.

défaut, l'ONIAM[3] (office national d'indemnisation des accidents médicaux, des affections iatrogènes et des infections nosocomiales) peut, sous certaines conditions, se substituer à ce responsable, l'ONIAM se retournant ensuite contre lui.

Les CCI peuvent aussi, comme leur nom l'indique, jouer un rôle de conciliation sur toutes contestations relatives au respect des droits des malades et des usagers du système de santé. Elles peuvent assurer collégialement ce rôle ou bien le déléguer à un de leurs membres, voire à une personne extérieure, si cela apparaît plus approprié. Lorsque la procédure aboutit en tout ou partie, elle donne lieu à la signature par chaque partie d'un document de conciliation.

En 2014, les CCI ont enregistré 4 479 réclamations, ce qui traduit une croissance régulière de leur activité depuis leur mise en place (1719 en 2003, 3611 en 2009, 4113 en 2010). Elles ont rendu 1482 avis en faveur d'une indemnisation. Elles ont aussi reçu 319 demandes de conciliation. Le délai d'instruction est en moyenne de 10,4 mois, dépassant désormais le délai légal qui est en principe de 6 mois entre le dépôt de la réclamation et l'avis de la CCI.

L'ONIAM reçoit en moyenne annuelle 700 avis d'indemnisation des CCI, qu'elle suit dans 91 % des cas et 170 demandes de substitution, qui sont acceptées dans 80 % des cas.

Ces deux mécanismes ont en commun de revêtir un caractère facultatif pour l'usager du service et de se limiter à formuler des avis hors le cas de la conciliation par les CCI. Ils n'en jouent pas moins un rôle très efficace de règlement non contentieux des litiges.

Je mentionnerai aussi pour mémoire le plus récent mécanisme d'indemnisation des victimes du benfluorex confié à l'ONIAM[4] et qui pourrait, une fois acquis un recul suffisant sur son fonctionnement, servir de modèle en vue d'un élargissement aux accidents en série liés à un produit de santé quel qu'il soit.

3. Quelles leçons ceux qui sont en charge de ces mécanismes en tirent-ils ?

3.1. L'importance des personnes en charge de ces instances

Plusieurs critères sont déterminants pour la réussite de ces procédures :

- leur compétence personnelle et le « statut » particulier qui leur confèrent une légitimité et une autorité pour les deux parties, demandeur et administration ;

---

[3] Articles L. 1142-1 et R. 1142-42 et suivants du CSP.

[4] Articles L. 1142-24-1 à L. 1142-1-4-8 du code de la santé publique issus de la loi n°2011-900 du 29 juillet 2011 et articles R. 1142-63-1 à R. 1142-63-17 du même code issus du décret n°2011-932 du 1er août 2011.

– leur implication personnelle ;
– leur connaissance du ministère ou de la structure concernée qui concourt à la légitimité de l'instance.

3.2. L'importance de l'écoute du demandeur et de la qualité de l'échange

En matière de réclamation médicale, plus tôt cette écoute intervient, au plus près du service qui a assuré la prise en charge, moins il y a de contentieux. Ainsi, la direction des affaires juridiques de l'AP-HP dresse le constat que l'explication d'un événement indésirable grave (EIG), lorsqu'il survient dans la prise en charge d'un patient, donnée par l'équipe qui assure cette prise en charge à celui-ci et à ses proches dans un souci de transparence respectueuse de leur dignité, permet de rester dans la procédure amiable, voire évite toute demande indemnitaire. À l'inverse, les contentieux trouvent souvent leur origine dans une mauvaise communication entre le patient et l'équipe qui l'a pris en charge. L'intervention d'un médiateur, quelles que soient ses qualités personnelles, permet rarement de surmonter cette difficulté. Les services chargés de la gestion des contentieux sont donc parfaitement conscients de l'importance pour l'administration de reconnaître sa faute et de le faire le plus vite possible. Encore faut-il, d'une part, que cette perception soit partagée par ceux qui agissent et sont au contact des administrés, d'autre part, qu'ils acceptent ensuite de se livrer à cet exercice, ce qui implique une adaptation des modes de management.

En matière de ressources humaines comme en matière d'accès aux documents, la pratique de la commission de recours des militaires ou celle de la Commission d'accès aux documents administratifs montrent qu'une réponse négative bien expliquée limite les actions contentieuses.

3.3. L'importance d'une intervention rapide

L'écoulement du temps peut rendre plus difficile une solution amiable : ainsi, en matière de gestion des agents, si une mesure correctrice doit être prise par l'administration, encore faut-il qu'entre-temps, des situations créatrices de droit pour d'autres agents ne se soient pas constituées au point de rendre difficile, voire impossible, une solution.

3.4. Privilégier les procédures qui suspendent les délais de recours

Le cheminement parallèle d'un recours administratif puis d'un recours contentieux est une désincitation pour l'administration à se livrer de bonne foi à une procédure de médiation. Toute procédure préalable doit avoir pour effet de suspendre les délais de recours.

3.5. Pouvoir capitaliser l'expérience de ces instances de « médiation »

À l'instar de ce que font les services du Défenseur des droits, la centralisation du traitement des réclamations auprès d'une même instance qui a un regard extérieur permet à l'administration de déceler la cause du problème et de proposer un traitement adéquat en distinguant :

- les décisions qui sont la conséquence logique d'un texte et qui doivent conduire à un rejet de la demande ;
- de celles qui trahissent un comportement « déviant » d'un service dans l'application d'un texte : l'administration doit alors corriger sa pratique ;
- les réclamations qui peuvent révéler de façon isolée un problème d'équité dans l'application du texte et pour lesquelles il convient de voir dans quelle mesure une solution équitable peut être trouvée ;
- de celles qui traduisent que, plus largement, la norme n'est pas adaptée ou produit des effets secondaires inattendus qui requièrent une modification du cadre juridique.

4. Qu'en déduire pour la mise en place de procédures de médiation et de conciliation devant le juge administratif ?

4.1. S'agissant du champ de ces procédures

Ainsi que Jean Maïa l'a relevé, les relations d'affaires, l'exécution de la commande publique et plus largement les litiges pécuniaires et indemnitaires se prêtent à ce mode de règlement non contentieux.

Plus largement, les questions soulevant un problème technique qui nécessite l'intervention d'un expert pour démêler les termes du litige au regard des positions des parties pourraient s'y prêter sous réserve de questions de procédure.

Mais il ne faut pas en exclure trop vite le champ de l'excès de pouvoir. Le succès des procédures de médiation en matière de gestion de personnel le montre. Ainsi que le médiateur interne de la police nationale l'a souligné dans sa contribution écrite pour la préparation de ce colloque, un prompt règlement non contentieux de ces questions réduirait les problèmes d'exécution de la chose jugée qui peuvent donner le sentiment à l'agent public que si le juge l'a entendu, tel n'est pas toujours le cas de l'administration. Combien d'annulations de décision ont-elles été suivies des effets que l'agent en attendait ?

Ce sont en réalité des litiges pour lesquels l'apport d'une personne qui soit, selon le cas voire simultanément, un expert incontestable dans un domaine technique et doué d'une qualité d'écoute particulière, susceptible de pallier une insuffisante écoute par l'administration ou de trouver une solution à un problème résultant plus d'un comportement que d'une décision.

4.2. Pour être efficaces, ces procédures doivent intervenir rapidement à la suite du fait générateur du litige

C'est ce qu'illustrent les réponses des administrations au questionnaire que je leur ai adressé. Plus le temps s'écoule, plus les positions des parties risquent de se figer, surtout si le juge a été saisi. Si la procédure de règlement amiable n'intervient pas très vite, le risque est grand que chaque partie estime préférable d'attendre la solution que la juridiction dégagera.

À cet égard, si l'article R. 621-1 du code de justice administrative prévoit fort opportunément que la mission confiée par une juridiction à un expert peut viser à concilier les parties, cette perspective doit alors inspirer d'emblée le déroulement de sa mission car s'il livre les conclusions de son expertise avant d'avoir entamé ce rôle de conciliation, la partie à laquelle ses conclusions donneront tort risque de refuser la conciliation sachant qu'elle a tout à y perdre ou bien de récuser cet expert, prolongeant ainsi la procédure.

4.3. Une limite peut aussi résider dans la procédure de transaction qui viendra clore le litige

Au-delà de la familiarité plus ou moins grande que les administrations entretiennent avec ce mécanisme, les termes de son encadrement par une circulaire du Premier ministre[5] peuvent paraître constituer un frein.

Tout d'abord, celle-ci exige que la transaction présente un avantage pour l'administration. Or, plus tard la transaction intervient, moins l'administration peut en tirer un avantage mesurable.

De plus, ainsi que Jean Maïa le soulignait, dans quelle mesure en cas d'intervention d'un médiateur ou d'un conciliateur le contrôleur financier qui doit être consulté sur tout projet de transaction reconnaîtra-t-il une légitimité à la proposition dégagée par le médiateur ou le conciliateur ?

Il faudrait dès lors admettre que le fait pour une administration d'avoir reconnu ses torts et consenti à les indemniser sans y être formellement condamnée par un juge constitue en soi un « avantage » au sens de cette circulaire, en termes notamment d'image vis-à-vis de l'administré et de qualité de la relation administration-administré.

4.4. Enfin, le déroulement de ces procédures devant le juge inspire à l'administration une double crainte : celles du temps et de l'argent

Les administrations en charge des contentieux manquent de moyens humains et peinent à répondre dans les délais aux juridictions administratives. Auront-elles la capacité de faire face dans de bonnes conditions à ces procé-

---

[5] Circulaire du 6 avril 2011 relative au développement du recours à la transaction pour régler amiablement les conflits ELI :
http://legifrance.gouv.fr/eli/circulaire/2011/4/6/PRMX1109903C/jo/texte

dures qui revêtiront une phase orale et nécessiteront des échanges complémentaires d'écriture, risquant de s'avérer chronophages ?

Qui dit intervention d'un tiers dit aussi rémunération de celui-ci et donc risque de surcoût par rapport à une procédure contentieuse classique, surcoût dont les administrations craignent qu'il soit mis à leur charge si la demande n'est pas rejetée.

En conclusion, si les administrations se montrent désireuses d'étendre et d'améliorer les mécanismes de règlement des conflits préalables à toute saisine du juge, elles sont plus circonspectes à l'égard du développement de ces procédures devant le juge, principalement parce qu'elles les connaissent mal, ne les ayant pas ou très peu pratiquées.

Intervention de Jean-Pierre Brunel, avocat, médiateur spécialisé en droit public, ancien président de tribunal administratif

La présente intervention a pour objet :

- de présenter de manière synthétique les principales observations qui résultent de mon expérience des conciliations que j'ai été conduit à diriger,
- de formuler quelques pistes de développement du dispositif de la conciliation que me suggèrent ces missions.

Pour rester dans le temps qui m'est imparti je limiterai à trois mes principales observations :

J'évoquerai à leur propos les pistes de développement qu'elles me suggèrent.

A. Ma première observation a trait à la diversité du champ de la conciliation et à son intérêt. J'illustrerai ce point uniquement pour être bref par deux exemples de conciliations que j'ai conduites

1. Le premier concerne une conciliation conduite à la demande de l'État. Elle met ainsi en échec l'opinion communément reproduite selon laquelle seules les collectivités locales recourraient à cette démarche. La demande formulée par le préfet des Alpes-Maritimes visait à trouver une solution à un litige opposant l'État à la société propriétaire de l'hôtel du cap Eden Roc à Antibes.

Autre élément notable au regard des idées reçues sur le champ de la conciliation, il concernait le domaine public maritime. Il apparaissait en effet que, lors de sa construction remontant à plusieurs décennies, la piscine avait empiété pour une partie de sa surface sur ce domaine.

En suite d'une contravention de grande voirie dressée plus de dix ans avant la conciliation, l'État avait pour alternative :

- soit de faire cesser l'occupation et, ainsi qu'il y avait été autorisé par un jugement du tribunal administratif, de faire procéder à la destruction de la piscine avec comme conséquence annoncée par son propriétaire, pour qui la piscine était un élément essentiel pour l'exploitation de l'hôtel, le risque de fermeture de celui-ci – qui figure parmi les quelques hôtels à notoriété mondiale et qui emploie plus de quatre cents salariés.

- soit de régulariser la situation sachant qu'il y avait à cet effet la possibilité de l'autorisation d'occupation temporaire mais que celle-ci pouvait soulever des contestations qui n'étaient pas sans risques pour l'ordre public.
- soit de trouver une solution de consensus général.

C'est ce dernier point qui est également notable dans cette conciliation où le consensus devait être réalisé entre les parties mais aussi au-delà, essentiellement au niveau des défenseurs de l'environnement.

Le fait qu'il ait pu être obtenu montre selon moi l'un des intérêts majeurs de la conciliation qui est d'introduire dans le débat un acteur indépendant, ouvert grâce à sa formation sur des solutions prenant plus facilement en compte les situations des deux parties et, avec le bénéfice de sa neutralité et la confiance qu'elle crée, mieux à même de les faire aboutir.

C'est ce qui s'est exactement passé en l'espèce, où une AOT (autorisation d'occupation du domaine) a pu être accordée avec l'accord général des parties prenantes qui ont pu bénéficier en échange d'un tronçon du sentier des douaniers pensé par des paysagistes de très grande qualité et particulièrement réussi grâce au financement des études et des travaux, et à la cession, par l'hôtel, d'une partie de son domaine pour le réaliser.

2. Le second exemple de conciliation que j'ai conduite concernait un litige entre une ville, Cannes, et son délégataire pour la distribution d'électricité EDF ERDF.

Le contrat de concession prévoyait la fourniture gratuite d'électricité à la ville pour le réseau public communal. Par suite d'évolutions en matière de droit de la concurrence, le fournisseur a indiqué à la ville que cette pratique était devenue irrégulière et qu'il devait donc facturer l'énergie qu'il lui fournissait à ce titre. C'est ce qu'il a fait par la suite. La ville pour sa part a payé les factures mais a fait suivre ses paiements par l'émission de titres exécutoires pour des sommes équivalentes qu'elle justifiait par le caractère irrégulier des factures émises. Au fil du temps, une vingtaine de recours contentieux ont été ainsi engagés par le délégataire pour contester la validité des titres exécutoires.

Un premier a été jugé par le Tribunal administratif en 2003 en faveur de la ville. La cour d'appel a statué sur cette décision en 2006 en l'annulant et en se prononçant ainsi au bénéfice du délégataire.

L'affaire a alors été portée devant le Conseil d'État où elle était pendante en 2008 au moment où la conciliation a été décidée à la demande des deux parties. Celle-ci a abouti à un protocole d'accord transactionnel homologué ensuite par le tribunal administratif. Ce protocole a été conclu sur la base de concessions réciproques : du délégataire qui a accepté, à la fois, de réaliser des travaux demandés depuis longtemps par la ville car ils conditionnaient pour partie la réalisation d'opérations d'urbanisme qu'elle souhaitait engager, et de l'accompagner sur une longue période dans une politique ambitieuse d'économie d'énergie de la ville, qui s'est désistée de son recours devant le Conseil d'État.

Cet exemple, comme beaucoup d'autres dans le domaine plus connu des contentieux de marchés publics, apporte pour sa part :

- l'illustration de l'intérêt majeur de la conciliation en matière d'allègement de la charge de travail des juridictions eu égard à l'ensemble du travail lié à l'instruction et au jugement de chaque dossier ;
- son intérêt par voie de conséquence en matière de délais devant la juridiction qui, ayant moins de dossiers à instruire et à juger, peut les juger plus rapidement ;
- son intérêt pour chaque dossier pour les administrés concernés dont les dossiers peuvent trouver une solution en quelques mois (de trois à neuf en comptant le jugement d'homologation) ;
- son intérêt en matière d'efficacité de la justice qui peut apporter des solutions plus satisfaisantes pour les justiciables que les jugements. En effet ceux-ci disent le droit mais ne peuvent s'intéresser à des intérêts complémentaires des justiciables qui, en les prenant en compte, peuvent permettre de régler le litige, ce qui est la finalité de l'office du juge.

B. Les collectivités publiques ne s'engagent dans des conciliations pratiquement qu'à condition de pouvoir obtenir l'homologation des protocoles transactionnels

Il faut relever sur ce point qu'aux termes du premier alinéa de l'article 2044 du code civil : « *La transaction est un contrat par lequel les parties terminent une contestation née, ou préviennent une contestation à naître* » ; qu'aux termes de son article 2052 : « *Les transactions ont, entre les parties, l'autorité de la chose jugée en dernier ressort. Elles ne peuvent être attaquées pour cause d'erreur de droit, ni pour cause de lésion* » ; qu'en vertu des dispositions précitées de l'article 2052 du code civil, le contrat de transaction, par lequel les parties terminent une contestation née ou préviennent une contestation à naître, a entre ces parties l'autorité de la chose jugée en dernier ressort.

D'ailleurs, les entreprises parties à la conciliation acceptent cette étape supplémentaire parce qu'elle leur est imposée par les collectivités publiques mais ne la demandent jamais elles- mêmes. L'on doit donc s'interroger sur les raisons qui poussent les collectivités à en faire une condition.

La première tient certainement au caractère inhabituel du mode de décision. L'administration et les administrés sont de ce point de vue dans un état d'esprit régalien caractérisé par des décisions unilatérales de l'administration qui leur paraissent mieux garantir son impartialité. Même s'il s'agit de mettre fin à un conflit, une solution contractuelle sera ainsi très facilement l'objet de suspicion et ceci d'autant plus qu'elle pourra engager l'administration à payer parfois des sommes importantes. Les élus vont dès lors craindre à la fois l'exploitation politique et les risques juridiques avec une dimension pénale au surplus.

Cette attitude n'est cependant pas sans inconvénient.

Le premier concerne les délais. Alors que le protocole peut être obtenu dans la très grande majorité des cas en quatre mois après la demande de conciliation, la procédure d'homologation demande de quatre à six mois supplémentaires. Surtout, alors qu'elle peut avoir notamment pour avantage de décharger les juridictions de partie des dossiers, elle leur demande de donner leur aval à une transaction, ce qui ne peut aller sans demander un examen sérieux du dossier. En effet, en l'état de la législation, on leur demande une forme de caution juridictionnelle qui les met d'ailleurs en situation très inconfortable.

Pour rester bref et se borner à un dernier inconvénient, il faut cependant indiquer que l'homologation est admise de façon purement prétorienne dans la procédure de conciliation et sur la base de l'article L. 771-3-2 du code de justice administrative et qu'ainsi, dans ce cadre juridique particulier, la jurisprudence issue de l'avis du Conseil d'État de 2002 conduit à rejeter comme irrecevables les demandes d'homologation de protocoles rendus cependant sur requête qui leur a été adressée au motif qu'aucune action contentieuse n'est en cours.

La conséquence paradoxale de cette jurisprudence est que, pour ma part, dans une conciliation que j'ai conduite pour laquelle nous sommes arrivés à un protocole sous trois mois, j'ai dû conseiller à l'entreprise de déposer un recours contentieux avant de déposer la demande d'homologation.

Sur ce point relatif à l'homologation, qu'un examen plus conceptuel peut conduire à considérer comme mineur mais qui à mon sens est essentiel si l'on veut assurer le développement de la conciliation pour les collectivités locales, la situation ainsi brièvement résumée me conduit à formuler les pistes de réflexion suivantes :

- Maintenir l'homologation en lui donnant une base législative élargie à la conciliation, en prévoyant que le médiateur est entendu par le juge qui homologue et en lui donnant un objet, précisé dans le code de justice administrative, plus formel, se rapprochant du mode de la juridiction judiciaire, limitant le jugement d'homologation au constat que la procédure d'homologation a été respectée.

Une telle évolution, il faut le rappeler, se situerait dans le cadre existant déjà sécurisé du contrôle de légalité exercé par le préfet sur les délibérations des organes délibérants des collectivités qui approuvent par délibération les protocoles transactionnels, du contrôle des administrés qui peuvent engager des recours contentieux à leur encontre et de celui des chambres régionales des comptes, voire de la Cour des Comptes.

- L'accompagner en outre par la mise en place de conciliateurs agréés justifiant à la fois d'une forte expérience du droit public et d'une formation spécifique au rôle de conciliateur.

C. Ma dernière observation sera pour souligner l'impulsion que le juge peut donner aujourd'hui à la conciliation

Selon mon expérience, dans plus de neuf cas sur dix, la conciliation a été demandée par les parties à la suite d'une intervention du président de la juridiction.

Jean-Marc Le Gars en témoignera vraisemblablement à son tour lors de son intervention. À ma connaissance, sur les nombreuses conciliations qui ont eu lieu à Nice alors qu'il présidait le tribunal administratif, la quasi-totalité a suivi son intervention personnelle auprès des justiciables qui lui paraissaient susceptibles d'être intéressés par une procédure permettant au surplus de régler des dossiers complexes et pendants depuis de très nombreuses années devant la juridiction de première instance.

Cette intervention, si efficace qu'elle soit, doit cependant être accompagnée, en particulier tout d'abord pour la sortir de sa confidentialité actuelle en accroissant largement sa notoriété auprès des administrations, des élus, des avocats et des administrés. C'est ce à quoi concourent les efforts manifestés par le présent colloque du Conseil d'État, de l'Ordre des avocats et de GEMME, qui sont essentiels. Ils restent encore malheureusement limités dans leurs effets par les craintes que peut inspirer une procédure jugée encore trop peu sécurisée.

De ce point de vue, plusieurs pistes de réflexion pourraient porter à la fois sur :

- les interrogations créées par l'existence de deux procédures dans le code de justice administrative, la conciliation et la médiation ;
- le champ d'application et notamment son extension au Conseil d'État de la ou des procédures retenues. S'agissant de l'extension au Conseil d'État, elle aurait ainsi un rôle non négligeable d'encouragement des juges de première instance et d'appel en leur fournissant, à l'instar de sa jurisprudence, des éléments de référence notamment sur le champ d'application des conciliations ainsi que sur les étapes du contentieux au niveau desquelles les parties sont plus ouvertes à la conciliation ;

- les règles formelles qui sont à respecter, notamment celles relatives aux délais, au ministère et à la rémunération des avocats, au respect du contradictoire et de la confidentialité ;
- la qualification des médiateurs, et les conditions de leur intervention. Pour beaucoup de juges il reste en effet encore une interrogation sur leur possibilité de charger un tiers de la médiation. Dans l'incertitude, ils pensent qu'ils doivent assumer eux-mêmes cette mission et ils considèrent que, dans ces conditions, c'est plutôt un alourdissement de leurs tâches qu'un allègement qu'elle apporte.

Il faut noter pour conclure que, sur tous ces points, le Conseil d'État s'est toujours montré prudent sur la mise en place de règles qui rendraient difficile une adaptation pragmatique des procédures. Ce point de vue ne peut qu'être largement partagé, l'intérêt de la conciliation étant effectivement sa souplesse tout à fait indispensable.

C'est pourquoi je pense pour ma part que, sur tous ces points, il doit s'agir beaucoup moins d'alourdissement des textes que de quelques clarifications ou compléments indispensables, ainsi que d'adaptation de pratiques administratives dans les juridictions, permettant tant aux juges qu'aux avocats de fixer de manière réaliste des objectifs chiffrés de développement de la médiation.

Table ronde 3

Examen et bilan comparatifs des pratiques du juge administratif et du juge judiciaire

Intervention de la présidente, Christine Maugüé, présidente adjointe de la section de l'administration du Conseil d'État

1. La conciliation et la médiation sont des sujets présents sur la scène juridique depuis une trentaine d'années.

Elles n'occupent certes pas le devant de la scène, mais on les voit régulièrement revenir à plus ou moins bas bruit.

Au plan normatif, quelques grandes étapes :

- la loi de 1986 reconnaît aux tribunaux administratifs une mission de conciliation, ce qui est tout à fait nouveau ;
- la grande loi du 8 février 1995 relative à l'organisation des juridictions et à la procédure civile, pénale et administrative, qui comporte tout un chapitre sur la conciliation et la médiation judiciaire et qui consacre la médiation civile ;
- la loi du 4 mars 2002 et celle du 26 mai 2004 fondent la médiation familiale ;
- la dernière grande étape est l'ordonnance du 16 novembre 2011, portant transposition de la directive 2008/52/CE du Parlement européen et du Conseil du 21 mai 2008 sur certains aspects de la médiation en matière civile et commerciale, qui a remanié la loi du 8 février 1995 et créé un chapitre sur la médiation au sein du code de justice administrative.

Mais avant même la reconnaissance de la conciliation et de la médiation au plan normatif, on a pu constater qu'il y avait eu un développement d'initiatives et d'expérimentations en ce domaine au sein de plusieurs juridictions, à l'initiative de certains magistrats et avec l'investissement des barreaux. Ce phénomène s'est accentué sous l'influence de deux éléments :

- Le droit européen d'abord, qui s'intéresse au sujet de la médiation, dont il donne une définition retenue qui couvre autant la médiation que la conciliation. Les directives européennes sur les modes de règlements amiables des conflits ne distinguent pas vraiment les deux. La directive du 21 mai 2008 sur certains aspects de la médiation en matière civile et commerciale a conduit à la création d'un chapitre sur la médiation dans le code de justice administrative pour les différends transfrontaliers en matière non régalienne. Plus récemment est intervenue la directive du 21 mai 2013 relative au règlement extrajudiciaire des litiges de consommation dont la date de transposition est le 9 juillet 2015.

– Second phénomène, les juridictions s'intéressent de plus en plus à la médiation et à la conciliation, dans lesquelles elles voient non pas le moyen de désengorger la juridiction – parce qu'à l'échelle du nombre des affaires, elles ne permettront pas de résoudre des contentieux de masse – mais un moyen de rendre une justice plus efficace. De ce point de vue, les expérimentations et innovations ont continué.

2. L'objet de cette table ronde est précisément de rendre compte des expériences qui sont aujourd'hui menées, avec une confrontation de l'expérience des magistrats judiciaires et de celle des magistrats administratifs.

Sur ce sujet, comme sur beaucoup d'autres, les juges judiciaires ont beaucoup à nous dire. L'inspection générale des services judiciaires a fait un remarquable rapport en avril 2015 sur le développement des modes amiables de règlement des différends, qui est extrêmement intéressant sur la conciliation et la transaction judiciaires ou conventionnelles.

À travers ces retours d'expérience, nous verrons comment les juges appliquent les possibilités dont ils disposent et parfois même les devancent avec des démarches innovantes.

Puis nous dresserons un bilan de ces expériences et expérimentations : peut-on identifier des freins qu'il faudrait lever ? Quelles perspectives tirer de ces expériences ?

Participent à cette table ronde :

– 2 magistrats judiciaires : Fabrice Vert, conseiller à la cour d'appel de Paris, sur la médiation dans le domaine judiciaire ; Gilbert Cousteaux, président de chambre à la cour d'appel de Toulouse, sur le juge judiciaire et la médiation commerciale ;
– 3 magistrats administratifs : Jean-Marc Le Gars, président de la cour administrative d'appel de Lyon, sur son expérience en matière de conciliation ; Stéphane Wegner, vice-président du tribunal administratif de Grenoble, qui nous parlera de son expérience en matière de médiation ; Cécile Cottier, 1ère conseillère à la cour administrative d'appel de Lyon, notamment pour rendre compte d'un questionnaire sur la conciliation et la médiation adressé à tous les chefs de juridiction administrative en février dernier.

Intervention de Fabrice Vert, conseiller coordonnateur de l'activité des conciliateurs de justice et des médiateurs à la cour d'appel de Paris

La médiation dans le domaine judiciaire : structurer sans rigidifier

Phénoménologie de la médiation dans le domaine judiciaire

La médiation dans le domaine judiciaire en France est d'abord une construction prétorienne, née de pratiques innovantes de certains magistrats, dont les premières manifestations datent du début des années 1970.

Ce phénomène est apparu dans un contexte socio-politique et économique de bouleversement des repères traditionnels de notre société avec à la clef une crise profonde de la fonction de régulation sociale.

Les replis identitaires, l'éclatement de la famille, la montée des individualismes, l'effondrement du rôle d'intercesseur social des corps intermédiaires (partis politiques, syndicats, églises...) ont conduit les Français à saisir de plus en plus le juge de litiges, litiges qui se résolvaient auparavant sans l'intervention de ce dernier.

Cette saisine exponentielle s'est manifestée rapidement par un engorgement des juridictions, nos concitoyens se plaignant ainsi régulièrement, sondage après sondage, d'une justice trop lente, trop complexe, trop chère et n'apportant pas de réponses satisfaisantes à leurs besoins.

Une construction prétorienne

Aussi certains juges, à compter du début des années 1970, se sont interrogés sur leurs pratiques et ont compris que trancher un litige avec le glaive du droit était parfois inapproprié dans certains contentieux. Ainsi, il leur est apparu que, dans les contentieux familiaux ou de conflits collectifs du travail, favoriser un accord entre les parties était nettement plus satisfaisant. Ils ont eu l'idée originale de confier, soit à des experts, soit à des enquêteurs sociaux la mission d'entendre les parties en permettant à ces dernières de confronter leurs points de vue et de trouver un accord pour mettre un terme à leurs conflits. C'est ainsi que sont nées les premières médiations judiciaires en France. Dès 1968, Pierre Bellet, président du tribunal de grande instance de Paris, désignait dans le conflit Citroën (opposant le patron à ses salariés) un « expert » pour renouer le dialogue (voir *Arts et Techniques de la médiation*, paru aux éditions Litec). Cette pratique s'est étendue par la suite au domaine familial.

L'intérêt de la médiation, en effet, outre sa rapidité, évitant des procès lents et coûteux, et sa confidentialité, est de permettre aux justiciables de se réapproprier le procès en évitant l'aléa judiciaire, d'en devenir des acteurs responsables, de leur permettre de porter eux-mêmes leur parole et d'écouter celle de l'autre, de se comprendre mutuellement, d'aborder l'entièreté du conflit aussi bien dans ses aspects économiques, relationnels, psychologiques, sociaux au-delà du litige strictement juridique qui bien souvent ne traduit pas la véritable origine du conflit, la réponse judiciaire à ce litige ne pouvant dès lors mettre fin à ce dernier (la médiation participe de l'émergence d'une contractualisation de la justice et d'une démocratie procédurale).

L'intérêt essentiel de la médiation, au-delà de l'accord ponctuel qui mettra, le cas échéant, fin au litige soumis au juge, est de permettre de nouer ou de renouer un lien social entre des parties en conflit et de préserver l'avenir si elles sont amenées à continuer à entretenir des relations, qu'elles soient de nature commerciale, familiale, de voisinage... Elle permet aussi de trouver des solutions inventives et originales où l'équité aura toute sa place.

L'intérêt de la médiation est d'être tournée vers l'avenir alors que le juge, comme le disait le premier président Drai, apporte souvent des réponse mortes à des questions mortes. Ce haut magistrat n'a-t-il d'ailleurs pas donné la meilleure définition de la médiation en la qualifiant de « moment d'humanité dans des procédures parfois kafkaïennes ».

La cour d'appel de Paris, dans un arrêt du 29 mars 1989, a conçu la médiation comme une modalité du processus de conciliation en se référant à l'article 21 du code de procédure civile.

En 1993, la Cour de cassation a, quant à elle, dans un arrêt du 16 juin 1993 (Bulletin 1993 II n° 211 p. 114) défini comme suit la médiation : « *l'objet de la médiation, qui est de procéder à la confrontation des prétentions respectives des parties en vue de parvenir à un accord proposé par le médiateur, est une modalité d'application de l'article 21 du nouveau code de procédure civile tendant au règlement amiable des litiges* ».

La codification de la médiation dans le domaine judiciaire

Le législateur en 1995 a décidé de légaliser cette pratique prétorienne des juridictions par une codification dans le code de procédure civile. La médiation dite judiciaire est ainsi prévue aux articles 131-1 à 131-15 du code de procédure civile, issus du décret du 26 juillet 1996, mettant en application la loi du 8 février 1995 relative à l'organisation des juridictions et à la procédure civile, pénale et administrative, qui renforce la conciliation et la médiation. Ces dispositions permettent à tout juge judiciaire français, à tout stade de la procédure, d'ordonner une mesure de médiation avec l'accord des parties. Le juge doit vérifier les compétences, la qualification, la formation, la probité, et l'indépendance du médiateur. À l'issue de la mesure de médiation, le juge peut homologuer l'accord qui lui est soumis et fixe la rémunération du médiateur.

De nombreuses initiatives individuelles, en particulier de responsables de juridictions, ont été prises pour rendre effective la médiation judiciaire, tentant de convaincre les juges de recourir à ce mode alternatif de règlement des conflits en les sensibilisant à cette technique particulière.

De nombreux barreaux, comme celui de Paris, des universités, des organismes professionnels se sont investis pour promouvoir ou rendre effective la médiation.

Dès 1995, en partenariat notamment avec le tribunal de commerce de Paris et l'Ordre des avocats au barreau de Paris, la Chambre de commerce et d'industrie de Paris a créé le Centre de médiation et d'arbitrage de Paris (CMAP), dont l'un des objectifs annoncés était précisément d'être à la disposition des magistrats désireux de mettre en œuvre les médiations judiciaires, en application de la loi du 8 février 1995.

En 1998, le barreau de Paris, en concertation avec les magistrats, a mis en place une formation à la médiation, s'adressant essentiellement aux avocats, en partenariat avec l'Institut catholique : création de l'IFOMENE (Institut de formation à la médiation et à la négociation). L'IFOMENE travaille aux côtés de la Fédération nationale des centres de médiation. La FNCM regroupe quelque 1200 médiateurs, dans 60 centres souvent pluridisciplinaires créés par les barreaux.

Le centre d'études de modes alternatifs de règlement de l'université de Paris 2 (CEMARC), le centre de formation permanente de Paris 2, dispensent également des formations à la médiation.

À un niveau national, le Conseil national des barreaux (CNB) veille au développement de la médiation de manière harmonieuse sur toute la France.

Avec ces mêmes partenaires, et pour garantir aux prescripteurs des médiations judiciaires et conventionnelles la sécurité du processus de médiation et la fiabilité des accords, l'ordre des avocats de Paris a créé une structure d'encadrement de ses médiateurs, qui s'appelle l'Association des médiateurs européens (AME).

Des magistrats, et notamment le premier président Guy Canivet et la présidente Béatrice Brenneur qui en sont les co-fondateurs, ont également pris l'initiative de créer le Groupement européen des magistrats pour la médiation (GEMME) qui offre aux magistrats des formations, soit pour leur mission de conciliation, soit pour leur mission de prescripteur de médiation, contribuant à la qualité de la formation des médiateurs tant sur le plan déontologique que méthodique, tout en veillant à l'harmonisation des pratiques.

Par ailleurs, un arrêté conjoint du garde des sceaux et de la ministre chargée de la famille du 6 novembre 2001 a institué pour trois ans un conseil national consultatif de la médiation familiale qui a notamment donné une définition de la médiation familiale.

Ainsi plus de 300 services de médiation familiale adhèrent aujourd'hui à la Fédération nationale de la médiation familiale (FENAMEF). L'Association pour la médiation familiale (APMF) créée en 1988 représente quant à elle plus de 600 médiateurs familiaux. De son côté, l'Association nationale des médiateurs (ANM) regroupe des médiateurs issus de divers horizons.

Les raisons du succès mitigé de la médiation dans le domaine judiciaire

Des expériences individuelles ont été menées avec beaucoup d'énergie et d'abnégation dans les juridictions, en collaboration étroite avec des associations de médiateurs avocats mais aussi issues de la société civile ; leur résultat n'a cependant pas atteint les espérances qu'elles suscitaient puisque seulement 1% des affaires est résolu par la médiation (voir le rapport de M. Delmas-Goyon, *Le juge du XXI*ème *siècle*, remis en décembre 2013 à la garde des Sceaux).

La confiance des acteurs judiciaires et des justiciables dans la médiation est la condition première de son succès.

Les discours l'encourageant et la promouvant, même s'ils sont de plus en plus nombreux et proviennent d'horizons très divers, resteront peu productifs tant que ne seront pas traitées certaines questions tenant à la définition de la médiation, à l'information et aux incitations financières pour y recourir, à la qualité, la formation et la déontologie des médiateurs ainsi qu'à la structuration de la médiation dans les juridictions. Sans une politique volontariste prenant en compte l'ensemble de ces paramètres et y apportant les réponses appropriées, il n'y a guère à espérer un développement significatif de la médiation judiciaire dans un pays qui, à l'inverse de nombreux autres, notamment anglo-saxons, est une société du conflit et non du compromis.

L'une des raisons du succès mitigé de la médiation est son manque de lisibilité résultant de la confusion entretenue entre les notions de conciliation, médiation, arbitrage, négociation, transaction et de l'utilisation anarchique du terme de médiateur par des personnes qui se prévalent de cette qualité sans en remplir les conditions requises, favorisant la défiance à l'égard de ces pratiques.

De nombreux rapports, Floch, Guinchard, et celui du Conseil d'État du 29 juillet 2010 apportent un éclairage instructif sur ce sujet.

En février 2008, Jean-Claude Magendie, premier président de la cour d'appel de Paris, souhaitant développer les modes alternatifs de règlement des conflits, a réuni des représentants de la famille judiciaire et des pionniers de la médiation issus d'horizons très divers. Il leur a donné pour mission d'établir un état des lieux et de former des préconisations pour que la médiation devienne un mode habituel de traitement des litiges.

La commission Magendie, dont est issu le rapport *Célérité et qualité de justice : la médiation, une autre voie* d'octobre 2008, formulait ainsi différentes propositions, les unes de nature règlementaire, les autres relatives à l'organisation de dispositifs opérationnels dans les juridictions dans l'objectif d'un développement harmonieux de la médiation judiciaire.

Parallèlement a été adoptée et publiée le 21 mai 2008 la directive 2008/52/CE du Parlement européen et du Conseil sur certains aspects de la médiation en matière civile et commerciale. Son objectif est de faciliter l'accès à des procédures alternatives de résolution des litiges et de favoriser leur règlement amiable, en encourageant le recours à la médiation et en garantissant une articulation satisfaisante entre la médiation et les procédures judiciaires.

Dans le cadre de cette transposition (*a minima*), a été codifié (décret du 20 janvier 2012) le livre V du code de procédure civile sous le titre « La résolution amiable des différends ».

Suite au rapport Magendie, de nombreuses juridictions ont créé des unités civiles de médiation, ont expérimenté la pratique de la double convocation (celle-ci consiste à inviter les parties à se rendre à une information sur la médiation à une date antérieure à celle prévue pour l'audience de plaidoirie, dans le cadre d'une permanence gratuite de médiateurs organisée dans la juridiction.), ont conclu des protocoles d'accord avec les barreaux et des associations de médiateurs.

À la cour d'appel de Paris, où la première présidente Chantal Arens vient de créer une unité de médiation, la présence de médiateurs initiée notamment dans les chambres sociales depuis janvier 2009 a connu, quant à elle, un certain succès (223 médiations ordonnées en 2014), 130 médiations ayant été ordonnées dans les autres domaines civils et commerciaux en 2014 sur le ressort de cette cour.

Mais, pour que la médiation judiciaire devienne en France un mode habituel de résolution des différends, il est indispensable d'adopter un plan d'action national.

Ne pas dénaturer la médiation en la juridicisant

Cependant, l'institution judiciaire, en se saisissant de la question de la médiation, ne doit pas la dénaturer en la juridicisant, au risque de la priver de tout intérêt. Et l'enjeu est de taille car c'est un processus qui, par bien des aspects, est étranger à la façon traditionnelle (verticale) de régler les litiges par l'institution judiciaire et éloigné de nos habitudes et de nos réflexes professionnels de juristes, impliquant une autre posture du juge.

Il faut structurer l'organisation de la médiation judiciaire sans dénaturer le processus par une réglementation excessivement rigide.

C'est en effet la souplesse, la rapidité, la fluidité et l'adaptabilité de la mesure de médiation à la situation juridique mais aussi humaine soumise au juge qui en font toute la richesse.

Le processus de médiation ne vise pas à l'application d'une règle générale et impersonnelle, en recherchant qui a tort ou raison, mais a pour objet, dans une vision humaniste et empathique, de traiter de la complexité de la relation (avec tout son aspect émotionnel) entretenue entre les parties en conflit. L'essence de la médiation, qui replace les individus au cœur de leur affaire, est de faire du « sur-mesure » destiné à apprécier des situations particulières...

Standardiser et rationnaliser le processus selon des paramètres utilitaristes et pseudo « scientifiques » ne pourraient que le dénaturer et le priver de tout intérêt par rapport aux procédures judiciaires.

Néanmoins, la confiance dans la médiation, tant des justiciables, que des juges ou des avocats, qui est la clef de sa réussite, suppose que ce processus soit suffisamment identifié et que des règles déontologiques garantissant tant la qualité du médiateur que la qualité du processus de médiation soient posées.

Une définition et des règles déontologiques spécifiques

Cela passe d'abord par la reconnaissance d'une définition distinctive de la médiation de nature à éviter toute confusion avec d'autres modes amiables de résolution des différends.

Cette définition doit contenir les caractéristiques essentielles de la médiation pour en préserver l'intérêt.

Rien n'interdit au législateur français de donner une définition de la médiation, permettant de la distinguer des autres modes amiables de résolution des différends et qui pourrait être inspirée de celle donnée par la professeure Michèle Guillaume-Hofnung lors du séminaire européen de Créteil d'avril 2000. Cette définition pourrait ainsi être la suivante :

La médiation est un processus structuré, axé sur l'autonomie et la responsabilité de ses acteurs, qui consiste à confier à un tiers impartial, indépendant, qualifié et sans pouvoir de décision sur le fond, « le médiateur », la mission d'entendre les parties en conflit et de confronter leurs points de vue au cours d'entretiens confidentiels afin de les aider à établir ou rétablir une communication et à trouver elles-mêmes des accords mutuellement acceptables.

La médiation repose sur une éthique de la liberté, de l'égalité et de la fraternité

La médiation repose ainsi sur une éthique de la liberté, de l'égalité et de la fraternité. Cette définition implique qu'elle doit être consensuelle et volontaire et interdit la médiation obligatoire. Car la réussite du processus de médiation suppose que les parties soient convaincues de son intérêt. Si elles y sont contraintes et forcées, le processus risque de se transformer en un préalable obligatoire purement formel avec autant peu de réussite que les tentatives préalables obligatoires de conciliation qui existent déjà devant certaines juridictions.

En revanche, cela ne doit pas empêcher de prévoir des incitations financières pour assurer que les parties se présentent effectivement à une réunion d'information sur la médiation que le juge leur proposera. C'est souvent la méconnaissance par les parties de la nature et de l'intérêt de la médiation qui les pousse à ne pas venir à cette information, alors que, lorsqu'elles s'y présentent, il est constaté qu'ensuite de cette réunion elles sont souvent favorables à poursuivre ce processus dont le taux de réussite est significatif.

Le processus, qui permet d'obtenir des solutions, résolvant le conflit, originales, inventives, ajuridiques, où l'équité doit avoir toute sa place, ne saurait être encadré dans un carcan procédural rigide.

Les principes directeurs du procès, comme le principe du contradictoire, ne sauraient s'appliquer au processus. En effet, ce sont les apartés, les entretiens individuels avec les parties auxquels peut procéder le médiateur en toute confidentialité (le *caucus*) qui font toute la force du processus, permettant souvent de trouver une issue à des situations bloquées.

Les principes empruntant à la bonne foi contractuelle n'ont pas davantage vocation à régir ce processus. Ce sont des règles déontologiques spécifiques qui ont été dégagées au cours des expérimentations en la matière, qui doivent s'appliquer au processus de médiation pour en garantir la qualité ainsi que celle des médiateurs. Ces règles sont notamment retranscrites dans le code de bonne conduite des médiateurs soutenu par la Commission européenne ou dans le code national de déontologie des médiateurs. Elles recouvrent pour l'essentiel le principe de confidentialité, la liberté des parties de recourir et poursuivre le processus de médiation, l'égalité entre les parties (un médié ne saurait avoir une emprise sur l'autre médié).

Aussi, l'institution judiciaire, si elle veut convaincre dans ses expérimentations du champ de la médiation, doit adapter son organisation pour respecter les principes la régissant, et non point la contraindre à rentrer dans un cadre rigide procédural.

Le doyen Cornu, lors de l'introduction en 1975 dans le code de procédure civile à propos de la conciliation par le juge comme principe directeur du procès, ne soulignait-il pas que la conciliation était « *aux antipodes d'une justice engoncée ou technocratique* » ?

Les préconisations pour développer la médiation

1. Création d'un conseil national de la médiation et de la conciliation

Ce conseil, composé des forces vives et de spécialistes reconnus (magistrats, auxiliaires de justice, professeurs de droit, chercheurs, associations de médiation, politiques, représentants de la société civile) de la médiation et de la conciliation en France pourrait avoir pour mission de :

- traiter des questions récurrentes relatives à la liste des médiateurs et à la qualification de ces derniers ;
- recenser et évaluer des pratiques dans les différents champs de la médiation ;
- capitaliser les acquis de ces expériences et devenir le fer de lance d'une politique publique nationale de la médiation ;
- définir les caractéristiques essentielles de chaque mode amiable de résolution des différends en conservant à chacun leur spécificité (c'est leur diversité qui fait toute leur richesse) ;
- formuler des propositions aux pouvoirs publics en vue notamment de labelliser les formations à la médiation existantes et les associations de médiateurs ;
- élaborer un code national de déontologie de la médiation.

2. Création d'un circuit de médiation et conciliation dans les juridictions

Pourquoi pas ne pas envisager à titre expérimental dans certaines juridictions la création d'une chambre pilote de médiation et conciliation ? Elle pourrait être composée de trois magistrats spécialisés et formés dans ce domaine, qui traiteraient de l'ensemble des affaires (en droit civil ou commercial) éligibles à une mesure de médiation ou de conciliation (les autres chambres pouvant cependant conserver ces dossiers si elles souhaitent elles-mêmes s'investir dans une politique de médiation).

Lors de l'examen de l'affaire par cette chambre pilote, selon des critères à définir, il pourrait, avec l'accord des parties, être procédé soit à une conciliation par le juge, soit à la désignation par le juge d'un médiateur ou d'un conciliateur de justice, soit à une invitation aux parties de se rendre à une permanence d'information sur la médiation qui se tiendrait dans la juridiction dans des pièces adjacentes.

La technique de médiation et de conciliation ne s'improvise pas (et implique une posture différente des acteurs judiciaires), d'où l'importance d'organiser des chambres spécialement dédiées à la médiation et à la conciliation avec des juges et greffiers spécialement formés.

3. Un outil statistique informatisé national

Il n'existe aucun code permettant de comptabiliser les décisions homologuant un accord de médiation ou les décisions de désistement et de radiation consécutives à un tel accord.

Il n'existe pas davantage de code permettant de comptabiliser les invitations faites par les magistrats aux parties de rencontrer un médiateur.

Il est donc suggéré la création de tels codes de décision en les incluant dans les statistiques des tableaux de suivi.

Outre qu'un tel outil statistique se révèle indispensable pour obtenir une évaluation fiable et en tirer les enseignements utiles, elle manifesterait une reconnaissance pour le travail déployé par les fonctionnaires du greffe et les magistrats dans ce domaine.

4. Des mesures d'incitation de nature financière

Un développement significatif de la médiation judiciaire implique nécessairement de répondre à un impératif tenant à l'adoption de mesures financières incitatives comme cela existe dans de nombreux pays. Ainsi, dans les pays anglo-saxons (ou tout récemment Hong-Kong dans le cadre de la *Practice Direction* 31), le juge a le pouvoir de sanctionner, par la condamnation aux frais de justice, un refus déraisonnable de participer à la résolution amiable du litige (système dit de l'« *adverse costs order* »).

5. Une formation obligatoire des acteurs judiciaires avec une initiation aux techniques de la médiation

En effet, comment imaginer un développement de la médiation si les acteurs judiciaires n'en connaissent ni le régime juridique ni l'intérêt qu'elle présente pour les parties ?

Conclusion

La médiation est un enjeu majeur de notre société dans la mesure où elle peut être source d'harmonie et de paix sociales dans un monde de plus en plus individualiste et conflictuel. Elle est de nature à conférer une nouvelle légitimité à l'institution judiciaire si cette dernière l'acculture sans la dénaturer.

Mais elle présente également un risque : elle ne doit pas devenir l'instrument d'une justice communautariste renversant nos valeurs essentielles.

Dans une société démocratique, le juge doit conserver, dans la régulation des conflits, son rôle essentiel de garant des libertés individuelles et des règles d'ordre public. Aussi, la médiation, pour être équitable, doit se réaliser nécessairement à l'ombre du juge (voir l'article « Médiation et conciliation : modes premiers de règlement des litiges » par C. Arens et N. Fricero, *GP* du 24 avril 2015).

Intervention de Gilbert Cousteaux, président de chambre à la cour d'appel de Toulouse

Introduction

Avant même la loi qui consacrait la médiation, mais sans la définir, la Cour de cassation (Civ. 2, 16 juin 1993) a jugé que celle-ci avait pour objet de procéder à la confrontation des prétentions respectives des parties en vue de parvenir à un accord proposé par le médiateur. Mais également qu'elle est une modalité d'application de l'article 21 du nouveau code de procédure civile (CPC) tendant au règlement amiable des litiges et, par voie de conséquence, exclusive de tout pouvoir juridictionnel, dont le juge ne peut être investi par les parties que par leur volonté commune.

C'est donc la loi du 8 février 1995 et le décret du 22 juillet 1996 qui ont créé un titre VI bis intitulé « La médiation » dans le CPC. Les quinze articles du décret ont conféré à la médiation un statut procédural stable depuis maintenant presque vingt ans.

La loi du 4 mars 2002 relative à l'autorité parentale (article 373-2-10 du code civil) et celle du 26 mai 2004 relative au divorce (article 255 du code civil) fondent la médiation familiale sur les mêmes principes que la médiation civile, tout en donnant la possibilité au juge d'enjoindre aux parties de rencontrer un médiateur qui les informera sur l'objet et le déroulement de cette mesure.

L'ordonnance du 16 novembre 2011 transposant la directive européenne du 21 mai 2008 sur certains aspects de la médiation en matière civile et commerciale, remanie la loi du 8 février 1995 pour fixer un socle de règles communes aux modes de résolution amiable des différends (MARD). Le décret du 20 janvier 2012 crée dans le CPC un livre entier consacré à « la résolution amiable des différends » en dehors du procès en prévoyant, notamment, une procédure d'homologation de l'accord par le juge.

Le décret du 11 mars 2015 comporte des dispositions destinées à inciter ou à faciliter la résolution amiable des différends. C'est ainsi que, sauf en cas d'urgence ou matières intéressant l'ordre public, les diligences entreprises par les parties en vue de parvenir à une telle résolution doivent être mentionnées dans l'acte de saisine d'une juridiction. Cependant, cette mention n'est pas prévue à peine de nullité. Lorsque l'acte de saisine n'indique pas la mention prévue, le juge a la possibilité de proposer aux parties une mesure de conciliation ou de médiation. Selon la circulaire du 20 mars 2015 de présentation du décret, l'objectif recherché par ces dispositions est de développer une culture dans le recours aux MARD, tant chez les parties que chez le juge.

L'ordonnance du 16 novembre 2011 définit la médiation comme « *tout processus structuré, quelle qu'en soit la dénomination, par lequel deux ou plusieurs parties tentent de parvenir à un accord en vue de la résolution amiable de leurs différends avec l'aide d'un tiers, le médiateur, choisi par elles, ou désigné, avec leur accord, par le juge saisi du litige* ».

Il n'y a donc pas à distinguer entre la médiation judiciaire et la médiation conventionnelle car toute médiation repose sur la liberté d'adhésion des parties, premier principe fondamental.

Cette liberté des parties est affirmée par plusieurs articles du CPC :

- 131-1 du CPC : le juge saisi d'un litige peut, après avoir recueilli l'accord des parties, désigner une tierce personne ;
- 131-6 : la décision qui ordonne une médiation mentionne l'accord des parties.

La Cour de cassation réaffirme ce principe (Civ. 1, 7 décembre 2005) en jugeant que la décision d'ordonner une médiation judiciaire, qui ne peut s'exécuter qu'avec le consentement des parties, est une mesure d'administration judiciaire non susceptible d'appel ni de pourvoi en cassation.

En conséquence, une médiation obligatoire, qui serait ordonnée dans le but avoué de désengorger les juridictions, serait contraire à l'esprit de la médiation.

Cependant, un cas de médiation obligatoire a été introduit dans le code rural par la loi n° 2014-1170 d'avenir pour l'agriculture, l'alimentation et la forêt du 13 octobre 2014, sauf recours à l'arbitrage.

L'article L. 631-27 crée en effet un médiateur des relations commerciales agricoles qui peut être saisi de tout litige relatif à la conclusion ou à l'exécution d'un contrat ayant pour objet la vente ou la livraison de produits agricoles, ou la vente ou la livraison de produits alimentaires destinés à la revente ou à la transformation, y compris les litiges liés à la renégociation du prix prévue à l'article L. 441-8 du code de commerce. Et l'article suivant dispose que tout litige entre professionnels relatif à l'exécution d'un contrat ayant pour objet la vente de produits agricoles ou alimentaires doit faire l'objet d'une procédure de médiation préalablement à toute saisine du juge, sauf si le contrat en dispose autrement ou en cas de recours à l'arbitrage et que, toutefois, sauf recours à l'arbitrage, le recours à la médiation s'impose en cas de litige relatif à la renégociation du prix permettant de prendre en compte les fluctuations à la hausse comme à la baisse des matières premières agricoles.

Selon le décret n° 2015-548 du 18 mai 2015, les médiations sont conduites par le médiateur des relations commerciales agricoles, dans les conditions définies par la loi du 8 février 1995 modifiée par l'ordonnance du 16 novembre 2011.

Le second principe porte sur l'intervention d'un tiers indépendant.

Ce principe est posé par l'article 131-5 du code de procédure civile qui dispose :

« *La personne physique qui assure l'exécution de la mesure de médiation doit satisfaire aux conditions suivantes : 5° Présenter les garanties d'indépendance nécessaires à l'exercice de la médiation.* »

Or, l'ordonnance de novembre 2011 transcrivant la directive européenne du 21 mai 2008 a créé un nouvel article 21-2 disposant que le médiateur accomplit sa mission avec impartialité, compétence et diligence.

D'indépendance point. Dans le rapport au président de la République il est précisé que le gouvernement a choisi de ne pas retenir la notion d'indépendance dans la définition du médiateur en faisant valoir que cette notion n'est pas employée dans la directive, qu'elle aurait été de nature à rigidifier l'exercice de l'activité de médiateur en renvoyant à l'existence d' un statut et que la notion d'impartialité se suffit à elle-même.

Mais, l'indépendance n'a peut-être pas dit son dernier mot. En effet, la directive européenne du 21 mai 2013 relative au règlement extrajudiciaire des litiges de consommation (le REL), devant faire l'objet d'une transposition complète au plus tard le 9 juillet 2015, précise dans son article 6 intitulé « Compétences, indépendance et impartialité » que les États membres veillent à ce que les personnes physiques chargées du REL aient les compétences nécessaires et soient indépendantes et impartiales. Cet article décline les conditions de cette indépendance, les États devant s'assurer en particulier que ces personnes soient nommées pour une durée suffisante pour assurer l'indépendance de leurs actions et qu'elles ne soient pas susceptibles d'être relevées de leurs fonctions sans juste motif.

Pour développer le recours à la médiation, différentes actions peuvent être lancées en direction de trois cibles : le public, les professionnels du droit et les juridictions.

Ces actions commencent enfin à produire des résultats prometteurs, sans oublier cependant que la loi ayant introduit la médiation judiciaire date de vingt ans.

I. Les actions

La commission européenne pour l'efficacité de la justice (la CEPEJ) a apporté des réponses à la question du rôle du juge dans la médiation en décembre 2007 en élaborant des lignes directrices destinées à améliorer la mise en œuvre des recommandations sur la médiation familiale et en matière civile.

Dans le paragraphe intitulé « rôle des juges », il est écrit que ceux-ci ont un rôle important à jouer dans le développement de la médiation, qu'ils devraient être capables de fournir des informations, d'organiser des séances d'information sur la médiation, et le cas échéant, d'inviter les parties au litige à utiliser la médiation et/ou à renvoyer l'affaire à la médiation. Aussi, il importe que les services de médiation soient disponibles, soit en créant des services de médiation annexés aux tribunaux, soit en orientant les parties vers des listes de prestataires de services de médiation.

Un autre paragraphe intitulé « sensibilisation de l'institution judiciaire » revient sur le rôle des juges qualifié de crucial dans la propagation de la culture du règlement amiable des litiges : « *il est donc essentiel qu'ils soient informés et maîtrisent pleinement la procédure de médiation et ses avantages. Ce but pourrait être atteint par le biais de sessions d'information et de programmes de formation initiale et continue. Il est important de renforcer les liens tant institutionnels que personnels entre les médiateurs et les juges. Ceci pourra notamment être accompli en organisant des conférences et des séminaires* ».

Il apparaît surtout indispensable que toutes les actions entreprises pour développer le recours à la médiation soient le résultat d'une démarche collective. L'implantation et le développement de la médiation ne peuvent pas dépendre de quelques juges et disparaître à leur départ. Il est nécessaire de les institutionnaliser avec la mise en place de structures pérennes.

Un poème de Fernando Pessoa, sous l'hétéronyme d'Alberto Caeiro, tiré du *Gardeur de troupeaux* (1946) illustre cette impérieuse nécessité :

« *La diligence est passée dans la rue, et puis s'en est allée ; la rue ne s'en est trouvée ni plus belle ni même plus laide. Ainsi de toute action humaine dans le vaste monde. Nous ne retirons rien et rien nous n'ajoutons ; on passe et on oublie ; et le soleil est toujours ponctuel chaque matin.* »

1. L'information : action à destination du public

Selon l'article 9 de la directive européenne du 21 mai 2008, les Etats membres encouragent par tout moyen qu'ils jugent approprié la mise à disposition du public, notamment sur Internet, d'informations sur la manière de contacter les médiateurs et les organismes fournissant des services de médiation.

Cette mission d'information incombe aux Conseils départementaux d'accès au droit, présidés par les présidents des tribunaux de grande instance du chef-lieu des départements. Il leur appartient de :

- donner des informations sur les MARD par les agents d'accueil dans les maisons de justice et du droit,
- mettre à disposition des documents, tels des dépliants, dans les MJD et les PAD, les points d'accès au droit,
- mettre en ligne des informations sur les sites Internet des CDAD.

Le groupement européen de magistrats pour la médiation, le GEMME, a mis en ligne un site, accessible à l'adresse www.gemme.eu, donnant des informations générales sur la médiation en Europe et des informations spécifiques par pays. Cette association, créée en France en décembre 2003, compte près de 450 membres, aux trois quarts des magistrats, en fonction dans 21 pays – 19 de l'Union européenne plus la Suisse et la Norvège. À la suite du colloque de Paris en juin 2014 pour les dix ans de la création de l'association, trois nouvelles sections nationales ont été créées : la Grèce, la Suède et le Danemark. Une section nationale peut être créée par cinq magistrats au moins. GEMME-France comprend 100 membres (76 magistrats et 24 membres associés).

2. La formation : action à destination des professionnels du droit

Le 13 septembre 2011, le Parlement européen a adopté une résolution sur la mise en œuvre de la directive relative à la médiation dans les États membres, ses effets sur la médiation et son adoption par les tribunaux. Après avoir procédé à une analyse approfondie des principales approches réglementaires des États membres afin de faire ressortir les bonnes pratiques, le Parlement estime qu'il convient d'encourager les autorités nationales à élaborer des programmes visant à promouvoir une connaissance adéquate des modes alternatifs de résolution des conflits, ces actions devant porter sur les principaux avantages de la médiation, à savoir le coût, la réussite et le rendement temporel, et cibler les avocats, les notaires et les entreprises, tout particulièrement les PME, ainsi que le milieu universitaire.

Le rapport de l'Institut des hautes études sur la justice publié en mai 2013, intitulé *La prudence et l'autorité, l'office du juge au XXIème siècle*, évoque la nécessité d'une évolution de la culture professionnelle des juges afin de redonner vie à l'offre de conciliation et de médiation.

Le rapport sur le juge du XXIème siècle, sous-titré *Un citoyen acteur, une équipe de justice*, publié en décembre 2013, contient plusieurs propositions dans le but d'enrichir l'intervention judiciaire en matière civile notamment en promouvant dans les universités une culture de la médiation, en faisant assurer dans les facultés de droit, ainsi que par l'École nationale de la magistrature et les écoles des avocats, un enseignement méthodologique approprié.

L'ENM dispense depuis peu dans le cadre de la formation initiale un enseignement sur les MARD. De même, la consultation du site de la formation continue permet de constater qu'elle propose plusieurs modules de formation en matière de médiation. En revanche, l'École nationale des greffes n'en propose aucun.

L'école des avocats Sud-Ouest Pyrénées a mis en place, pour la première fois en 2014, une formation aux MARD et plus particulièrement à la médiation, au cours de la première année de formation.

Le barreau de Paris a récemment créé une école de la médiation afin que les avocats deviennent familiers et spécialisés dans la pratique de ce MARD tant en qualité de conseil que de prescripteur et, éventuellement, de médiateur.

Quoi qu'il en soit, l'organisation de séances de formation continue se heurte à une difficulté : n'y assistent souvent que ceux qui sont déjà convaincus de l'intérêt de la mesure. L'assistance à ces séances devrait être obligatoire pour les avocats et les juges dont le contentieux se prête à la médiation. En quelque sorte, une formation obligatoire pour une mesure qui ne doit pas l'être.

3. Actions au sein des juridictions

La première de ces actions est la désignation du magistrat référent.

Aux termes du décret du 1er octobre 2010 relatif à la conciliation et à la procédure orale en matière civile, commerciale et sociale, le premier président de la cour d'appel désigne un conseiller chargé de suivre l'activité des conciliateurs de justice et des médiateurs et de coordonner leur action dans le ressort de la cour d'appel. Ce magistrat établit un rapport annuel sur l'activité des conciliateurs de justice et des médiateurs du ressort de la cour d'appel qu'il transmet au premier président de celle-ci ainsi qu'aux présidents des tribunaux de grande instance. Le premier président de la cour d'appel communique ce rapport au garde des Sceaux, ministre de la Justice.

Ce magistrat ne doit pas se contenter d'être un suiveur, mais il doit aussi transmettre des informations sur la médiation aux médiateurs judiciaires ainsi qu'aux juridictions du ressort, en assurant une veille juridique. Il doit être un veilleur et un passeur.

La seconde de ces actions est la création d'unités de médiation.

À ce jour, il existe plusieurs unités de médiation dans les juridictions, en particulier dans le ressort de la cour d'appel de Paris, à Grenoble, à Metz, ou à la Rochelle, les deux dernières ayant vu le jour au début du mois de mai 2015 à la cour d'appel de Pau et à celle de Paris.

La cour d'appel de Toulouse est prolifique. À Toulouse, trois protocoles ont été signés entre le président ou le premier président, le bâtonnier de l'ordre des avocats et le responsable du greffe : au tribunal de grande instance en juin 2010, au tribunal de commerce en juin 2011 et à la cour d'appel en septembre 2011. Et un quatrième a été signé en novembre 2011 au tribunal de grande instance de Montauban. Tout récemment, après l'organisation d'une réunion d'information à destination des magistrats, des avocats, des notaires et des huissiers, le tribunal de grande instance d'Albi envisage d'en créer une.

À Toulouse, les unités de médiation sont des structures légères, dans un souci d'efficacité, composées de deux magistrats, de deux avocats-médiateurs, d'un greffier et, particularité, d'un universitaire en raison des liens privilégiés existant entre le palais et l'Université. Ces liens ont conduit d'ailleurs à la mise en place d'un diplôme universitaire sur la médiation proposant 150 heures de formation, évaluations comprises, la sixième promotion est en cours de formation en 2015.

L'unité de médiation civile est chargée d'implanter la médiation dans la juridiction et de promouvoir toutes initiatives à l'égard des magistrats, avocats et justiciables. Elle facilite le recours à la médiation en définissant des procédures d'information, de repérage et de traitement.

L'unité de médiation du tribunal de grande instance de Toulouse est particulièrement active. C'est ainsi que ses membres :

- diffusent aux magistrats divers modèles, en s'inspirant du kit mis au point par l'association GEMME,
- rencontrent des magistrats pour tenter de les convaincre de mettre en œuvre la médiation,
- leur proposent d'assister à des séances de médiation, avec bien évidemment l'accord des parties et de leurs conseils,
- organisent des permanences par les médiateurs judiciaires lors des deux audiences hebdomadaires de référé au tribunal de grande instance, permanences au cours desquelles les médiateurs échangent avec les avocats présents sur les avantages d'une mesure de médiation,
- forment des agents d'accueil des maisons de justice et du droit pour l'information du public,
- dressent annuellement une liste indicative de médiateurs avec mention des spécialisations, après un recueil de candidatures et l'organisation d'une sélection prévoyant pour certains des candidats leur audition avec mise en situation.

Pourquoi cette procédure ? L'article 131-5 du code de procédure civile dispose que la personne physique qui assure l'exécution de la mesure de médiation doit satisfaire aux conditions suivantes :

- 1° ne pas avoir fait l'objet d'une condamnation, d'une incapacité ou d'une déchéance mentionnées sur le bulletin n° 2 du casier judiciaire ;
- 2° n'avoir pas été l'auteur de faits contraires à l'honneur, à la probité et aux bonnes mœurs ayant donné lieu à une sanction disciplinaire ou administrative de destitution, radiation, révocation, de retrait d'agrément ou d'autorisation ;
- 3° posséder, par l'exercice présent ou passé d'une activité, la qualification requise eu égard à la nature du litige ;
- 4° justifier, selon le cas, d'une formation ou d'une expérience adaptée à la pratique de la médiation ;
- 5° présenter les garanties d'indépendance nécessaires à l'exercice de la médiation.

Ces listes annuelles présentent un immense avantage : celui d'exister et de permettre ainsi le choix de médiateurs. Un magistrat, pourtant favorable au principe de la médiation, ne sait pas comment procéder et, en premier, qui nommer comme médiateur ainsi que l'article 131-6 du CPC le prévoit : « *la décision, qui ordonne une médiation, mentionne l'accord des parties, désigne le médiateur* ».

Mais chaque unité de médiation doit-elle établir sa propre liste ? Comment traiter les nouvelles candidatures, comme celles des huissiers de justice ? Puisque le décret du 23 septembre 2011 modifie le régime de leurs activités accessoires et leur ouvre l'activité de médiation. Ne faut-il pas envisager de mettre en place une procédure d'établissement de listes à l'instar de celles qui existent pour les enquêteurs sociaux et les experts ?

Pour les enquêteurs sociaux, le décret du 12 mars 2009 dispose qu'il est dressé tous les cinq ans, dans le ressort de chaque cour d'appel, une liste sur laquelle sont inscrits les enquêteurs sociaux ayant vocation à être désignés en application des articles 1072 et 1248 du code de procédure civile, que la liste peut faire l'objet, en tant que de besoin, de mises à jour annuelles et qu'elle est tenue à la disposition du public dans les locaux du greffe de la cour d'appel et des tribunaux de grande instance et d'instance. Pour les experts, la loi du 11 février 2004, modifiée par la loi du 22 décembre 2010, prévoit une inscription probatoire de trois ans puis une réinscription pour cinq ans.

Dans les deux cas, les décisions sont prises par l'assemblée générale des magistrats du siège de la cour d'appel.

Dans son rapport daté d'avril 2015 sur le développement des MARD, l'inspection générale des services judiciaires a émis 36 propositions, la 12e consistant en la création d'une liste des médiateurs judiciaires dans le ressort de chaque cour d'appel et en la prestation de serment des médiateurs inscrits (« *Je jure de loyalement remplir mes fonctions avec exactitude et probité et d'observer en tout les devoirs qu'elles m'imposent* » – reprise du serment prêté par les conciliateurs de justice).

La troisième de ces actions, la mise en place d'un service de médiation, n'a malheureusement pas pu être concrétisée en début d'année comme le souhaitait le premier président de la cour d'appel de Toulouse tout simplement en raison du manque de fonctionnaires. Service de médiation et non chambre dédiée à la médiation compte tenu de la taille de la cour d'appel. Service de médiation commun à toutes les chambres civiles de la cour. Y serait affecté un greffier qui agirait pour le compte de tous les magistrats prescripteurs : après la sélection des dossiers par les présidents de chambre, envoi des lettres aux parties et aux avocats proposant une réunion d'information, organisation desdites réunions, recueil des accords pour la mise en place d'une médiation, mise en forme des décisions, suivi des mesures et tenue de statistiques.

II. Les résultats

En 2008, en introduisant les travaux de la commission « Célérité et qualité de la justice. La médiation, une autre voie », le premier président Magendie estimait que « *le temps n'est plus de discourir sur les mérites de la médiation ni à en expliquer la technique. C'est désormais vers l'action concrète que nous devons tendre nos efforts afin que la médiation judiciaire devienne un mode habituel de règlement des conflits* ».

1. Au niveau national

Les chiffres obtenus de la direction des affaires civiles et du Sceau concernant les tribunaux de grande instance et les cours d'appel pour les années 2011, 2012 et 2013 donnent les indications suivantes :

* Tribunaux de grande instance

En 2011, 3205 mesures ont été ordonnées, en 2012 ; elles étaient 2954 et en 2013, elles étaient 3792 ; soit entre 2011 et 2013, une progression de 18%,

- dont médiation familiale, en 2011 : 94%, en 2012 : 93% et en 2013 : 91% ;
- hors famille, en 2011 : 185 mesures, en 2012 : 254 et en 2013 : 347 ; soit, entre 2011 et 2013, 88% d'augmentation.

	Total 2011	2011		Total 2012	2012		Total 2013	2013	
		Fond	Référé		Fond	Référé		Fond	Référé
Total	**3205**	**2940**	**265**	**3413**	**3120**	**293**	**3792**	**3469**	**323**
Biens - Propriété littéraire et artistique	58	43	15	77	59	18	78	49	29
Contrats	50	43	7	71	58	13	111	94	17
Droit de la famille	3020	2794	226	3159	2919	240	3445	3202	243
Droit des affaires	22	18	4	47	39	8	88	75	13
Droit des personnes	1	1	0	1	0	1	0	0	0
Entreprises en difficulté	19	19	0	22	22	0	17	17	0
Relations du travail	8	2	6	7	2	5	4	1	3
Responsabilité	17	14	3	24	16	8	28	16	12
nd	*10*	*6*	*4*	*5*	*5*		*21*	*15*	*6*

* Cours d'appel

En 2011 : 494 mesures ont été ordonnées ; en 2012, elles étaient 560, en 2013, elles étaient 641 ; soit entre 2011 et 2013, une augmentation de 30%,

- hors famille, le social représente 71% en 2011, 60% en 2012 et 46% en 2013,
- hors famille et hors social, en 2011 : 127 mesures ordonnées ; en 2012, elles étaient 203 et en 2013, elles étaient 323 ; soit entre 2011 et 2013, 154% d'augmentation.

	2011	2012	2013
Total	**494**	**560**	**641**
Biens - Propriété littéraire et artistique	23	28	44
Contrats	48	97	149
Droit de la famille	55	46	46
Droit des affaires	31	50	98
Entreprises en difficulté	1	1	6
Relations du travail	312	311	272
Responsabilité	7	7	7
nd	*17*	*20*	*19*

2. Au niveau local

À Toulouse, une section de la chambre commerciale de la cour d'appel, devant laquelle la représentation est obligatoire, propose le recours à la médiation depuis janvier 2012.

Avant les résultats, quelques explications sur le processus mis en place à la chambre commerciale et les dossiers sélectionnés.

A. Le processus

- les dossiers nouveaux font l'objet d'une sélection par le président de chambre,
- après constitution de l'avocat de l'intimé, une correspondance est adressée aux parties par la voie postale et aux avocats par le réseau privé avocats (RPVA) pour proposer une mesure de médiation (cette lettre précise le montant de la consignation mise à la charge de chaque partie – sauf bénéfice de l'aide juridictionnelle, entre 500 et 750 euros ; la durée de la mesure – trois mois renouvelables une fois ; la confidentialité de la mesure ; la suspension des délais pour conclure),
- le président de chambre tient une réunion d'information sur la médiation d'une durée inférieure à une heure (22 ont été tenues en trois ans, avec parfois la participation de médiateurs, réunions au cours desquelles sont recueillis les accords ou les refus d'engager une médiation, de plus en plus de réponses étant adressées par le RPVA),
- mise en forme des ordonnances de désignation des médiateurs,
- éventuellement établissement d'ordonnances de prorogation (dans la moitié des cas),
- si accord, soit ordonnance d'homologation de l'accord à la demande des parties, soit ordonnance de désistement (partage par moitié),
- si échec, la procédure vient à une audience de mise en état pour constater la fin de la mission du médiateur (Cass. chambre sociale, 14 janvier 2014),
- mise en forme par la régie de l'ordonnance fixant la rémunération du médiateur (à Toulouse le coût horaire est de 250 euros ou 300 euros la

séance d'une durée comprise entre une heure quinze et une heure trente), le montant de la rémunération du médiateur ne pouvant pas dépendre de la circonstance que les parties sont ou non parvenues à un accord (Cass. 2e civ., 22 mars 2007).

B. Les dossiers sélectionnés

Entre le 1er janvier 2012 et le 31 décembre 2014, 690 dossiers civils et commerciaux ont été sélectionnés sur les 1270 dossiers nouveaux, soit 53 %.

Les dossiers sélectionnés sont principalement ceux dans lesquels les parties conservent des relations : relations entre bailleur et preneur, droit des sociétés, litiges entre associés parfois membres d'une même famille, droit des transports, paiement de factures entre deux sociétés, ainsi que ceux dont l'intérêt du litige est inférieur à 10 000 euros. Il doit être rappelé que l'article 3.7.1 du code de déontologie des avocats européens, publié par le conseil des barreaux européens (CCBE) mentionne que « *l'avocat doit essayer à tout moment de trouver une solution au litige du client qui soit appropriée au coût de l'affaire et il doit lui donner, au moment opportun, les conseils quant à l'opportunité de rechercher un accord ou de recourir à des modes alternatifs de règlement des litiges* ». Et il doit être précisé que ce code est intégré au règlement intérieur national de la profession d'avocat, socle de la déontologie des avocats français.

C. Les résultats

Entre janvier 2012 et décembre 2014, 140 accords ont été obtenus pour la mise en place d'une mesure de médiation, soit 20% des dossiers sélectionnés.

Sur les 122 mesures achevées, 50 réussites, 58 échecs, et 14 caducités pour défaut de versement par l'une des parties de la consignation, soit, hors caducité, 46% de réussite.

Les 50 dossiers, ayant abouti à un accord en trois ans, portent sur 3,94 % des affaires nouvelles, et rapportés à une année, ils correspondent à un équivalent temps plein d'un mois de conseiller.

Le coût moyen des médiations, calculé sur 90 d'entre elles, est de 750 euros.

Conclusion

Même si les chiffres apparaissent explicites, les valeurs mises en œuvre par la médiation doivent, elles aussi, être prises en compte.

La revue internationale de droit comparé a publié en 1997 le rapport de synthèse rédigé par le doyen Cornu sur les modes alternatifs de règlements des conflits lors d'un colloque tenu en octobre 1996 à Damas. Il commence en écrivant « *justice et paix s'embrassent* » (Psaume 84-11) et il ajoute, dans une parenthèse, « *je ne dis pas s'embrasent* ». Il qualifie la médiation de figure nouvelle qui n'est jamais qu'une espèce de conciliation *lato sensu* et il estime que la médiation proprement dite, à l'état pur, repose sur sept colonnes :

- 1. Le volontariat.
- 2. La participation personnelle des intéressés.
- 3. L'assistance d'un tiers indépendant des parties et du juge.
- 4. Une mission de confiance.
- 5. La confidentialité de la négociation.
- 6. L'absence de tout pouvoir juridictionnel en la personne du médiateur.
- 7. La recherche d'une solution équitable ou au moins acceptable par les deux parties.

Et dans le dernier paragraphe, il écrit « *Vive la paix ! Faveur aux ouvriers de paix* », retrouvant en quelque sorte l'expression de Voltaire, « les faiseurs de paix », employée en 1739 dans une lettre sur un usage très utile établi en Hollande, publiée dans un *Recueil de pièces fugitives en prose et en vers* : « *la meilleure loi, le plus excellent usage, le plus utile que j'ai vu, c'est en Hollande. Quand deux hommes veulent plaider l'un contre l'autre, ils sont obligés d'aller d'abord au tribunal des juges conciliateurs appelés faiseurs de paix. Si les parties arrivent avec un avocat ou un procureur, on fait d'abord retirer ces derniers comme on ôte le bois d'un feu qu'on veut éteindre. Les faiseurs de paix disent aux parties : vous êtes de grands fous de vouloir manger votre argent à vous rendre mutuellement malheureux. Nous allons vous accommoder sans qu'il vous coûte rien... Si leur folie est incurable, on leur permet de plaider, comme on abandonne à l'amputation des chirurgiens des membres gangrenés ; alors la justice fait sa main* ».

Intervention de Jean-Marc Le Gars, président de la cour administrative d'appel de Lyon

La conciliation a croisé ma route en 1999. Elle était en vogue au ministère de la Justice, en plein essor devant les juridictions judiciaires.

C'est donc sans surprise que le vice-président du Conseil d'État décida de créer un groupe de travail pour rechercher les conditions dans lesquelles elle pourrait prospérer devant les juridictions administratives. La présidence du groupe de travail fut confiée au président Labetoulle. Je ne sais par quel mystère je fus désigné pour en être membre.

Le groupe de travail a rempli sa mission. Il a élaboré un questionnaire qu'il a soumis aux chefs de juridiction. Après avoir fait la synthèse des réponses et soucieux d'une approche concrète du terrain, il a procédé à des auditions de magistrats judiciaires, d'avocats, d'assureurs, de fonctionnaires… et rencontré des élus et des administrateurs territoriaux.

Il est parvenu à quelques conclusions à caractère général :

Premièrement, il a été convaincu qu'un certain nombre de litiges relevant du droit administratif pouvaient être prévenus ou réglés selon une procédure de conciliation.

Deuxièmement, il a constaté qu'il n'était pas facile de préciser davantage quels types de litiges pouvaient être concernés. Certes, il a estimé qu'il s'agissait principalement de litiges relevant du plein contentieux mais sans que ce soit une règle absolue. L'hypothèse d'une conciliation dans certains litiges relevant de l'excès de pouvoir n'était pas écartée *a priori*.

Troisièmement, il a posé pour principe qu'il n'y avait pas de chance de conciliation sans adhésion à ce processus, par les parties, bien entendu, mais aussi par les magistrats.

Enfin, il a estimé qu'il n'était pas souhaitable de proposer l'édiction de dispositions réglementaires d'application.

Le groupe de travail était toutefois conscient de ce que l'absence de telles dispositions pouvait créer une sorte de vide. Il lui a paru préférable d'élaborer une sorte de mémento, un *vade-mecum*, s'efforçant de répondre aux principales questions que pouvait ou devait se poser le juge administratif confronté à la conciliation.

Ce guide, nécessairement imparfait et partiel, devait permettre de favoriser une sorte de démarche expérimentale. L'analyse des tentatives devait permettre, par la suite, d'en dégager des enseignements et, pourquoi pas, de préciser une doctrine. Ce n'était donc pas un travail achevé, mais une sorte de document d'étape.

Le *vade-mecum* a été remis aux chefs de juridiction le 3 mars 2000.

Je dois à l'expérience de pouvoir dire que son contenu était et reste pertinent. Je m'en suis largement inspiré pour développer ma pratique. Il gagnerait à être actualisé sur certains points car le contexte juridique a parfois évolué. Il pourrait aussi être enrichi par l'expérience. Mais, dans l'ensemble, il a plutôt bien vieilli.

Lors de la réunion des chefs de juridiction, début 2000, alors que le groupe de travail venait tout juste de déposer son rapport, j'ai été chargé de présenter les perspectives en matière de conciliation par les juridictions administratives, en présence du garde des Sceaux.

Le sujet était déjà passé de mode ! L'attitude de la ministre ne pouvait pas laisser de doute à ce propos. Il est vrai que l'on pouvait difficilement en attendre des effets de masse. Ceci explique peut-être cela ! Il est donc retombé dans l'oubli et le *vade-mecum* avec lui. L'organisation de la conciliation par les juridictions administratives est redevenue confidentielle.

Le hasard a fait que, dans mes fonctions de président du tribunal administratif de Dijon, une demande s'est exprimée.

Pas de celles que l'on pouvait imaginer *a priori*, mais une demande tout de même, sous la forme d'un groupe de maires qui se sont présentés à moi pour me demander de mettre un terme à un conflit mettant en cause 24 communes des Hauts-de-Côtes de Beaune qui, depuis au moins un quart de siècle, se disputaient à propos de l'eau, ce qui rendait impossible la modernisation du réseau. Plusieurs sous-préfets s'y étaient cassé les dents et seul le tribunal administratif présentait des garanties d'impartialité suffisantes aux yeux de mes interlocuteurs.

Estimant que le problème relevait davantage de la compétence du corps préfectoral que de celle du tribunal, j'ai écrit au préfet, qui n'ignorait rien de ce conflit, pour l'informer de la demande dont j'étais saisi, lui faire savoir que je considérais que la question relevait prioritairement de sa compétence mais que, s'il n'y voyait pas d'inconvénient, j'étais prêt à rechercher une solution.

La réponse ne s'est pas fait attendre, en des termes administratifs très courtois mais teintés d'ironie dont le sens était à peu près le suivant : « *Mon cher président, puisque vous vous croyez si malin, allez-y donc !* »

Ce qui fut fait !

Un magistrat du tribunal s'est attelé à la tâche et, à la surprise générale, en peu de temps il a réussi à mettre les belligérants autour d'une table et à les rassembler autour d'un projet commun confié à un syndicat créé entre les différentes communes.

Cela s'est su et l'image de la juridiction en a été transformée. D'autres demandes ont suivi.

C'est ainsi que le même magistrat, tout auréolé de son succès, s'est retrouvé au centre d'un conflit très violent entre le président du Conseil régional et son directeur général des services, licencié à la hussarde, en son absence, pendant ses congés de fin d'année, pour avoir manifesté son intention de se lancer dans la bataille politique. À son retour de vacances, il n'avait plus de bureau, plus de logement de fonction, plus de voiture, et, bien entendu, plus de rémunération... Les référés pleuvaient des deux côtés. Un accord a pu être trouvé au bout de quelques semaines de discussions.

Enfin, quelques demandes, plus classiques, ont émané de collectivités territoriales ou d'entreprises dans des conflits portant sur des marchés, notamment sur un marché de chauffage d'un ensemble HLM.

Sur ces entrefaites, j'ai quitté Dijon pour la Côte d'Azur. Au printemps 2006, j'ai été approché par le président de la chambre de commerce et d'industrie de Nice-Côte d'Azur.

Un litige opposait la CCI et un groupe d'entreprises ayant un mandataire commun à propos du marché d'extension du terminal 2 de l'aéroport de Nice. Étaient en discussion l'indemnisation des sujétions imprévues et des préjudices résultant de modifications du marché, ainsi que des conditions anormales d'exécution des travaux.

Ce litige durait depuis le début de l'année 2001 : référé expertise, référé provision et requête au fond. Après cinq ans d'investigations, l'expert désigné en référé venait de déposer un rapport monumental et très controversé. Les enjeux étaient considérables, les positions des parties très éloignées.

Le président de la chambre consulaire voyait venir avec angoisse l'échéance du 31 décembre 2007, l'aéroport, le second de France, devant changer de statut et être privatisé. Les comptes étaient obérés par une provision énorme, dont le montant était discutable. Cela n'était guère compatible avec la privatisation. Il souhaitait un règlement rapide et définitif du conflit.

C'était mal connaître le temps de la justice. Je le lui ai dit. Devant son air désolé, et à sa grande surprise, j'ai cru bon de lui proposer d'essayer d'organiser une conciliation. Il a sauté sur l'occasion.

L'état de la juridiction ne permettait pas de confier la conciliation à un magistrat. Il fallait chercher à l'extérieur la personne capable de mener à bien les négociations. J'ai fini par trouver la perle rare. Restait alors à recueillir l'adhésion du groupement d'entreprise, ce qui fut fait.

L'affaire n'a pas traîné. Commencée début septembre 2006, la conciliation a abouti à la signature d'un protocole le 7 février 2007 et l'accord a été homologué par le tribunal le 20 avril 2007.

Changement d'image pour la juridiction !

En avril 2004, peu après mon installation à Nice, la CCI m'avait convié à intervenir lors de son assemblée générale sur le thème suivant : le tribunal administratif de Nice, frein ou moteur du développement économique de la

Côte d'Azur ? Aux yeux de ses auteurs, la réponse était, à l'évidence, dans la question. Il n'était pas possible de se leurrer d'autant qu'à la tribune, le préfet des Alpes-Maritimes faisait tout son possible pour disqualifier le tribunal et rendre la tâche impossible à son nouveau président.

Deux ans plus tard, l'espace d'une conciliation, le TA était passé du statut de frein à celui de moteur de l'économie ! Chambre de commerce et d'industrie d'un côté, principales entreprises du BTP de l'autre, avec l'aéroport au milieu ! La nouvelle s'est répandue comme une traînée de poudre dans les milieux concernés.

Les demandes ont afflué. Le mouvement s'est précipité. De juin à octobre 2007, c'est une demi-douzaine de conciliations qui ont été organisées, sur des sujets variés, mais toujours pour des affaires d'importance. À chaque fois, j'ai fait appel à un conciliateur extérieur à la juridiction :

1° Un règlement de marché, comme on pouvait s'y attendre. L'affaire portait sur une demande de paiement de travaux supplémentaires pour la déviation de réseaux lors de la construction d'un tramway. Organisée le 20 juillet 2007, la conciliation s'est conclue par la signature d'un accord transactionnel le 12 novembre de la même année.

2° Un litige portant sur le coût de l'électricité fourni à une ville importante par EDF en 1992, contentieux qui avait connu de multiples rebondissements depuis lors. Étaient en instance :

- un pourvoi en cassation devant le Conseil d'État contre un arrêt de la cour administrative d'appel de Marseille annulant des titres de recettes, d'un montant très élevé,
- un recours devant le tribunal administratif de Nice pour l'annulation de titres de recettes, d'un montant conséquent.

Ces contentieux ont été purgés par un accord conclu le 17 mars 2008, au terme d'une conciliation engagée le 25 septembre 2007.

3° La réparation du préjudice causé par l'annulation du contrat de concession pour la construction et l'exploitation d'un ensemble de loisirs aquatiques dans le Var. La conciliation, lancée le 5 octobre 2007, s'est conclue par un accord transactionnel le 18 juin 2010.

4° Plus inattendu, un litige entre l'État et la société d'exploitation d'un ensemble hôtelier de prestige pour l'occupation sans titre du domaine public maritime par la piscine de l'hôtel.

Les services de l'équipement avaient refusé le renouvellement de l'autorisation d'occupation temporaire pour la piscine, environ trente ans auparavant, en raison du comportement de l'exploitant, coupable de nombreux manquements à la réglementation de l'urbanisme. Un préfet, celui dont il a déjà été question, excédé, avait fini par dresser contravention et saisi le tribunal administratif. Celui-ci avait, par jugement du 21 juin 2005, ordonné la démolition de la piscine. Le successeur du préfet était pressé de faire démolir par des associations de défense de l'environnement. Difficile, voire même inimaginable, s'agissant d'un des plus beaux fleurons de la Côte d'Azur !

À la demande du nouveau préfet, une conciliation a été organisée le 13 juin 2007, laquelle s'est conclue sur un accord, en janvier 2008, prévoyant, notamment, la délivrance d'une autorisation d'occupation temporaire par l'État pour la piscine d'une part, et la construction d'un sentier piétonnier contournant l'hôtel de manière à assurer la continuité du sentier littoral, sur l'emprise et aux frais de l'établissement, d'autre part.

5° Le règlement indemnitaire des conséquences de l'annulation du contrat de concession d'un grand stade alors que les travaux de terrassement avaient été effectués par anticipation, sans permis et sur ordre de service de la commune, avant même que le contrat ne soit effectif...

Un accord financier a été trouvé dès le 29 novembre 2007 à l'issue d'une conciliation lancée le 25 juin précédent. Mais cet accord n'a pas pu être signé. Le maire de la commune a perdu sa majorité sur ce dossier lorsqu'il a demandé l'autorisation de signer au conseil municipal, le 4 décembre 2007. La campagne pour les municipales était lancée....

6° Et encore, une conciliation lancée le 16 octobre 2007 portant sur l'indemnisation due à un promoteur en raison du préjudice causé par la suspension, illégale, le 9 juin 1992, des travaux de construction de trois immeubles en front de mer et le refus illégal de délivrer un permis de construire, ce qui avait conduit à la ruine de l'intéressé.

Cette affaire, très lourde, avait déjà donné lieu à plusieurs décisions du Conseil d'État, toutes favorables au promoteur. Ce dernier était dans une situation psychologiquement difficile. La conciliation a néanmoins été tentée. La commune a voulu faire la preuve de sa bonne volonté en acceptant de verser, d'entrée, une provision de 8 millions d'euros pour rassurer son interlocuteur sur ses intentions. Rien n'y a fait. La tentative, après avoir été relancée en 2011, a été abandonnée la même année.

Le mouvement initié sur la Côte d'Azur s'est poursuivi, sur un rythme plus modéré, mais il s'est poursuivi, les conciliations se terminant le plus souvent, par un accord[1].

---

[1] On peut noter :
- en mars 2008, l'organisation d'une conciliation sur des travaux supplémentaires à l'occasion de travaux de génie civil lors de la construction d'un tramway. Elle a abouti à un protocole le 10 octobre 2008 ;

Quelles leçons peut-on tirer de cette expérience ?

1) D'abord la confirmation de ce qu'avait pressenti le groupe de travail présidé par M. Labetoulle en 1999 :

Premièrement, il existe une demande potentielle.

- Il faut peu de chose pour qu'elle se concrétise ; un exemple réussi, un peu de publicité… Attention toutefois à ne pas enfreindre l'obligation de confidentialité…
- L'offre doit-elle être limitée aux dossiers lourds ? Je n'ai pas de réponse à cette question. Tout au plus puis-je faire observer que plus faibles sont les enjeux, plus la question du paiement du conciliateur extérieur est cruciale car on imagine mal, dans le contexte français, les juges administratifs consacrant leur temps au règlement amiable de petits litiges.
- Ce n'est pas le cas en Allemagne où la conciliation s'est développée au cours de la décennie passée. Les magistrats administratifs allemands s'emploient eux-mêmes à concilier dans des petits litiges. Mais on sait qu'ils sont bien plus nombreux qu'en France et qu'au milieu des années 2000, le reflux des procédures d'asile leur avait laissé une bonne marge de manœuvre…

Deuxièmement, le champ des litiges susceptibles de faire l'objet d'une conciliation est étendu. Il dépasse, et de beaucoup, le contentieux de la responsabilité même si ce contentieux est son terrain de prédilection. La variété des exemples cités ci-dessus en atteste.

Troisièmement, il n'y a pas de conciliation possible sans l'adhésion des parties et des magistrats.

2) Ensuite, l'adhésion des parties à la conciliation est subordonnée à trois conditions au moins :

- une information sur l'existence de cette procédure,
- une bonne perception des avantages qu'elles peuvent en retirer,
- et la confiance que peuvent leur inspirer les expériences passées.

- en juin 2009, l'organisation d'une conciliation portant sur le traitement des biens d'un contrat d'affermage pour la gestion déléguée de la restauration scolaire d'une grosse collectivité. Elle a abouti à la signature d'un protocole homologué le 29 janvier 2010 ;
- en mai 2009, l'organisation d'une conciliation entre une commune et l'exploitant du palais des congrès et du palais des expositions à propos du traitement des biens de la délégation. J'ignore comment elle s'est terminée …
- en mai 2010, l'organisation d'une conciliation pour le règlement de la situation juridique des équipements publics réalisés à l'occasion de l'opération d'aménagement d'une ZAC. Elle s'est terminée par un accord transactionnel homologué le 14 octobre 2011 ;
- Enfin, une demande de conciliation, le 8 juillet 2011, afin d'aider les parties à se rapprocher pour régler différents litiges les opposant dans une opération complexe de construction. S'étant mises d'accord pour demander l'organisation d'une conciliation, les parties ont manifestement poursuivi leur rapprochement puisqu'elles ont signé un protocole avant même que le conciliateur n'ait été désigné !

a. L'information peut se faire par divers canaux. On l'a vu, lorsqu'une conciliation est réussie, il n'est pas rare que les parties elles-mêmes en fassent la publicité. Le bouche à oreille fonctionne très bien.

Le juge lui-même ne doit pas hésiter à la proposer lorsque cela lui semble une alternative préférable à la poursuite du contentieux.

Le rôle de l'avocat est essentiel. Il faut qu'il soit convaincu qu'il y va de l'intérêt de son client et du sien… Son adhésion est nécessaire. L'expérience montre qu'elle reste incertaine. Il est difficile, *a priori*, d'envisager l'adhésion du client si l'avocat n'est pas lui-même convaincu. À l'avocat d'alerter son client sur la possibilité de recourir à une conciliation, de lui faire comprendre les enjeux, d'évaluer les chances de réussite et de faire valoir l'intérêt d'une solution rapide et négociée du conflit. Ce qui suppose, cela va de soi, que l'avocat sache dépasser son propre intérêt pour privilégier celui de son client.

Encore que l'intérêt bien compris de l'avocat, ce soit la satisfaction du client. C'est le discours qu'ils m'ont souvent tenu. Vous avouerais-je qu'il m'est arrivé de relancer tel avocat qui n'avait pas pris la peine de se rapprocher de son client avant de refuser la conciliation en son nom. Une discussion constructive l'a vite amené à changer de stratégie. Pour son plus grand bonheur une fois la conciliation terminée sur un accord !

Enfin, à la lumière de l'expérience, un autre constat peut être fait. Il arrive que ce soit le client, parfaitement informé de la réussite de conciliations passées et conscient des avantages qu'il peut en attendre, qui prenne l'initiative de mandater son avocat pour demander l'organisation d'une conciliation.

b. Les avantages de la conciliation ne sont pas minces.

Sans prétendre à l'exhaustivité, on peut mettre en avant :

- L'intérêt d'un règlement négocié. Aux parties de se rapprocher. C'est leur solution qui prévaut, celle qu'elles ont dégagée en se rapprochant, et non celles des juges ou des arbitres dont l'office est de trancher.
- La possibilité de se retirer à tout moment de la conciliation tout en étant assuré de la confidentialité qui s'attache au contenu des discussions.
- L'assistance du conciliateur, tiers extérieur au conflit, pour rechercher une solution acceptée dans un climat neutre et apaisé.

Notons bien que je préconise le recours à un médiateur extérieur à la juridiction. Cette solution doit être préférée à celle qui consiste à charger un magistrat de procéder à la conciliation. Cette dernière n'est envisageable que dans les juridictions particulièrement à jour et elle présente l'inconvénient, en cas d'échec de la conciliation, de rendre délicate la reprise d'instance devant la juridiction du fait de la confidentialité qui s'attache à la tentative de conciliation avortée.

- Un règlement rapide et définitif du conflit, dans des délais sans commune mesure avec les procédures juridictionnelles, ce qui permet de passer à autre chose et, s'agissant des entreprises et des collectivités publiques, voire des agents publics et de leur employeur, de pouvoir continuer à travailler ensemble.
- Un coût moins élevé que les procédures juridictionnelles.
- Pour le magistrat, la satisfaction d'avoir permis le règlement pacifique du conflit par la seule volonté des parties, et le sentiment d'avoir été efficace. Pour la juridiction, on l'a vu, un rayonnement conduisant à un renforcement de son prestige, …

3) Pour autant, les obstacles ne doivent pas être sous-estimés.

La conciliation se déroule toujours en deux phases.

La première est l'affaire du magistrat. Il lui faut convaincre les principaux acteurs de se mettre autour d'une table et choisir le conciliateur.

La seconde appartient à ce dernier. Il doit organiser et conduire la discussion entre les parties.

a. Il n'est pas toujours évident de mettre les principaux acteurs autour d'une table. Il faut un bon pouvoir de conviction, du tact et de la psychologie, toujours de l'autorité, bien mesurée.

L'affaire n'est pas gagnée d'avance face à certains interlocuteurs. On en a dit quelques mots s'agissant des avocats. Ils ne sont pas les seuls.

L'attitude des administrations, plus particulièrement celles de l'État, reste problématique face à ce qu'elles peuvent percevoir comme l'intrusion d'un tiers extérieur dans leurs propres affaires. Mais elles peuvent aussi y trouver avantage. On l'a vu s'agissant de l'affaire de la piscine.

De même, les élus sont souvent réticents à l'égard de la transaction qui, à leurs yeux, peut présenter des risques politiques et surtout pénaux. Sans oublier que le fait que la conciliation soit organisée sous l'égide du tribunal administratif ne suffit pas nécessairement à les doter d'un viatique vis-à-vis des organes de contrôle… Il faut les rassurer. L'homologation, bien qu'elle ne soit pas indispensable, peut y aider.

L'exemple de notre président de Conseil régional, empêtré dans de multiples procédures avec son ancien directeur général des services pour avoir réagi brutalement à une situation qui lui était intolérable, et qui n'avait aucun intérêt à laisser pourrir une situation dont ses adversaires ne manquaient pas de tirer parti, montre aussi que les élus ne sont pas nécessairement insensibles aux avantages que peut présenter l'intervention d'un tiers conciliateur dans les affaires qui les touchent de près.

L'attitude des compagnies d'assurances doit aussi être prise en compte. Elle peut être déterminante lorsqu'il s'agit de litiges de responsabilité mettant aux prises leurs assurés, ce qui est généralement le cas lorsque sont en cause des collectivités locales et des établissements publics. Ce sont elles qui, dans ce cas, détiennent le pouvoir de transiger et non l'assuré. Sur le fondement de l'article L. 124-2 du code des assurances, les contrats prévoient qu'aucune reconnaissance de responsabilité, aucune transaction, intervenue en dehors de l'assureur, ne lui est opposable. Il faut donc, en organisant le tour de table, ne pas oublier d'y associer l'assureur lorsque sa présence est requise.

Formellement, avant de lancer la deuxième phase, à savoir la conciliation proprement dite, il importe de prendre quelques précautions.

Cela passe, à mes yeux, par l'envoi d'un courrier aux différents protagonistes les informant de l'organisation de la conciliation, rappelant son objet, fixant un délai, faisant connaître le choix du conciliateur, arrêtant les principes de la rémunération de ce dernier et les modalités de sa prise en charge, et rappelant l'obligation de confidentialité à laquelle sont tenus les participants, la lettre précisant enfin que le commencement des opérations est suspendu à la réception de l'accord des intéressés sur l'ensemble de son contenu.

La suite est l'affaire du conciliateur.

b. S'il parvient à un accord, les choses n'en sont pas terminées pour autant car la validité de l'accord peut rester suspendue à l'attitude des organismes de contrôle.

S'agissant des collectivités locales, la signature de l'accord négocié par l'exécutif local reste subordonnée à l'autorisation de l'assemblée délibérante. Il peut arriver qu'elle la refuse. Rappelez-vous l'exemple cité plus haut à propos du règlement indemnitaire des conséquences de l'annulation du contrat de concession d'un grand stade et ce maire qui a perdu sa majorité lorsqu'il a demandé l'autorisation de signer l'accord, le 4 décembre 2007.

Lorsque des fonds publics sont en jeu, le comptable public et le contrôleur financier ont un rôle à jouer, ce dernier tout particulièrement s'agissant des dépenses de l'État dans la mesure où toute transaction doit lui être soumise et que son examen porte, conformément à l'article 5 de la loi du 10 août 1922, « sur l'exactitude de l'évaluation ».

Enfin, les actes des collectivités territoriales sont soumis au contrôle de légalité du représentant de l'État dans le département. De la position qu'il prendra peut dépendre le sort de l'accord obtenu par la conciliation.

c. L'accord obtenu reste aussi exposé au risque contentieux.

Paradoxalement, c'est le juge administratif lui-même qui pourra être conduit à paralyser la transaction.

Tel sera le cas si les parties demandent l'homologation de leur accord et que le juge constate que cet accord viole une règle d'ordre public, notamment celles relatives à la compétence des signataires ou à l'interdiction des libéralités (CE, *Mergui*, sect. 19 mars 1971).

Tel pourra être encore le cas à la demande d'un tiers qui, justifiant d'une qualité ou d'un intérêt à agir, l'aura saisi d'une contestation de la décision de conclure l'accord ou de la délibération l'autorisant.

Cette menace n'est pas purement hypothétique. On peut citer, à titre d'exemple, le cas de la délibération du conseil de la Communauté urbaine de Lyon autorisant son président à signer la transaction mettant un terme à la conciliation conduite avec succès par le président du tribunal administratif de Lyon, en 1999, en vue de l'indemnisation du concessionnaire du boulevard périphérique Nord de Lyon, à la suite de la résiliation du traité de concession, qui portait sur des indemnités considérables. La délibération autorisant la signature de la transaction a été déférée avec succès à la censure du tribunal administratif de Lyon.

Et maintenant ?

La conciliation organisée par le juge administratif est, il est vrai, soumise à de nombreux aléas. La multiplicité des intervenants, l'existence d'un cadre juridique et administratif contraignant et les possibilités de recours offertes aux tiers sont autant de difficultés et de facteurs de fragilité dont il faut tenir compte. Le manque de préparation, de disponibilité et de moyens des magistrats administratifs est aussi un frein à son développement.

L'expérience montre toutefois que la conciliation organisée par le juge administratif peut être utile au moins pour le règlement de litiges ponctuels bien ciblés, à condition que tous les intervenants acceptent de jouer le jeu.

Au moment où la volonté des pouvoirs publics est de favoriser le développement de modes alternatifs de règlement des conflits, la conciliation par le juge administratif émerge très lentement. Sa pratique reste confidentielle et sans rapport avec les attentions dont elle est l'objet.

C'est ainsi qu'un décret du 22 février 2010, qui s'oppose résolument à ce que prescrit l'article 240 du code de procédure civile, codifié à l'article R. 621-1 du code de justice administrative, a prévu que la mission confiée à l'expert peut viser à concilier les parties, confirmant une jurisprudence du Conseil d'État du 11 février 2005, laquelle revenait sur la solution contraire affirmée dans un arrêt du 12 octobre 1979. On notera que l'article R. 621-7-2 du code, issu du même décret, règle la question de la rémunération de l'expert conciliateur.

Le 4 mai 2011, le Conseil d'État a organisé un colloque à la chambre de commerce et d'industrie de Paris sur les développements de la médiation. Les actes ont été publiés par la Documentation française (n°2 de la revue Droits et débats). Ce colloque annonçait l'article 2 de l'ordonnance du 16 novembre 2011 portant transposition de la directive 2008/52/CE du Parlement européen et du Conseil, du 28 mai 2008, édictant des dispositions instaurant la médiation pour le règlement des différends transfrontaliers. Ces dispositions ont été codifiées aux articles L. 771-3, 771-3-1 et 771-3-2 du code de justice.

Moins d'un mois plus tard, l'article 49 de la loi du 13 décembre 2011 est venu modifier l'article L. 211-4 du code de justice administrative, y apportant deux nouveautés :

- désormais, il est permis aux cours administratives d'appel d'organiser des conciliations, ce qui, jusque-là, était réservé aux tribunaux administratifs ;
- la possibilité de charger de cette mission des personnes extérieures aux juridictions est clairement affirmée.

Une note du secrétaire général du Conseil d'État, du 15 décembre 2011, a appelé l'attention des chefs de juridictions sur ces nouveautés et leur a fait savoir que, selon lui, « *la coexistence de ces deux modes de règlement alternatif des litiges mériterait d'être mieux harmonisée* ».

La question reste entière. Si harmonisation il doit y avoir, elle devrait porter aussi, me semble-t-il, sur le troisième mode alternatif de ce type que constitue la conciliation par l'expert.

Sans doute serait-il bon également de prévoir quelques mesures réglementaires à cette occasion, de manière à sécuriser les magistrats qui voudraient s'engager dans cette voie, de même que les parties.

Pourraient être concernés :

- La désignation de l'autorité habilitée à organiser une conciliation.
- L'affirmation du principe selon lequel il n'y a pas de conciliation organisée par le juge sans l'accord des parties.
- L'affirmation du principe selon lequel la conciliation peut concerner l'ensemble ou une part seulement du litige.
- La fixation d'un délai réglementaire pour la procédure de conciliation.
- Les règles élémentaires touchant à la personne du conciliateur et aux garanties qu'il doit présenter.
- L'acceptation par le conciliateur de sa mission.
- Le droit pour ce dernier d'entendre des tiers avec l'accord des parties.
- L'obligation pour le conciliateur de rendre compte au juge des difficultés qu'il rencontre dans l'accomplissement de sa mission.
- Les conditions dans lesquelles il est mis fin à la conciliation.
- Les conditions de l'homologation d'un accord par le juge.
- Les conditions de rémunération du conciliateur-médiateur, étrangement absentes alors qu'elles sont prévues pour l'expert conciliateur… Il est particulièrement nécessaire d'organiser le règlement des litiges qui pourraient naître à ce propos.
- Le rappel de l'obligation de confidentialité. L'article 131-14 du code de procédure civile en donne une bonne définition.
- L'absence de voie de recours contre la décision ordonnant ou renouvelant la conciliation ou y mettant fin.
- La suspension des délais contentieux pendant la phase de conciliation.
- Et la suspension des délais de prescription pendant la phase de conciliation.

Il pourrait également être opportun, si l'on veut ouvrir la conciliation aux « petits contentieux », de prévoir la possibilité pour les personnes concernées de bénéficier de l'aide juridictionnelle. Mais ceci mérite réflexion.

Enfin, pourquoi pas un guide pratique commun à la juridiction administrative, digne successeur du *vade-mecum* de la commission Labetoulle ? Et encore, la désignation d'un référent en matière de conciliation pour l'ensemble des magistrats administratifs ?

Les magistrats seraient d'autant mieux incités à s'engager dans cette voie qu'il en serait tenu compte pour l'évaluation de leur activité et celle des juridictions. Dotés d'un cadre procédural plus précis, mieux préparés, les magistrats administratifs pourraient mieux s'investir dans cette fonction, qui n'est pas sans intérêt, et faire émerger un réservoir de conciliateurs extérieurs aux juridictions. Peut-être faudrait-il d'ailleurs les appeler médiateurs.

Sans doute faudrait-il encore sensibiliser tous les partenaires extérieurs aux avantages de cette procédure : administrations, contrôleurs de légalité, contrôleurs financiers, assureurs, etc…

C'est à ce prix que les acteurs seront convaincus que la conciliation est une alternative véritable au procès permettant, comme lui, de donner une solution définitive et sécurisée au litige. Or, je suis convaincu que, bien plus que les aléas de l'exercice, ce sont les incertitudes du dispositif et sa méconnaissance qui, pour une large part, expliquent encore les réticences de certains.

Intervention de Cécile Cottier, première conseillère à la cour administrative d'appel de Lyon[1]

Brèves réflexions sur la confidentialité et le « bon interlocuteur public » en matière de conciliation/médiation sur les litiges de droit public[2]

Le colloque du Conseil d'État « La médiation et la conciliation devant la juridiction administrative » du 17 juin 2015 a été l'occasion de dresser un panorama rapide des expériences menées par les juridictions administratives, les attentes des magistrats et des parties (administrés, élus, administrations) mais aussi, à travers les questions des participants du colloque en séance plénière, de mettre en exergue la spécificité des pratiques de conciliation/médiation dans le cadre des relations de droit public.

Si 20 tribunaux administratifs et une cour administrative d'appel ont indiqué avoir mené entre 2005 et mai 2015 au moins une démarche de conciliation dans le cadre de l'article L. 211-4 du code de justice administrative et si une petite centaine de conciliations a ainsi pu être proposée par les juridictions et les parties sur ces 10 ans[3], il n'en reste pas moins que les démarches de conciliation, qu'elles soient réalisées par le juge administratif directement ou sous son autorité dans le cadre du recours à un tiers externe

---

[1] Doctorante en droit public sur « la négociation, la conciliation, la médiation et les autres MARL en droit administratif et dans les organisations publiques », DU de médiation Institut catholique de Paris/Ifomène.

[2] Ce texte a été réalisé dans le cadre de mes travaux de recherche pour ma thèse en doctorat de droit public sur la négociation, la conciliation, la médiation et les autres MARL en droit administratif et dans les organisations publiques. Il reflète mes seules opinions et ne saurait engager en aucune manière un quelconque positionnement ou une quelconque réflexion du Conseil d'État.

[3] Chiffres issus du questionnaire adressé par la mission d'inspection des juridictions administratives aux tribunaux administratifs et aux CAA en février-mars 2015, que j'ai arrêtés et analysés au 15 juin 2015, sous réserve de données « perdues » par les juridictions comme mentionnées par certaines d'entre elles et introduisant un léger biais statistique minorant les chiffres. Pour de plus amples développements sur ce questionnaire et les pistes susceptibles d'être retenues au regard des attentes des juridictions : cf. intervention de Mme Pierart, chef de la mission permanente d'inspection des juridictions administratives.

(« médiateurs » privés appartenant à des associations de médiateurs, experts, tiers rattachés à une structure publique – médiateur de l'achat public –, recours à des personnalités *ad hoc* désignées par le chef de juridiction), restent encore expérimentales.

Eu égard aux questions posées par le public sur la frilosité de certaines institutions publiques à se saisir de cette possibilité de conciliation/médiation et qui transparaît dans de tels résultats chiffrés, deux spécificités propres à la médiation/conciliation en droit administratif semblent devoir être soulignées.

La première porte sur la notion de confidentialité et sur les informations devant être communiquées dans le cadre de transactions soit à certaines instances non impliquées directement dans le processus de conciliation/médiation soit au juge administratif notamment lors d'homologation.

La seconde est relative à la détermination du « bon interlocuteur » susceptible de représenter à la table de « conciliation-médiation » la personne publique et à la capacité par les personnes publiques à intégrer de telles démarches de conciliation/médiation dans leurs logiques de travail.

1. La notion de confidentialité dans le cadre d'un litige de droit public

La rupture de la confidentialité dans le cadre d'une homologation a été citée par l'un des membres de l'auditoire comme pouvant être un obstacle au développement de la conciliation/médiation en droit administratif car aboutissant à dévoiler des éléments sur l'étendue du litige et sur les concessions réciproques des parties, ce qui pourrait se révéler contre-productif pour l'administration, qui pourra dès lors faire l'objet de sollicitations ou de revendications d'autres administrés ou de cocontractants dans des situations identiques ou proches, mais aussi pour l'autre partie qui notamment pour des raisons de concurrence ou d'image de marque ne souhaite pas exposer certains éléments publiquement.

En réponse à cette question, il apparaît d'une part nécessaire de rappeler qu'une homologation d'une transaction par le juge administratif relève d'un choix des parties et n'est pas obligatoire pour que cette transaction puisse prendre effet et puisse mettre ainsi fin à un litige en matière de droit administratif.

Le juge administratif saisi de ce litige pourra ainsi constater, sans avoir besoin de mentionner tous les éléments afférents à cette transaction dans le jugement, qu'en cours d'instance les parties se sont mises d'accord via une transaction sur le litige lui étant soumis et prononcer un non-lieu à statuer ou donner acte d'un désistement en cours d'instance de la partie requérante.

Dès lors que la volonté des parties de mettre fin au litige à travers la signature d'un protocole transactionnel est clairement établie par les pièces du dossier (mémoire mentionnant une telle transaction et absence d'observation de la partie adverse visant à contester l'existence d'une telle transaction en cours d'instance[4], signature par le préfet de la lettre d'accompagnement d'un projet de transaction démontrant la volonté de signer un tel projet[5]), le juge administratif a pu admettre l'existence d'une telle transaction et en tirer les conséquences juridiques sous forme de désistement ou de non-lieu à statuer.

D'autre part, cette question sur la confidentialité de certaines données en matière de conciliation/médiation en droit administratif et devant les juridictions administratives ne doit pas être cantonnée à l'homologation qui n'est qu'une étape facultative de cette démarche de règlement amiable du contentieux mais doit être « gérée » par les parties tout au long du *process* de conciliation/médiation et devra être aménagée par ces dernières en fonction des exigences propres pesant sur la personne publique dans le cadre de ce litige relevant du droit public.

Ainsi, la notion de confidentialité doit selon nous être appréciée de manière différente par les parties en fonction des différentes étapes structurant leurs relations allant de la phase de compréhension du problème et de recherches de solutions menées sous l'égide du médiateur/conciliateur à celle de formalisation d'une transaction et facultativement à celle d'homologation de cette transaction.

- Un principe de confidentialité maximale au cours des échanges autour de la table de médiation-conciliation sous la houlette du médiateur-conciliateur

– Lors des échanges autour de la table de « médiation-conciliation » sous l'égide du médiateur/conciliateur (que ce soit dans le cadre d'une médiation conventionnelle hors recours au juge ou lors d'une conciliation réalisée dans un cadre judiciaire par un magistrat administratif ou par un tiers désigné par ce magistrat) ou lors des entretiens séparés avec le médiateur-conciliateur, le principe d'une confidentialité totale des échanges se déroulant entre les parties a vocation à s'appliquer. À ce stade, il importe peu que le litige porte sur une question de droit public ou de droit privé. Cet engagement de confidentialité maximale permet d'amorcer la construction d'un dialogue entre les parties car il est le garant d'une dynamique d'échanges sur le véritable conflit au-delà de la construction juridique du contentieux soumise au juge administratif en permettant notamment l'expression du ressenti de chacune des parties sur les événements ayant conduit à une dégradation de leurs relations. C'est aussi cette confidentialité maximale qui permet de rechercher des solutions innovantes, une fois les besoins et les attentes des parties clairement exposés.

[4] CE, *Ligue d'escrime du Languedoc Roussillon*, 18 novembre 2011, 343117.
[5] CE, *Société Gecin*a, 10 février 2014, 350265.

– Les parties peuvent toutefois d'un commun accord décider d'accepter de lever la confidentialité sur certaines données afin notamment d'affiner via le recours à des experts la viabilité de certaines solutions.
– La même confidentialité doit être respectée par le médiateur/conciliateur désigné par le juge administratif dans le cadre du retour d'information auprès du magistrat administratif sur la mise en œuvre concrète de cette conciliation (date de démarrage de cette mission) et le respect ou non du délai de conciliation imposé par le magistrat administratif. Le médiateur-conciliateur n'a ainsi pas à faire au magistrat administratif un compte rendu détaillé des éléments évoqués lors des séances de médiation-conciliation, que ce soit en séance plénière ou lors des entretiens séparés.

- Lors de la mise en place d'un protocole transactionnel : une confidentialité à aménager pour permettre en application de la loi à certaines personnes non présentes autour de la table de médiation/conciliation de valider certains axes-clés

À la différence des personnes privées, les personnes publiques doivent respecter différentes procédures formalisées avant de pouvoir procéder à la signature de transactions financières et seront ainsi amenées à fournir publiquement un nombre plus ou moins important d'informations pour permettre la validation et l'exécution de telles transactions, ce qui aura un impact sur la nature des informations susceptibles de rester confidentielles entre les personnes réunies à la table de médiation/conciliation et celles devant être communiquées à des personnes tierces « hors table » sachant que la rédaction et la validation du projet transactionnel relèvent de la seule responsabilité des parties.

Il est à noter que les procédures aboutissant à la rédaction et à la validation d'un protocole d'accord transactionnel diffèrent en fonction de la personne publique signataire.

En ce qui concerne l'État[6] et les établissements publics de l'État[7], une culture administrative de confidentialité reste encore de mise sur toutes les

---

[6] Pour l'État, la compétence donnée à chaque ministre pour transiger au nom de l'État dans les matières qui relèvent de son département a été reconnue jurisprudentiellement (CE, 23 décembre 1887, *de Dreux-Brézé*, rappelé dans les conclusions du CDG M. Dacosta sur la décision du 11 juillet 2008, CE, *Société Krupp Hazemag* (287354), CE, 8 avril 1921, *Compagnie de la N'Goko-Sangha*, Rec., p. 351). Au regard de la délégation générale de signature dont les directeurs d'administration centrale bénéficient, sur le fondement du décret n° 2005-850 du 27 juillet 2005 relatif aux délégations de signature des membres du gouvernement, de tels directeurs sont quant à eux habilités à conclure des transactions au nom de leur ministre, dans les limites de leurs attributions. La faculté de transiger n'est ouverte aux services déconcentrés de l'État que si leurs responsables bénéficient d'une délégation du préfet à cet effet. Des textes spécifiques peuvent aussi donner compétence à certaines

phases entourant les débats autour de la table de médiation/conciliation, lors de la rédaction et lors de la validation hiérarchique de telles transactions. En effet, hors certains cas spécifiques où une disposition légale prévoit une information publique sur les propositions chiffrées susceptibles d'être retenues dans le cadre d'une transaction par l'État et les organismes se situant dans la sphère étatique, et sauf accord commun des parties sur la mise en place d'un volet communication sur certains points de la transaction, la diffusion d'informations sur les éléments ayant contribué à fixer les modalités et les montants des concessions réciproques entre les parties dans le cadre de ce processus transactionnel reste dans la majorité des cas limitée à un nombre restreint de personnes au nombre desquelles figurent le comptable qui en tant que payeur est destinataire de certaines pièces justificatives lui permettant de procéder au paiement lié à la transaction ou les magistrats financiers de la Cour des comptes.

En ce qui concerne les transactions financières signées par les collectivités territoriales ou les établissements publics locaux, certaines règles spécifiques vont s'appliquer et avoir des incidences sur les éléments susceptibles d'être communiqués en matière de transaction et donc sur l'étendue de la confidentialité vis-à-vis de tiers :

- La signature d'une transaction nécessite, en principe, l'autorisation préalable de l'organe délibérant. L'organe délibérant peut sous certaines conditions accorder une délégation de compétence à l'autorité exécutive pour la conclusion de transaction et limiter celle-ci à certains domaines ou la plafonner à certains montants. En l'absence de délégation, une délibération préalable de l'organe délibérant est nécessaire pour autoriser la signature de chaque contrat de transaction.
- Le Conseil d'État, dans sa décision du 11 septembre 2006 *Commune de Théoule-sur-Mer* (255273), a estimé que, dans le cadre de l'autorisation préalable de l'organe délibérant avant signature d'une transaction par l'exécutif d'une collectivité territoriale, cet organe délibérant doit se prononcer sur tous les éléments essentiels du contrat (de transaction) à intervenir, au nombre desquels figurent, notamment, la contestation précise que la transaction a pour objet de prévenir ou de terminer et les concessions réciproques que les parties se consen-

autorités pour transiger dans certaines matières déterminées : autorités douanières, autorités fiscales, agent judiciaire du Trésor, comptable public.

[7] Pour les établissements publics de l'État, ce seront les statuts de ces établissements qui fixeront les règles en matière de transaction. Le Conseil d'État dans une décision du 23 avril 2001, *Ceccaldi-Raynaud*, n° 215552, a ainsi regardé les statuts de l'établissement pour analyser si celui-ci devait ou non obtenir une autorisation préalable du Premier ministre pour transiger et en a conclu que, compte tenu des statuts de cet établissement public, une telle autorisation n'était pas nécessaire. Il en résulte qu'en cas de silence des statuts de l'établissement public sur cette possibilité de transaction, un décret du Premier ministre doit autoriser, au cas par cas, la signature de la transaction envisagée par l'établissement public.

tent à cette fin. Le non-respect sur une telle information de l'assemblée délibérante sera sanctionné par la nullité de la transaction.

– Toutefois, la jurisprudence actuelle n'exige pas que tous les détails de la négociation soient mentionnés dans un projet formalisé porté à l'attention de cet organe délibérant.
– Il est à noter que, lorsque a été conclu un marché public d'assurance, la liberté de transiger peut, en pratique, être limitée pour les collectivités territoriales au regard de stipulations assurantielles prévoyant qu'aucune reconnaissance de responsabilité ou transaction intervenue en dehors de l'assureur ne lui est opposable. Dès lors, pour éviter tout risque de non-couverture assurantielle dans le cadre de telles clauses, il incombe à ces collectivités territoriales de prévoir avec l'autre partie une confidentialité aménagée permettant d'associer les assureurs lors des dernières étapes de négociation et de validation des solutions et lors de la validation de la transaction.

- La question des « libéralités » et de l'homologation d'une transaction

Dans la lignée de la décision *Mergui* du Conseil d'État, les concessions susceptibles d'être acceptées par l'administration dans le cadre d'une transaction ne doivent pas s'apparenter à une libéralité.

Lors d'une demande d'homologation d'une transaction, le juge administratif va ainsi vérifier à l'instar du juge judiciaire non seulement qu'il existe des concessions réciproques mais aussi, spécificité administrative, qu'il n'existe pas entre la concession acceptée par la personne publique et les éléments en litige de disproportion excessive susceptible d'être qualifiée de libéralité [8] et va également vérifier que les parties ont consenti effectivement à la transaction et que ce contrat de transaction est licite et ne méconnaît pas d'autres règles d'ordre public.

Voir en ce sens le considérant utile de la décision du CE du 10 février 2014, *Société Gecina*, rappelant le contrôle devant être réalisé par le juge administratif dans le cadre de l'examen d'une demande d'homologation d'une transaction :

« *Considérant que, selon l'article 2044 du code civil, la transaction est un contrat par lequel les parties terminent une contestation née ou préviennent une contestation à naître ;qu'en vertu de l'article 2052 du même code, un tel contrat a entre les parties l'autorité de la chose jugée en dernier ressort ;qu'il est exécutoire de plein droit, sans qu'y fassent obstacle, notamment, les règles de la comptabilité publique ; que toutefois, les parties à une instance en cours devant la juridiction administrative peuvent deman-*

---

[8] CE, Ass., 6 décembre 2002, *Syndicat intercommunal des établissements du 2nd cycle du 2nd degré du district de l'Hay les Roses* ; CE, 11 juillet 2008, *Société Krupp Hazemag* (287354) ; CE, 10 février 2014, *Société Gecina* (350265).

der à celle-ci, y compris à l'occasion d'un pourvoi en cassation, d'homologuer une transaction par laquelle elles mettent fin à la contestation initialement portée devant elle ; qu'il appartient alors au juge administratif, qui se prononce en tant que juge de l'homologation, de vérifier que les parties consentent effectivement à la transaction, que l'objet de celle-ci est licite, qu'elle ne constitue pas de la part de la collectivité publique une libéralité et qu'elle ne méconnaît pas d'autres règles d'ordre public ; qu'en cas d'homologation de la transaction, le juge administratif doit constater le non-lieu à statuer sur la requête ou, dans le cas où la partie requérante aurait subordonné son désistement à l'homologation de la transaction, donner acte de ce désistement ; qu'en revanche, le refus d'homologation entraînant la nullité de la transaction, il appartient dans cette hypothèse au juge de statuer sur la requête ».

Le juge administratif accepte une certaine marge de manœuvre de la part de l'administration, les concessions ne sont pas obligées d'être totalement équivalentes, c'est le trop fort déséquilibre qui sera refusé par le juge administratif et sera considéré comme une libéralité. Voir en ce sens pour une approche sur les contrats une décision récente du Conseil d'État concernant les résiliations et les non-renouvellements de contrats, du 22 juin 2012, *CCI de Montpellier* (348676), en B sur une indemnité de résiliation ou de non-renouvellement manifestement disproportionnée :

« Considérant qu'en vertu de l'interdiction faite aux personnes publiques de consentir des libéralités, un contrat administratif ne peut légalement prévoir une indemnité de résiliation ou de non-renouvellement qui serait, au détriment de la personne publique, manifestement disproportionnée au montant du préjudice subi par le cocontractant du fait de cette résiliation ou de ce non-renouvellement ».

Il appartient donc aux parties, qui souhaitent une homologation de leur transaction par le juge administratif et donc acceptent par suite de lever une partie de la confidentialité de leurs négociations, de prévoir dans le cadre de la rédaction de leur transaction suffisamment d'éléments pour que le juge administratif puisse réaliser son contrôle sur l'existence ou non d'une libéralité.

Par suite, la recherche d'une homologation suppose donc une réflexion préalable et en amont des parties, désireuses d'avoir une telle homologation, sur le niveau de confidentialité qu'elles souhaitent ou non conserver, le protocole transactionnel pouvant être plus ou moins détaillé au-delà des « *éléments essentiels du contrat de transaction à apporter à l'assemblée délibérante* » dans le cas d'une transaction passée par une collectivité territoriale.

Dans un tel contexte, le médiateur-conciliateur intervenant dans le cadre d'un litige de droit public doit expliquer clairement aux médiés/conciliés les règles de confidentialité à mettre en place lors des échanges autour de la table de médiation, les marges de manœuvre laissées ensuite aux médiés pour aménager cette confidentialité pour procéder à la rédaction de transaction, cette rédaction étant comme déjà mentionnée de la seule responsabilité des médiés/conciliés et de leurs conseils éventuels et leur rappeler que l'homologation est une démarche volontaire et facultative relevant des seuls médiés/conciliés.

2. La question de la détermination du « bon interlocuteur » susceptible de représenter la personne publique

Une des principales difficultés pouvant freiner la mise en place d'une médiation/conciliation en matière de litiges de droit public consiste pour le médiateur/conciliateur en l'identification du « bon interlocuteur » à amener à la table de médiation/conciliation.

Dans une médiation conventionnelle ou dans une médiation judiciaire « classique » hors droit administratif, les protagonistes principaux à convier aux séances de conciliation/médiation sont assez facilement identifiables. Ce seront dans le cas de médiations familiales en cas de séparation les ex-conjoints, dans le cas de litiges successoraux les membres de la famille et les éventuels légataires, dans le cas de litiges de salariés de droit privé avec leur employeur : le salarié et le plus souvent le hiérarchique accompagné ou non du DRH en fonction de la taille de l'entreprise. Ces derniers seront souvent accompagnés d'avocats, même si cela n'est pas obligatoire.

De même, les interlocuteurs « hors-table » de médiation (soutiens familiaux, experts techniques pour valider une ou plusieurs options de solutions élaborés par les médiés, collègues ou organisations syndicales, voisins en cas de problèmes d'urbanisme par exemple) mais pouvant avoir un impact sur le déroulement de la médiation notamment quand les séances de médiation sont espacées dans le temps sont assez peu nombreux et peuvent être évoqués assez rapidement lors des séances plénières ou des apartés séparés.

Par contre, en ce qui concerne les litiges de droit public, en fonction de chaque litige, « le bon interlocuteur » pour représenter la personne publique va différer.

Par facilité, certaines personnes publiques peuvent souhaiter envoyer à la table de médiation/conciliation un expert juridique. Or, compte tenu de notre propre expérience en tant que médiateur, la dynamique propre à la médiation/conciliation ne suppose pas forcément une telle expertise juridique de la part du représentant de la personne publique mais nécessite de trouver la personne avec laquelle pourra s'instaurer un véritable dialogue et disposant d'un certain pouvoir décisionnel pour porter certaines solutions auprès du décideur final au sein de la personne publique si celui-ci ne peut pas être présent à la table de médiation.

La capacité à entamer un vrai dialogue (y compris entre un agent public et son hiérarchique dans le cadre d'une difficulté managériale ou relationnelle) ne signifie pas obligatoirement faire droit à la revendication de l'autre partie (certaines revendications n'étant pas justifiées) mais à pouvoir expliquer le pourquoi d'une décision y compris une décision ressentie comme négativement par l'autre partie, ce simple dialogue permettant souvent de dénouer les surréactions émotionnelles, d'apaiser la relation, de reconstruire un nouveau socle relationnel et parfois d'aboutir à des désistements devant le juge administratif.

Dès lors, un travail préalable du médiateur-conciliateur est nécessaire pour être certain que la personne qui se trouvera à la table de médiation/conciliation pourra constituer un « bon interlocuteur » pour le processus de médiation/conciliation dont il a la charge.

Selon notre expérience de médiateur/conciliateur, ce « bon interlocuteur » ne sera pas le même selon la personne publique.

Ainsi, dans une collectivité territoriale de taille moyenne, le maire ou l'élu en charge du secteur d'activité doivent être systématiquement sollicités pour participer directement aux réunions de médiation/conciliation car ils ont la légitimité pour participer immédiatement au processus de cocréation de solutions, ils pourront se positionner directement sur les solutions leur semblant les plus viables et porter ces solutions auprès de l'assemblée délibérante si une autorisation préalable à la signature d'une transaction est nécessaire.

Dans l'hypothèse où ils ne pourraient pas se rendre disponibles, alors, le médiateur/conciliateur doit veiller à ce que la personne désignée pour les représenter dispose de marges de manœuvre suffisamment larges pour pouvoir avoir une capacité d'écoute suffisante et participer à la coconstruction de solutions.

Se pose alors la question du « mandat de négociation » pouvant être donné à cette personne par la personne publique.

Selon nous, le processus de médiation/conciliation n'étant pas tout à fait dans la même dynamique qu'une négociation classique, les émotions pouvant, pour certains litiges en droit public et notamment dans le cadre d'un conflit managérial et relationnel au sein d'une organisation, avoir une importance considérable dans les possibilités de résolution d'un conflit plus large allant au-delà de la mise en forme du litige contentieux, un « mandat de négociation » extrêmement contraint peut se révéler contre-productif car empêchant d'avoir une écoute active.

Il est donc pertinent que le médiateur/conciliateur lors de ses prises de contact pour l'organisation des modalités pratiques de la première séance de médiation/conciliation insiste auprès de ses interlocuteurs sur l'approche spécifique de la médiation/conciliation et sur cette recherche du « bon interlocuteur ».

Le médiateur/conciliateur devra aussi tenir compte des habitudes et culture de négociation et de transaction des différentes administrations. Les services fiscaux ou douaniers et plus largement les services dépendant des ministères économiques et financiers sont ainsi davantage habitués aux possibilités de transaction et disposent ainsi de personnels mieux formés susceptibles d'accepter plus facilement une proposition de médiation/conciliation conventionnelle ou de la juridiction administrative.

Afin que les personnes autour de la table disposent d'un référentiel commun sur les fondamentaux de la médiation/conciliation (impartialité, écoute active, courtoisie, confidentialité), le médiateur/conciliateur ne devra pas hésiter, y compris s'il l'a déjà fait lors des prises de contact avec la personne publique tendant à la désignation du représentant de celle-ci à la table de médiation/conciliation, de rappeler lors de la séance mais aussi régulièrement en tant que de besoin le cadre du processus de médiation/conciliation et au cas présent, compte tenu des spécificités du droit public de permettre aux médiés/conciliés de prendre des temps de réflexion sur la viabilité des solutions susceptibles d'être retenues et d'interrompre les séances afin que les médiés/conciliés puissent consulter des experts.

Ceci d'autant plus qu'en matière de litiges publics, d'autres intervenants hors table de médiation sont susceptibles d'influer sur les solutions pouvant être retenues (préfet, comptable public, chambre régionale des comptes…) et qu'il est alors important pour les parties de pouvoir choisir en toute connaissance entre plusieurs options possibles.

Cette recherche du « bon interlocuteur » du côté de la personne publique pour de tels litiges de droit public repose donc la question d'une sensibilisation des parties à la culture de la médiation/conciliation et de l'intégration par l'organisation publique de modalités de travail laissant une place aux modes de règlement précontentieux des litiges (recours administratifs préalables obligatoires – RAPO, commissions de prévention des contentieux) et à la conciliation de l'article L.211-4 du code de justice administrative.

*

* *

De ces quelques observations ressort la nécessité d'avoir une vision pragmatique des démarches de conciliation pour les litiges de droit public :

- en démythifiant la notion de confidentialité, celle-ci pouvant évoluer en fonction des étapes de la conciliation, de la validation de solutions et de la faculté laissée aux parties de demander une homologation au juge administratif,
- en diffusant au sein des organisations publiques une culture de la conciliation/médiation qui permettra de trouver plus facilement le « bon interlocuteur » du côté de la personne publique et à ne pas cantonner la conciliation/médiation à des seuls échanges entre juristes.

*

* *

Intervention de Stéphane Wegner, vice-président du tribunal administratif de Grenoble

Le tribunal administratif de Grenoble s'est engagé dans la médiation en juin 2013 en signant une convention avec l'ordre des avocats de Grenoble, le département de l'Isère, la ville de Grenoble et le centre de gestion de la fonction publique territoriale de l'Isère. Cette convention n'était, bien entendu, pas indispensable à la mise en place des procédures de médiation, mais elle a permis de lancer un signal à destination des avocats et des administrations du ressort sur notre volonté de développer cette procédure.

I. Bilan de notre expérience

Depuis 2013, la médiation a connu une forte croissance, même si les nombres restent encore faibles en valeur absolue : nous avons adressé 5 propositions en 2013, 23 en 2014 et une vingtaine pour les cinq premiers mois de 2015, soit une cinquantaine au total.

Les propositions

La quasi-totalité des propositions est à l'initiative du tribunal, mais dans six cas, elle est le fait d'un requérant ou d'un défendeur. Les parties nous ont contacté soit d'elles-mêmes, soit par l'intermédiaire de leur avocat.

Environ 25 propositions ont été acceptées, 10 ont donné lieu à un refus, le reste étant en attente de réponse à ce jour. Trois domaines principaux pour les dossiers acceptés :

- fonction publique : demandes indemnitaires pour la plupart, essentiellement pour des situations alléguées de harcèlement ;
- domaine public : montant d'une redevance d'occupation du domaine public, accès au domaine public ;
- marchés publics : conséquences d'une résiliation de délégation de service public ou désaccords sur l'exécution d'un marché.

Les enjeux sont très variables : parfois minimes, parfois portant sur plusieurs centaines de milliers d'euros.

Les médiations organisées

6 médiations sont terminées, portant sur 9 requêtes. 5 ont abouti à un accord, qui ont débouché sur deux demandes d'homologation, le reste ayant donné lieu à des désistements.

Le choix des médiateurs s'est fait en fonction des particularités de chaque dossier : nous avons essentiellement fait appel aux médiateurs du centre de médiation commerciale de Grenoble, créé par l'ordre des avocats de Grenoble et la chambre de commerce et d'industrie. Des magistrats du tribunal, formés à la médiation, ont pris en charge plusieurs dossiers. Mme Brenneur est également intervenue pour nous à deux reprises. Enfin, pour un dossier, nous avons fait appel au représentant départemental du médiateur des marchés publics.

Le coût de la médiation est déterminé par le médiateur en fonction du temps prévisible et de l'enjeu du dossier, dans une fourchette moyenne de 500 à 600 euros. Ce coût est réparti au prorata du nombre de parties, sauf meilleur accord de leur part, ce qui est souvent le cas en matière de fonction publique, la collectivité payant alors la totalité. Contrairement à ce qui se passe devant le juge judiciaire, le médiateur est payé directement par les parties et non par l'intermédiaire d'une régie du tribunal. Il n'est fait appel au chef de juridiction qu'en cas de difficulté, ce qui n'est pas arrivé pour l'instant.

De manière générale, on constate que la médiation nécessite plus de temps que nous ne le pensions au départ : en effet, il faut généralement de quatre à six mois pour la médiation en elle-même et souvent plus pour l'intervention, suivant les cas, du désistement, la prise d'un acte administratif, le vote d'une délibération et, le cas échéant, la demande d'homologation d'un accord.

Les principaux facteurs de réussite de la médiation au tribunal administratif de Grenoble

- la motivation des chefs de juridiction et d'un petit noyau de magistrats formés à la médiation ;
- la motivation, également, de l'ordre des avocats et de plusieurs avocats spécialisés en droit public, qui ont été des relais efficaces auprès de leurs clients lors des propositions de médiation et les ont très bien accompagnés au cours de celles-ci ;
- l'existence d'un centre structuré de médiateurs compétents, ce qui nous sécurise sur la qualité de leur intervention et nous facilite beaucoup la tâche, puisque la directrice du centre est notre seule interlocutrice et se charge elle-même du suivi des médiateurs.

II. Quelques pistes pour favoriser un recours plus large à la médiation

- Un cadre juridique plus précis apparaît aujourd'hui nécessaire : cela permettrait de rassurer les parties et leurs conseils, en leur donnant une meilleure visibilité sur les modalités et les suites d'une médiation. Ce cadre devrait, notamment, prévoir explicitement la prise en charge du coût de la médiation par l'aide juridictionnelle, y compris les honoraires de l'avocat de la partie bénéficiaire de l'aide.
- Le fait que la quasi-totalité des propositions de médiation aient émané du tribunal montre qu'il faut être très proactif : si l'on se borne à attendre les demandes des parties pour une médiation, elles seront peu nombreuses. D'où un double besoin :
  - définir des critères plus objectifs pour proposer la médiation dans tel ou tel type d'affaire, ce qui se fait très artisanalement et intuitivement pour l'instant ;
  - prévoir des modalités qui puissent être plus efficaces qu'un simple courrier, par exemple la convocation des parties et de leurs conseils à une « audience » de présentation de la médiation, en présence de médiateurs, comme cela se fait dans certaines juridictions judiciaires. Cette convocation pourrait être accompagnée d'un questionnaire destiné à aider les parties à réfléchir sur les raisons qui pourraient les conduire à accepter ou refuser une médiation et qui pourrait servir de support à un entretien avec un médiateur.
- Sensibiliser les administrations, pour leur montrer l'intérêt de cette procédure. Dans ce but, nous avons organisé à Grenoble en mars dernier un colloque, qui a réuni près de 120 personnes. Cela nous a permis de constater qu'il existe une curiosité et un intérêt pour la médiation de la part des différentes administrations du ressort, mais aussi qu'elles connaissent très mal cette procédure et ne voient pas forcément comment elles pourraient l'utiliser. Il y a donc un travail important de communication à faire pour valoriser les résultats positifs des médiations que nous menons et induire, ainsi, un recours plus large à cette procédure.
- Dans la même ligne, nous constatons dans notre ressort une certaine prudence des administrations d'État à s'engager dans des médiations tant qu'elles n'ont pas reçu d'aval, voire d'instructions en ce sens, de leurs administrations centrales. Une impulsion de la part de ces dernières apparaît nécessaire pour un vrai changement de culture administrative sur ce point.
- Il serait utile de créer des listes d'aptitude de médiateurs, qui pourraient être établies au niveau d'une CAA.
- La médiation devrait être enseignée aux magistrats administratifs au cours de leur formation initiale et en formation continue, non pas pour

que tous deviennent médiateurs, mais pour qu'ils en perçoivent l'intérêt et voient mieux dans quels cas la proposer.

- Il serait bon qu'un magistrat référent pour la médiation soit désigné dans chaque juridiction, sur le modèle du magistrat coordonnateur dans les cours d'appel judiciaires.

TABLE RONDE 4

QUELLES RÉFORMES POUR LA JURIDICTION ADMINISTRATIVE ? QUELS OUTILS ?

Introduction de Bernard Stirn, président de la section du contentieux du Conseil d'État

Mesdames, messieurs, je suis très heureux d'animer avec vous cette dernière table ronde de la journée consacrée aux règles de procédure devant la juridiction administrative et à leurs évolutions éventuelles pour faciliter et développer le recours à la médiation ou à la conciliation.

Ce qui frappe aujourd'hui, du côté du juge administratif, de la procédure contentieuse administrative, ce sont des signes, mais des signes discrets – dans les textes, dans la jurisprudence, dans les pratiques.

Dans les textes, il y aura bientôt trente ans que la loi du 6 janvier 1986 insérait dans l'ancien code des tribunaux administratifs : « *Les tribunaux administratifs exercent aussi une mission de conciliation* », c'était l'article L. 3 de ce code. La loi a d'ailleurs été votée avant la création des cours administratives d'appel, ce qui explique qu'elle ne mentionne que les tribunaux administratifs.

Depuis lors, le code s'est un peu développé avec la loi du 13 décembre 2011, mais tout en restant dans le registre de la discrétion : « *Dans les tribunaux administratifs et les cours administratives d'appel, les chefs de juridiction peuvent, si les parties en sont d'accord, organiser une mission de conciliation et désigner à cet effet la ou les personnes qui en sont chargées* ». Il s'agit d'une base réelle mais discrète. Dans la partie réglementaire du code, un deuxième article mentionne la conciliation à propos des opérations d'expertise. En vertu du décret du 22 février 2010, il est ainsi indiqué, à l'article R. 621-7-2 du code, que « *si les parties viennent à se concilier, l'expert constate que sa mission est devenue sans objet, et en fait immédiatement rapport au magistrat qui l'a commis* ».

La jurisprudence a également donné quelques signaux discrets. D'abord, l'article L. 3 de l'ancien code des tribunaux administratifs, malgré son laconisme, a été jugé directement applicable par le Conseil d'État, qui a estimé que cet article, selon lequel « *Les tribunaux administratifs exercent aussi une mission de conciliation* », était une disposition qui pouvait s'appliquer sans règlement d'application, ce qui est un signal d'encouragement à la pratique. Puis, comme cela a été rappelé, le Conseil d'État, sans texte, en assemblée, dans l'avis contentieux du 6 décembre 2002 relatif à l'Haÿ-les-Roses, a jugé qu'il était possible d'homologuer une transaction. Le juge pouvait être saisi d'une action en homologation d'une transaction. Les signaux jurisprudentiels restent donc également assez modestes.

Dans la pratique, comme cela a été évoqué précédemment, des opérations ont été menées avec succès par certains chefs de juridiction, en nombre limité. Je serais tenté de mentionner également l'action du juge des référés. Saisi à chaud alors que le dossier est encore « sur la table » de l'administration, le juge des référés écoute les parties et peut trouver avec elles des solutions, de type médiation ou conciliation. Je crois que tous les juges des référés, dans la pratique, jouent sans le dire ce rôle de médiateurs, de conciliateurs. Un nombre non négligeable de décisions de non-lieu en référé traduisent l'efficacité de l'action de médiation ou conciliation du juge des référés.

Nous observons donc une grande discrétion dans les textes, dans la jurisprudence, dans la pratique, mais des signes tout de même positifs.

Par ailleurs, de nombreuses questions ont été posées aujourd'hui. Notamment, les textes ne comportent :

- rien sur le Conseil d'État, qui est ignoré en tant que conciliateur/médiateur ;
- rien sur la procédure exacte, et notamment les questions de confidentialité ou de caractère contradictoire de la procédure ;
- rien sur les délais, ce qui constitue certainement un manque : est-ce qu'une action de conciliation, de médiation conserve les délais ? Rien aujourd'hui dans les textes ne permet de répondre à cette question ;
- rien non plus sur les frais, lorsque ce n'est pas un chef de juridiction qui se dévoue pour faire une action de médiation ou de conciliation ; si on a recours à un tiers, est-ce qu'il est possible de l'indemniser, de mettre à la charge des parties une rémunération du médiateur ou du conciliateur ? Les textes sont muets.

D'autres questions se posent sans doute également aujourd'hui. C'est à elles que notre table ronde s'efforcera de répondre, avec trois points de vue : Mme Odile Piérart, conseiller d'État, chef de la mission d'inspection des juridictions administratives, qui a elle-même une expérience antérieure de chef de juridiction ; Me Jérôme Rousseau, avocat au conseil d'État et à la Cour de Cassation, qui va donner le point de vue de l'ordre des avocats aux Conseils sur le sujet ; et M. Jean-Christophe Gracia, directeur adjoint des affaires civiles et du Sceau, qui a peut-être dans sa besace quelques projets dont il pourra nous donner la primeur, quelques textes que la direction des affaires civiles prépare ou sur lesquels elle réfléchit, dont il pourra nous donner des éléments.

Je ne suis pas doté de l'outil que j'ai découvert à Londres lors d'un colloque organisé pour les 800 ans de la Grande Charte, de la *Magna Carta*. En face du président se trouvait une personne munie de trois cartons – un vert, un orange et un rouge. Lorsque l'orateur atteignait la 9e minute, il levait le carton vert. À 9 minutes 50, le carton orange était levé ; il n'a jamais eu besoin de brandir le carton rouge. Je sais que, même sans ce dispositif, nos orateurs sauront respecter le temps qui leur est imparti.

Intervention d'Odile Piérart, conseillère d'État, chef de la mission d'inspection des juridictions administratives

L'idée de développer des procédures de conciliation/médiation dans les litiges relevant du droit administratif n'est pas nouvelle.

Une mission de conciliation a été confiée aux juges administratifs par la loi du 6 janvier 1986 (« *les tribunaux administratifs exercent une mission de conciliation* ») ; puis cette possibilité a été ouverte aux cours par la loi du 13 décembre 2011 (art. L. 211-4 du code de justice administrative – CJA) qui précise que les chefs de juridiction peuvent pour accomplir cette mission désigner la ou les personnes qui en seront chargées ; en outre, l'expert peut, devant la juridiction administrative, recevoir pour mission de concilier les parties (décret du 22 février 2010 – art. R.621-1 et R.621-7-2 confirmant la jurisprudence CE, 11 février 2005, *OGEC du Sacré-Cœur*, L. p.65).

Enfin l'ordonnance du 16 novembre 2011, adoptée en vue de transposer les prévisions de la directive 2008/52/CE, a introduit avec les articles L. 771-3 et suiv. du CJA la médiation, dans les conditions prévues par la loi du 8 février 1995, pour les seuls litiges transfrontaliers, non régaliens.

En 1993, la section du rapport et des études avait présenté une étude *Régler les conflits autrement* et, il y a dix ans, le président Labetoulle, président de la section du contentieux, avait été chargé par le vice-président du CE de formuler des propositions pour lever les obstacles au développement de ces dispositifs.

Il avait conclu à la possibilité de recommander aux tribunaux de recourir dans certains cas à la conciliation, mais sans ériger cette invitation en obligation ni même en directive. Il n'estimait pas nécessaire de proposer l'édiction de dispositions réglementaires d'application de l'article L. 3 du code des tribunaux administratifs (TA) et cours administratives d'appel (CAA). Mais en revanche, il proposait l'élaboration d'un mémento ou *vademecum* pour favoriser une démarche expérimentale.

Qu'en est-il aujourd'hui ? Quel bilan dresser dix ans plus tard ?

Pour le savoir et tenter d'aller un peu plus loin, un questionnaire[1] très complet sur la conciliation et la médiation a été adressé à toutes les juridictions administratives en février 2015, en vue de ce colloque. Un taux de réponse exceptionnel de 100% a été atteint.

Les réponses, qui couvrent donc la totalité des cours administratives d'appel et des tribunaux administratifs sans exception, portent tant sur les pratiques actuelles et les expériences menées que sur les pistes d'amélioration et de renforcement des dispositifs actuels.

Les éléments recueillis permettent de faire **les constats suivants** :

- La pratique actuelle de la conciliation au sein des juridictions administratives apparaît aujourd'hui encore bien modeste.

Ainsi, au cours des dix dernières années[2], 21 juridictions (sur 50, soit 42%) ont utilisé le dispositif de la conciliation prévu à l'article L. 211-4 du CJA, alors que 29 juridictions (58%) ont indiqué n'avoir mené aucune opération de conciliation pendant la période. Un peu plus de 90 conciliations ont été proposées par ces 21 juridictions et 82 conciliations menées (qu'elles soient achevées ou actuellement en cours). Une seule CAA (sur les 8) a eu recours à ce procédé.

Les missions de conciliation confiées à un expert (article R.621-1 du CJA) sont rares et encore plus rarement positives[3]. 27 TA et CAA ne l'ont jamais utilisée, 12 occasionnellement, 11 habituellement, avec pour 18 d'entre eux des résultats positifs parfois et, pour un seul, des résultats souvent positifs.

Aucune pratique de la médiation en matière de litiges transfrontaliers de l'article L. 771-3-1 du CJA n'a été recensée.

- Les **expériences** menées sont **concentrées sur un petit nombre de juridictions** : le TA de Grenoble pour plus d'un tiers, le TA de Nice pour un peu plus d'une dizaine, les autres tribunaux administratifs n'en ont qu'une pratique très occasionnelle.

- Les **expériences** menées sont **concentrées sur un petit nombre de matières** : relations contractuelles (exécution de marchés, avenant, délégation de service public...) pour les 2/3, puis domaine public, et fonction publique. À titre ponctuel, des conciliations ont porté sur des permis de construire et documents d'urbanisme, la responsabilité administrative, les liquidations d'astreinte, la fiscalité locale...

---

[1] Le questionnaire a été élaboré avec l'appui de Mme Cécile Cottier, premier conseiller, et du président de la cour administrative d'appel de Lyon, M. Jean-Marc Le Gars. Il a été dépouillé par Mme Mylène Bernabeu, premier conseiller.

[2] Depuis le 1er janvier 2005.

[3] Dix-huit TA mentionnent avoir eu parfois des résultats positifs et **un seul** souvent (mais sans précision numérique).

Mais pour autant,

- **L'intérêt** pour les modes de règlement alternatif des litiges, dans les juridictions administratives, est **largement présent et renouvelé.** Les **deux tiers des juridictions** interrogées **sont favorables** au développement de la médiation.

Elles y voient un mode souple, adapté et rapide de résolution des litiges qui permet de rétablir le dialogue entre les parties dont les relations doivent durer dans le temps, de procéder à des échanges de points de vue sur des aspects concrets des dossiers ou encore de débloquer une solution en cours d'exécution de contrats et d'aboutir à des solutions mieux admises par les parties.

Les juridictions y voient un moyen, en amont du contentieux, de compléter les dispositifs tels que le recours administratif préalable obligatoire (RAPO), et de désengorger les prétoires.

Les juridictions y voient aussi une réponse adaptée à la prise en compte de nouvelles demandes « sociales », comme l'occasion de contribuer au rayonnement de la juridiction, à une nouvelle image.

- Une plus large majorité encore des juridictions interrogées **(80%) estiment que le juge administratif a un rôle à jouer dans la prévention des contentieux,** en particulier ceux générés par les grosses opérations de travaux publics.

Cet intérêt repose sur une série d'expériences réussies, qui ont permis d'éviter un nombre potentiellement important de litiges devant le tribunal.

Dix-neuf TA ont en effet été sollicités, au cours des dix dernières années, le plus souvent par le maître d'ouvrage, pour la mise en place de commissions ad hoc. Ce sont des **commissions d'indemnisation amiable portant sur des opérations d'aménagement de voirie ou de rénovation urbaine** (prévention de dommages de travaux publics, lors de la construction de lignes de tramway ou de lignes de métros, d'infrastructures routières, de parkings souterrains, de rénovation de place de village...).

Les juridictions[4] estiment que cela a été utile, voire très utile ; même s'il semble difficile de les quantifier, plus de 90% des contentieux potentiels semblent avoir ainsi été évités pour le TA de Cergy-Pontoise au regard du nombre de dossiers traités par la commission et du très faible nombre des requêtes introduites devant le tribunal administratif après passage en commission.

[4] On peut citer l'ex. abouti du TA de Cergy qui a participé à la mise en place d'une commission amiable relative aux travaux de tramway dans le département de la Seine-Saint-Denis, ce qui a conduit à la définition d'un règlement intérieur, de formulaires de demande « types », de réunions formatées présidées par un magistrat...

Ces appréciations positives partagées conduisent à s'interroger sur les raisons d'une pratique encore faible, en outre localisée et ciblée, en dépit de l'intérêt répandu porté à ces dispositifs de règlement amiable.

Parmi les **obstacles cités**, des explications factuelles peuvent être identifiées, qui se doublent d'inquiétudes de différentes natures :

Du côté des magistrats,

- le manque de visibilité et de connaissance de ces dispositifs par les juges administratifs ; les magistrats ne sont donc pas spontanément enclins à proposer eux-mêmes ces modes alternatifs de règlement des litiges,
- mais aussi leur manque de disponibilité (86% des réponses) et l'inquiétude du caractère chronophage de ces procédures pour le magistrat,
- le risque d'allongement des délais de traitement,
- le sentiment d'abandon du service public de la justice,
- la crainte de rupture d'équilibre entre les parties,
- les différences de rôle et d'attitude entre le juge et le conciliateur,
- les difficultés pour faire participer activement l'administration à de tels processus, qui ne peuvent donc raisonnablement, selon les magistrats, aboutir.

Du côté des parties,

- le même manque d'information et de connaissance de ces procédures par les parties. La plupart du temps, l'absence de recours à ces dispositifs est due, selon les juridictions, à l'absence de demandes des parties ;
- la difficulté d'imaginer une procédure de conciliation/médiation au stade de l'appel ; la partie gagnante en première instance n'est pas portée naturellement à accepter une conciliation (*alors qu'un intérêt réel peut exister, par exemple en matière indemnitaire*).

Pour les magistrats, comme pour les parties,

- l'absence de précédent connu : les exemples de conciliations menées avec succès sont assez peu souvent « médiatisés » (voir *a contrario* les exemples de Nice ou de Lyon et Grenoble),
- le flou du cadre juridique actuel et des différences entre médiation et conciliation,
- l'absence de mode d'emploi,
- l'absence de vivier de médiateurs ou conciliateurs à désigner, (56% des réponses),
- l'imprécision en matière de rémunération.

Du côté des experts chargés d'une mission de conciliation,

- une certaine « frilosité » face à une mission de « rapprochement et de négociation des points de vue » qui ne relève pas de leur cœur d'activité (qui est l'expertise technique),
- la perte de temps en vaines espérances sur une solution qui retarderait inutilement la production du rapport,
- le dépassement de leur « rôle » dans une volonté de jouer au « maître d'œuvre »,
- des incompréhensions sur la répartition des frais de l'expertise.

En définitive, selon les juridictions interrogées, les procédures de règlement alternatif des litiges, très intéressantes et séduisantes, ne sont toutefois acceptables que si elles sont parfaitement comprises et librement suivies par les justiciables, si elles utilisent des méthodes de traitement des litiges, certes autres que celles d'une juridiction, mais reposant sur des impératifs d'impartialité et de confidentialité, et donc, si elles font l'objet d'un cadre, souple, mais aussi mieux assimilé et promu par les juridictions elles-mêmes, enfin si elles n'excluent pas le droit au recours.

Sur la base des informations ainsi recueillies, trois champs de réflexion s'ouvrent :

- il est nécessaire et même indispensable de créer les conditions favorables au développement des modes alternatifs de règlement des différends « MARD »,
- il serait également très utile de prévoir la rédaction d'un guide pratique de la conciliation/médiation,
- enfin, des modifications textuelles doivent être envisagées.

I. Conditions favorables au développement des modes alternatifs de règlement des différends « MARD »

Peuvent être recensées <u>les pistes d'amélioration</u> suivantes :

1. Une meilleure information, formation et communication doivent être envisagées à l'égard

✓ **Des parties** :

Leur accord pour la médiation comme pour la conciliation est toujours nécessaire ; les parties peuvent être, en outre, elles-mêmes à l'initiative du recours à l'un de ces dispositifs. Plusieurs actions doivent donc être envisagées :

- combler le déficit d'information sur la faculté de concilier les parties avec par exemple l'élaboration de plaquettes informatives mises à disposition par les juridictions, une information précise et concrète accessible sur le site internet de la juridiction, ou délivrée à l'accueil par un agent formé à cette fin ;

- pour aller plus loin, on peut suivre les propositions du TA de Grenoble, en s'inspirant de ce qui est en vigueur dans les juridictions civiles, en envisageant :
  - la possibilité d'adresser systématiquement à la réception d'une requête des *courriers* de proposition de recours à la médiation, et/ou l'envoi d'un *questionnaire* à la fois, au requérant et au défendeur pour leur permettre de réfléchir à l'opportunité ou à l'intérêt d'avoir recours à la conciliation/médiation[5], questionnaire qui doit être retourné à la juridiction après avoir été renseigné ;
  - la possibilité de convoquer les parties à des « audiences » destinées à leur présenter les MARD, avec la présence de conciliateurs-médiateurs sur place pour entrer plus dans le détail si nécessaire ; les expériences menées dans la juridiction judiciaire montrent que ces audiences permettent d'aboutir à un taux élevé d'accords sur le principe d'une conciliation[6] ;
  - on peut aussi envisager, dans certains types d'affaires ou de contentieux, une obligation de rencontrer un médiateur préalablement à l'instruction de l'affaire contentieuse : injonction du juge envisagée (projet pour les judiciaires) ;
  - ou encore faire de la médiation/conciliation un préalable obligatoire à la saisine du juge, à l'instar du RAPO, en particulier dans les contentieux indemnitaires.

✓ **Des magistrats** :

Le juge n'est que parfois lui-même acteur du règlement du litige (en tant que conciliateur, ou médiateur éventuellement), mais il est presque toujours à l'origine de la procédure, puisqu'il ordonne la médiation et peut organiser une mission de conciliation.

Le juge est ainsi appelé à être force de proposition, ce qu'il n'est en fait que très rarement, hors le cas du TA de Grenoble.

Pour inciter, puis convaincre des parties au litige à recourir à l'une de ces procédures, le juge doit lui-même en avoir une connaissance précise pour identifier les affaires susceptibles d'être ainsi orientées et éclairer les parties sur les avantages et les limites à en attendre.

La conciliation/médiation devrait être enseignée au cours de la <u>formation initiale</u> et lors de la <u>formation continue</u>, à la fois pour sensibiliser les magis-

[5] Informations issues du site internet de la Cour de cassation.

[6] L'information peut avoir lieu notamment lors d'**audiences spécifiques « de proposition de médiation »** dans certains contentieux où les cas de médiation peuvent être nombreux, comme en matière prud'homale... Le juge présente la médiation, aux parties présentes dont les dossiers ont été préalablement triés et il peut les diriger vers des médiateurs qu'il a conviés à cette audience pour examiner avec ces parties et leurs conseils ce qui dans leur affaire inciterait à recourir à la médiation ainsi que pour répondre à leurs interrogations sur le processus de médiation.

trats à ces dispositifs et pour les former dans le cas où ils participeraient eux-mêmes à ces modes de règlement amiable.

✓ **De l'expert conciliateur :**

Une information et une formation spécifique doivent être proposées aux experts sur la nature de la mission de conciliation qui peut leur être confiée et sur leur rôle. On peut envisager pour accompagner ces actions l'élaboration de cadres-types formalisés (« *process* », formulaires, procès-verbaux...) destinés à faciliter le travail de l'expert en vue d'orienter sa mission vers une possible conciliation ;

Création d'une liste des experts-conciliateurs auprès des juridictions administratives à l'instar du tableau des experts.

✓ **Des institutions** :

Il ressort des expériences menées, exception faite du tribunal administratif de Grenoble, que **ce sont le plus souvent les institutions publiques, et les entreprises dans le cadre de relations contractuelles, qui sont à l'origine de propositions de médiation.**

Un travail de pédagogie et de communication est à faire pour valoriser les résultats positifs. Il faut prévenir les réticences, notamment de certaines administrations d'État, à s'engager dans des procédures de conciliation tant qu'elles n'ont pas reçu l'aval, voire des instructions en ce sens, de leurs administrations centrales. Il s'agit également de combattre la crainte de certains élus qu'une transaction soit rejetée par le contrôle de légalité, voire même d'abord par les organes délibérants, ou donne lieu à des attaques politiques. Les journées de rencontre sur le thème de la médiation et de la conciliation, organisées à l'initiative des juridictions[7], mais aussi des réunions plus ponctuelles et informelles sont utiles pour sensibiliser les acteurs publics et les avocats et présenter ces dispositifs.

C'est aussi l'occasion de communiquer sur le succès de procédures menées à leur terme comme également sur le succès des conciliations « préventives » réalisées (avant la saisine du juge), à l'initiative des collectivités, maîtres d'ouvrage pour régler des litiges d'indemnisation formulés par des riverains de travaux.

Pourraient également être proposées à l'égard des barreaux et des administrations :

- une offre de formation courte du type « comment participer à une conciliation/ médiation ? » (définir la posture générale à adopter dans le cadre d'un règlement amiable d'un litige, laquelle est différente de celle de défendeur à l'instance juridictionnelle) ;

---

[7] Telles que la rencontre du 19 mars 2015 au TA de Grenoble, qui a réuni près de 120 personnes, ou celles des TA de Bordeaux et de Nîmes.

– la conclusion d'une convention avec les barreaux locaux et/ou les administrations intéressées : cf. l'exemple des conventions mises en œuvre au TA de Lyon et au TA de Grenoble, qui ont démontré leur efficacité.

2. En outre, les juridictions estiment que la condition d'un usage renforcé des procédures de conciliation/médiation est **l'existence d'un « vivier »** de personnes pouvant être chargées de telles missions et devant à cet égard présenter des garanties de compétences, d'impartialité, de loyauté et de confidentialité. D'où la nécessité de constituer un vivier de conciliateurs/médiateurs formés à la conciliation/médiation en matière administrative et qui adhèrent à une charte éthique.

À titre illustratif, au TA de Grenoble : il s'agit essentiellement des médiateurs appartenant au centre de médiation commerciale de Grenoble, créé par l'ordre des avocats de Grenoble et la chambre de commerce et d'industrie.

On pourrait envisager la constitution de listes de médiateurs/conciliateurs établies auprès de chaque cour administrative d'appel à l'instar de ce qui existe pour les experts.

Plus généralement, doit être assurée la promotion d'une véritable politique à l'échelon national en associant les barreaux, les associations de conciliateurs et de médiateurs pour ne pas dépendre d'initiatives seulement locales.

3. Par ailleurs, l'**organisation interne de la juridiction et de la juridiction administrative** doit permettre un suivi satisfaisant et régulier de ces dossiers.

Au sein de la juridiction, l'organisation peut être repensée tant au niveau du greffe qu'à celui des magistrats avec la création d'un greffe *ad hoc* ou, à tout le moins, une organisation « légère » (avec un greffier et un magistrat référents) permettant la prise en charge de ces dossiers (exemples des TA de Grenoble et de Lyon).

Le rapport d'activité de la juridiction doit faire le bilan chaque année de ces procédures dans une rubrique dédiée et les résultats seront présentés lors de la conférence de gestion.

Une réflexion sur les objectifs en matière de MARD et les moyens d'y parvenir pourra être menée à l'occasion de l'élaboration du futur projet de juridiction qui couvrira la période 2016-2019.

Ces nouveaux modes de règlement des litiges doivent faire l'objet d'un suivi quantitatif et qualitatif par chaque juridiction et par les services du Conseil d'État.

Une rubrique médiation/conciliation devra être ajoutée au référentiel de la mission permanente d'inspection des juridictions administratives (MIJA) renseigné à l'occasion des inspections.

II. Un guide pratique de l'utilisation des dispositifs de conciliation et médiation

Enfin, pour répondre à la demande quasi unanime des juridictions, il faut réfléchir à la mise en place d'un cadre commun et souple, comportant les éléments essentiels à prévoir lors de la mise en œuvre de ces procédures : il s'agirait d'un guide pratique, sorte de *vade-mecum* de la conciliation/médiation, à l'instar de ce qui avait été proposé par le groupe du président Labetoulle.

Ce guide doit porter sur les six points suivants :

1. Objet de la conciliation et de la médiation

Une clarification entre la conciliation et la médiation s'impose pour préciser les domaines et les modes d'intervention des différentes procédures de règlement amiable.

- rappel des définitions légales issues de l'article L. 211-4 du CJA, dont la rédaction est appelée à être modifiée en raison du projet de loi à l'étude et de l'article nouveau L. 771-3 ;
- rappel de la philosophie de ces dispositifs visant à mettre fin à un litige né ou à naître relevant de la compétence du TA ou de la CAA concernés, par le recours à un conciliateur ou à un médiateur – magistrat ou tiers – choisi pour ses compétences dans l'intérêt de chacune des parties au litige.

2. Champ matériel de la conciliation

En l'état actuel des dispositions de l'article L. 211-4 du CJA, **aucune matière** relevant des TA et CAA **n'est exclue par nature**, ce qui n'est pas le cas d'une médiation/conciliation confiée à un tiers au sens de la directive 2008/52/CE du Parlement européen et du Conseil du 21 mai 2008, qui exclut par nature les litiges en matière administrative où l'autorité publique agit en exerçant ses prérogatives de puissance publique, et plus généralement, les matières d'ordre public dans lesquelles les parties ne peuvent disposer de leurs droits.

Les TA et CAA interrogés sur les matières éligibles aux procédures amiables citent le plus souvent les matière suivantes : le contentieux contractuel (marchés, DSP), le contentieux indemnitaire, à travers les dommages de travaux publics et plus largement la responsabilité de la puissance publique, le contentieux de la fonction publique, les contentieux sociaux, le contentieux de l'exécution, le contentieux de l'urbanisme ou de l'occupation du domaine public, sans exclure de ces procédures d'autres types de contentieux (par ex. la police administrative ou en général le recours pour excès de pouvoir).

Si les juridictions souhaitent signer une convention avec les barreaux ou les administrations, il apparaît ainsi préférable de donner des exemples « privilégiés » du champ matériel de la conciliation plutôt que de la circonscrire à des domaines prédéfinis (*le TA de Grenoble propose ainsi dans la convention qu'il a conclue, une liste non exhaustive de ces contentieux : fonction publique sauf sortie du service, certaines mesures de police, contentieux sociaux, marchés publics, permis de construire, occupation du domaine public, retrait d'agrément des accueillants familiaux*).

On peut retenir des expériences menées l'idée que **les dispositifs de médiation/conciliation se prêtent bien aux litiges opposant des parties dont les relations sont appelées à être durables** (fonction publique, travail, usager du SP, relations contractuelles, litiges de voisinage ou de collectivités ...). Ils sont adaptés également pour les **litiges dans lesquels sont en cause des appréciations ou des circonstances de fait** et enfin pour **les contentieux indemnitaires**.

3. Identification et profil du médiateur/conciliateur

En l'état actuel des constatations faites sur la base des questionnaires :

Ce sont aujourd'hui majoritairement des magistrats qui sont désignés au sein de leurs juridictions (soit ponctuellement, soit de manière plus formalisée, avec la désignation d'un magistrat référent en la matière)[8].

Il peut également s'agir de magistrats honoraires, ce qui permet de moins peser sur la charge de travail interne à la juridiction.

Il s'agit plus rarement de conciliateurs/médiateurs extérieurs à la juridiction : ils sont alors experts[9], ingénieurs en retraite, avocats ou encore maîtres de conférences en droit public.

Dans la perspective d'un recours accru à ces procédures, il faudra faire appel plus largement à ces médiateurs extérieurs à la juridiction, sans exclure la possibilité de recourir à des conciliateurs bénévoles.

Quelles sont les qualités requises ?

Il importe de désigner une personne ayant des compétences particulières en la matière (soit définies par un volume horaire de formation, soit par l'exercice effectif de ces fonctions dans un cadre associatif par exemple) et répondant aux conditions de loyauté et d'impartialité requises. Il peut être demandé à la personne ainsi désignée de se conformer au code national de

[8] Cas des TA ayant conclu des conventions :
- au TA de Lyon : le premier vice-président du tribunal a une expérience de gestion en collectivité locale et en ministère, et a pratiqué de ce fait la conciliation en de nombreuses occasions en tant que partie ;
- au TA de Grenoble : deux d'entre eux ont été formés (ou en cours de formation) par l'IFOMENE ; le dernier a suivi une formation à la négociation à l'ENA et adapte cette formation à la conciliation.

[9] Hors expert désigné dans le cadre de l'article R.621-1 du code de justice administrative.

déontologie du médiateur (exemple de la convention du TA de Lyon) ou bien à une « charte éthique » qui pourra être annexée par la juridiction à l'éventuelle convention qu'elle aura pu signer avec les barreaux et/ou les administrations intéressées (exemple de la convention du TA de Grenoble), avec un engagement de confidentialité.

S'agissant du cas particulier des magistrats accomplissant des missions de conciliation, il convient de les choisir parmi ceux ayant également des compétences spécifiques ou une appétence particulière pour ce type de procédures (avec l'idée de désigner un magistrat référent ou plusieurs le cas échéant). Afin d'anticiper toute critique d'un éventuel jugement sur le terrain de l'impartialité, il paraît indispensable d'exclure du traitement du dossier contentieux le magistrat ayant procédé à la tentative de conciliation.

4. Déroulement de la procédure

La détermination du moment de l'engagement de la procédure de conciliation

Deux moments apparaissent plus « porteurs » :

- avant même la formation d'une requête, en dehors de toute saisine contentieuse, par exemple dans le cadre d'une commission *ad hoc*, à l'initiative d'une collectivité maître d'ouvrage ou dans le cadre d'une médiation préalable initiée à la demande des parties ; dans ce dernier cas il peut s'agir de médiations effectuées par les médiateurs des administrations ou collectivités ou à leur initiative ;
- lorsque la juridiction est saisie, dès le dépôt de la requête contentieuse : il s'agit à l'heure actuelle de la majorité des cas d'utilisation de la procédure définie à l'article L. 211-4 du CJA (*cf. convention du TA de Lyon ; non spécifié dans la convention du TA de Grenoble, mais dans les faits, les conciliations sont organisées dans le cadre d'instance en cours).* Un dispositif d'orientation des requêtes à l'entrée susceptibles de relever de ces procédures est souhaitable ; l'initiative de la procédure relève alors de la juridiction (magistrat et greffe spécialisé) ;
- en cours d'instance, au stade de l'expertise, par la mission confiée à l'expert en ce sens, ou encore à l'occasion d'une procédure de référé, au cours de l'audience ;
- au stade de l'exécution, à l'issue d'une phase administrative infructueuse et avant l'ouverture d'une phase juridictionnelle, le juge peut proposer une conciliation/médiation.

L'initiative de la procédure

Le mécanisme à prévoir est ainsi le suivant : la conciliation peut être **proposée par le juge ou par l'une et/ou l'autre partie au litige**, puis, elle est nécessairement soumise à la **validation des parties**.

Les conséquences sur l'affaire enregistrée devant le TA ou la CAA

Il convient de suspendre l'instruction de l'affaire jusqu'à l'issue de la conciliation (ce qui est inévitable et peut avoir pour effet d'allonger les délais en cas d'échec de la conciliation).

La fixation d'un délai

Les juridictions, qui ont fixé des délais au conciliateur, ont donné majoritairement un délai de **3 mois**, voire de **6 mois** dans des cas complexes. Le délai de trois mois est à préconiser parce qu'un traitement rapide est souvent gage de réussite ; il s'agit d'ailleurs du délai donné en matière de médiation civile, il est renouvelable une fois à la demande du médiateur, tandis que celui de six mois doit être conçu comme un maximum pour des affaires particulièrement complexes. À l'expiration du délai, la conciliation/médiation est réputée être clôturée avec ou sans accord.

Les modalités pratiques

Il est conseillé aux juridictions de prévoir un dispositif léger permettant de fixer dès le début de la conciliation/médiation un calendrier prévisionnel des entretiens et de définir le lieu des rencontres (qui doit être suffisamment neutre, le siège de la juridiction pouvant être retenu en l'absence de toute autre solution, comme par exemple la Maison de l'avocat à Grenoble). Il y a également lieu de rappeler les garanties de confidentialité et d'impartialité devant entourer ces entretiens. Il s'agit aussi d'informer les parties qu'elles sont libres d'être assistées par un avocat, mais que leur participation est néanmoins souhaitable.

5. Issue de la procédure : trois cas doivent être envisagés

Cas d'une issue anticipée

À la demande du médiateur, du conciliateur ou de l'une des parties (et éventuellement du juge, sauf si conciliateur et juge se confondent), il peut être mis fin à la conciliation qui ne peut fonctionner qu'en cas d'adhésion de l'ensemble des acteurs.

Cas d'une issue débouchant sur un accord

Pourront être envisagés suivant les cas :

- soit un désistement (si la procédure était déjà engagée devant le TA) ;
- soit un engagement à renoncer à toute procédure future (si la procédure n'avait pas été engagée), ces deux dernières solutions pouvant faire l'objet d'un protocole transactionnel « simple » ayant force exécutoire entre les parties ;
- soit une procédure d'homologation à la demande de l'une des parties.

Cependant, celle-ci ne doit pas être systématique. Ainsi qu'il est apparu dans les réponses au questionnaire, les juridictions conçoivent l'homologation comme une faculté et non comme une issue obligatoire de la conciliation (elle doit être réservée à des cas particuliers pour ne pas alourdir la procédure de conciliation).

Cas d'une issue ne débouchant pas sur un accord

Le TA ou la CAA reprend le cours normal de l'instruction de l'affaire pendante et la juge dans les meilleurs délais possibles, dans une formation de jugement dont l'impartialité ne saurait être remise en cause.

6. Rémunération des médiateurs/conciliateurs

En l'état de la législation actuelle et à l'inverse des juridictions civiles, aucun dispositif spécifique n'encadre la rémunération des conciliateurs ou des médiateurs.

Cependant, il est souhaitable que les parties conviennent à l'avance du montant ou d'une fourchette *(par exemple la convention du TA de Grenoble prévoit une fourchette indicative de 200 à 500 euros HT, sauf dans les dossiers où l'enjeu financier ou la complexité de l'affaire justifient un montant différent).*.

Il doit être prévu que le président de la juridiction intervienne, le cas échéant, pour fixer le coût à l'issue de la mission du conciliateur/médiateur (selon une fourchette d'évaluation déterminée en fonction de la difficulté de la mission).

Ce coût sera ensuite réparti entre les parties au litige au prorata de leur nombre, sauf meilleur accord de leur part. Une avance pourrait être consentie, le cas échéant.

III. Modifications textuelles à envisager

Elles sont de trois ordres et ont pour objet de :

- **Suspendre le délai de recours contentieux pendant la phase de conciliation/médiation** : une telle suspension à laquelle est favorable l'ensemble des juridictions est indispensable pour inciter à l'utilisation de la médiation préventive, c'est-à dire préalablement à l'introduction d'une requête ;

- **Suspendre les délais de prescription quadriennale**, si la juridiction administrative n'a pas été encore saisie d'un litige ; la loi n°68-1250 du 31 décembre 1968 relative à la prescription des créances sur l'État, les départements, les communes et les établissements publics devrait être modifiée ou bien une modification serait à prévoir dans le CJA (*cf. le projet de loi en cas d'action de groupe*) ;
- **Ouvrir droit au bénéfice de l'aide juridictionnelle pour les médiations** *(cf. ce qui est prévu par le projet de loi en matière de médiation avec renvoi à l'article 22-2 de la loi du 8 février 1995)*.

Cette ouverture doit s'accompagner d'une réflexion sur les matières dans lesquelles les litiges pourraient relever de règlements amiables confiés à des conciliateurs ou médiateurs bénévoles ainsi que d'une recherche de viviers correspondants.

Intervention de Jérôme Rousseau, avocat au Conseil d'État et à la Cour de cassation

Propositions au vu de l'expérience des avocats aux Conseils

Est-il paradoxal d'interroger un avocat au Conseil d'État et à la Cour de cassation sur « la médiation et la conciliation devant la juridiction administrative » ?

En effet, si ces pratiques sont peu développées devant les tribunaux administratifs et les cours administratives d'appel, elles le sont encore moins devant le Conseil d'État.

Mais les procédures alternatives de règlement des différends se développent – c'est une bonne chose – et nous devons tous prendre part à cette évolution, devant les tribunaux et les cours, sans doute, mais aussi, dans une certaine mesure, devant le Conseil d'État.

Nous ne reviendrons pas sur la définition de chacun des deux procédés et nous nous rangerons derrière l'opinion assez partagée selon laquelle la différence est plus de degré que de nature[1]. Par conciliation ou médiation, nous entendrons donc la procédure amiable initiée par les parties en vue de permettre leur rapprochement, par l'entremise d'un tiers, et ce afin de mettre un terme au litige né entre elles.

Ce mode de règlement alternatif des litiges est à distinguer du recours administratif préalable obligatoire (RAPO). Le RAPO est avant tout un procédé de rejugement, par l'administration, de ses propres décisions. La conciliation ou la médiation requiert l'intervention d'un véritable tiers, indépendant des parties. Par ailleurs, le RAPO s'inscrit dans le cadre d'une procédure précontentieuse plus que conciliatrice, l'administration statuant pratiquement comme un juge, avec les obligations et garanties qui vont de pair (motivation du recours, contradictoire, motivation de la décision), alors que la médiation ou la conciliation est au contraire l'occasion d'un dialogue moins formel entre les parties.

---

[1] S. Guinchard (dir.), *Droit et pratique de la procédure civile*, Dalloz, 2002, § 3326 ; L. Richer, *Arbitrage et conciliation*, Dalloz, Répertoire de contentieux administratif, 2001, § 18.

Le procédé a donc une véritable place à conquérir devant l'administration et, le cas échéant, devant le juge administratif, y compris devant celui qui siège au Palais royal. Il faut cependant distinguer si la pratique est possible ou souhaitable selon le stade de la procédure et la nature du contentieux concerné (I). Quelques réformes sont envisageables pour rendre la pratique plus efficace et plus attractive, en structurant la médiation (II) et en sécurisant son résultat (III).

I. Le domaine

A. La cassation

L'office du juge de cassation ne paraît guère compatible avec l'esprit de la médiation.

Selon la formule consacrée, le Conseil d'État est le juge du jugement rendu par les juges du fond et non pas le juge du litige qui leur a été soumis. Sa mission est de s'assurer du respect des règles de forme et de procédure ainsi que de la bonne application du droit. En tant que juge suprême des juridictions administratives, il assure l'unité de la jurisprudence sur le plan national.

Au regard de ce rôle centré sur le respect du droit et l'uniformité de son interprétation, il est difficilement concevable de solliciter des parties qu'elles œuvrent à ce stade à la résolution amiable du litige et d'y impliquer le juge régulateur, dont ce n'est assurément pas le rôle.

Si un accord amiable peut toujours intervenir à tout stade de la procédure, y compris à l'occasion d'une procédure devant le juge de cassation, auquel cas le Conseil d'État pourra homologuer la transaction (CE, ass. 11 juillet 2008, *Krupp Hazemag*, n° 287534, au recueil), le temps joue rarement en faveur d'une résolution amiable du conflit et, au stade de la cassation, il est illusoire de compter sur les vertus pacificatrices de la médiation. Si elles avaient eu vocation à jouer, les parties auraient sans doute saisi plus tôt l'opportunité offerte par l'article L. 211-4 du code de justice administrative qui offre aux tribunaux administratifs et aux cours administratives d'appel la faculté d'organiser une conciliation.

Quoi qu'il en soit, il ne paraît pas possible ni souhaitable de confier au juge de cassation un rôle incitatif en matière de médiation.

Il est en revanche opportun de développer les procédures de médiation devant les juges du fond.

B. Le fond

L'article L. 211-4 du code de justice administrative confie, on vient de le voir, une mission de conciliation aux tribunaux administratifs et aux cours administratives d'appel. Mais ces dispositions n'ont pas d'équivalent devant le Conseil d'État. La haute juridiction statuant au contentieux ne dispose pas en principe du pouvoir de procéder à une conciliation (CE, 22 mars 1995, *Dadillon*, n° 155718).

Cependant, une brèche a été ouverte par l'ordonnance du 16 novembre 2011, codifiée aux articles L. 771-3 à L. 771-3-2 du code de justice administrative. Il est prévu que les différends transfrontaliers relevant de la compétence du juge administratif – et donc du Conseil d'État – peuvent faire l'objet d'une médiation à l'exclusion de ceux qui concernent la mise en œuvre par l'une des parties de prérogatives de puissance publique. Le régime reste restrictif.

Pour autant, la conciliation pourrait être envisagée plus largement devant le Conseil d'État, lorsqu'il statue en tant que juge du fond. Le Conseil d'État est en effet juge de premier ressort pour un nombre important de litiges, énumérés à l'article R. 311-1 du code de justice administrative : principalement les recours pour excès de pouvoir contre les décrets et actes règlementaires des ministres, le contentieux disciplinaire de certains fonctionnaires nommés par le président de la République et le contentieux des décisions de certaines autorités administratives indépendantes.

En 2014, cela représentait 31 % des litiges[2]. Dans ce cas de figure, comme devant les tribunaux administratifs et les cours administratives d'appel, la pratique pourrait se développer. Il faut alors distinguer l'excès de pouvoir du plein contentieux.

1. L'excès de pouvoir

Traditionnellement, on présente l'excès de pouvoir comme un terreau peu propice au développement de la médiation. La faute aux caractéristiques de ce recours d'ordre public qui charge le juge de contrôler la légalité des décisions qui lui sont soumises. *A priori*, il y a donc peu de place pour la négociation dans ce contentieux où le juge doit seulement se prononcer sur le point de savoir s'il a été porté atteinte à une situation de droit objective, et si l'administration a violé la loi ou l'a respectée.

Pourtant, comme le relevait le Conseil d'État dès 1993[3], la conciliation est sérieusement envisageable lorsque l'autorité compétente a le choix entre plusieurs solutions légales, autrement dit, lorsque l'administration dispose d'un large pouvoir d'appréciation, voire d'un pouvoir discrétionnaire.

La doctrine a également souligné l'intérêt de la pratique s'agissant des référés préfectoraux, utilisés pour faire pression sur les collectivités locales. L'objectif est de « *faire entrer officiellement le juge administratif dans un*

[2] Bilan d'activité 2014 du Conseil d'État 2014, L'activité contentieuse en chiffres, p. 28.
[3] Conseil d'État, *Régler les conflits autrement : conciliation, transaction, arbitrage en matière administrative*, Rapport de 1993.

processus de transaction dans lequel il se trouve en réalité impliqué sans pouvoir y prendre une part active »[4].

Concrètement, devant le Conseil d'État statuant en premier ressort, on pourrait envisager le recours à la conciliation pour régler les litiges concernant la discipline des agents publics nommés par décret du Président de la République.

En ce qui concerne en revanche le contentieux des règlements, la question est plus délicate.

Le domaine réglementaire est certainement l'expression la plus éclatante de la marge d'appréciation voire du pouvoir discrétionnaire de l'administration[5], ce qui autorise donc plusieurs solutions possibles toutes conformes à la légalité.

Pour autant, on imagine mal qu'une médiation entre un particulier, voire un groupe de particuliers – fût-il particulièrement concerné par le texte – et l'administration puisse aboutir à modifier un texte qui ensuite s'appliquera à tous. Le contentieux réglementaire a donc sans doute vocation à être exclu, en principe, de la médiation.

2. Le plein contentieux

Le plein contentieux reste le domaine de prédilection de la médiation, et en particulier le droit de la responsabilité, le droit des contrats administratifs et le contentieux objectif des sanctions.

Développer la pratique devant chaque juridiction administrative, et notamment la plus haute d'entre elles, est possible et même souhaitable.

Un exemple fréquent permet d'en témoigner. Le Conseil d'État est compétent en premier et dernier ressort pour connaître des actions en responsabilité dirigées contre l'État en raison de la durée excessive de la procédure devant la juridiction administrative. Or, en la matière, il n'est pas rare que l'administration accepte le principe d'une indemnisation à la suite de la demande préalable. Lorsque l'action est ensuite portée devant le juge, le montant de l'indemnité proposée est assez souvent revu à la hausse. Il y aurait donc bien ici place pour la conciliation.

Celle-ci pourrait également être mise en œuvre pour les litiges concernant des décisions telles que les sanctions prises par les autorités administratives, dans le cadre de ce plein contentieux objectif. Le principe de la personnalisation des peines et la prise en compte de circonstances atténuantes rend la pratique particulièrement envisageable.

Ainsi, la médiation et la conciliation doivent être encouragées en matière administrative. Le juge est un initiateur privilégié du processus de médiation.

---

[4] F. Ducarouge, « Le juge administratif et les modes alternatifs de règlement des conflits : transaction, médiation, conciliation et arbitrage en droit public français », *RFDA*, 1996, p. 86 et s.

[5] R. Chapus, *Droit administratif général*, tome 1, 2001, n° 1250

Peut-être qu'une formation pourrait être envisagée à l'attention des magistrats afin qu'ils identifient aisément les contentieux (selon leur nature ou les parties qui s'opposent) pour lesquels une médiation pourrait utilement être proposée.

Quelques réformes sont envisageables pour mieux accompagner ce développement.

II. Structurer la médiation

On évoque fréquemment et à raison la nécessité de structurer sans rigidifier la médiation, qui doit être moins formelle qu'un procès, mais qui ne peut pas être improvisée ni déconnectée des procédures contentieuses en cours ou en germe.

A. Les aménagements procéduraux

1. L'information des parties

On pourrait concevoir que la faculté de recourir à la conciliation soit mentionnée dans les courriers de notification de certaines décisions administratives, dont les catégories resteraient à déterminer.

Cette pratique est déjà prévue à l'article L. 143-9-1 du code de la sécurité sociale. En effet, selon ce texte, les notifications des décisions rendues par la commission des droits et de l'autonomie des personnes handicapées doivent rappeler à leurs destinataires les voies de recours ainsi que le droit de demander l'intervention d'une personne qualifiée chargée de proposer des mesures de conciliation conformément à l'article L. 146-10 du code de l'action sociale et des familles ou de bénéficier des procédures de traitement amiable des litiges prévues à l'article L.146-13 du même code.

Il semble opportun de laisser les parties décider elles-mêmes si elles souhaitent recourir à la conciliation. Leur imposer le procédé serait contraire à l'esprit même de la négociation. De plus, sans réelle volonté de négocier de la part des intéressés, les chances de succès paraissent faibles. En ce sens, en juin 1990, l'assemblée générale du Conseil d'État a rejeté un projet de décret instituant une procédure de conciliation obligatoire en matière de plein contentieux[6]. Il ne semble donc pas opportun de transposer en contentieux administratif le décret n° 2015-282 du 11 mars 2015, qui oblige les parties à justifier d'une tentative de médiation préalable. Informer les parties de la possibilité d'une médiation, donc, mais non les y contraindre.

---

[6] F. Ducarouge, « Le juge administratif et les modes alternatifs de règlement des conflits : transaction, médiation, conciliation et arbitrage en droit public français », RFDA 1996, p. 86 et s.

2. Le lien avec l'instance contentieuse : prorogation du délai de recours ou sursis à statuer

La médiation peut intervenir avant ou en cours d'instance.

Lorsqu'elle se met en place en amont, il importe de faire obstacle à l'expiration des délais contentieux.

S'il est toujours loisible de former un recours conservatoire en prévenant le juge qu'un processus de conciliation est d'ores et déjà en cours, cette solution ne peut être opportune qu'à la condition que le juge soit obligé de surseoir à statuer en attendant la fin de médiation. Cette solution paraît également devoir s'imposer lorsque la procédure de conciliation est engagée en cours d'instance, a fortiori à l'initiative du juge lui-même.

Toutefois, il serait moins contraignant et plus efficace de faire en sorte que le recours à la médiation sauvegarde le délai du recours contentieux. Il en va déjà ainsi en ce qui concerne les sanctions sportives qui sont soumises au Comité national olympique et sportif français aux fins de conciliation[7]. En effet, la demande de conciliation revêt un caractère suspensif à l'égard des délais d'exercice du recours contentieux.

3. L'articulation avec le recours administratif préalable obligatoire

Une question plus délicate concerne l'articulation du recours administratif préalable, en particulier obligatoire, et de la conciliation. On le sait, le recours préalable représente pour les parties une occasion de se rapprocher. Cependant, si une procédure de conciliation est engagée avant tout recours administratif, on voit mal l'intérêt qu'il y aurait à imposer (ni même d'ailleurs à permettre) à un requérant qui n'a pu obtenir un accord avec l'administration devant le conciliateur de demander ensuite à l'administration elle-même de réformer la décision litigieuse. Il est peu probable que l'intéressé obtienne gain de cause sauf éventuellement en cas de changement de personne ou à la suite de la découverte d'éléments nouveaux, inconnus au moment de la conciliation. La survenue de tels évènements reste toutefois peu probable. Aussi serait-il souhaitable, dans ce cas de figure, d'autoriser et même d'obliger le requérant à se lancer directement dans une action contentieuse, sans l'exposer à l'obligation d'introduire un recours préalable très certainement voué à l'échec.

Il faudrait alors regarder la procédure de conciliation comme une alternative au recours administratif préalable obligatoire, et non comme une étape préalable supplémentaire.

Pour donner toutes ses chances à la conciliation, il faut entourer la pratique de réelles garanties.

---

[7] L. Richer, Arbitrage et conciliation, Dalloz, Répertoire de contentieux administratif, 2001, § 78.

B. Les garanties

La mission de conciliation est une mission spécifique, qui doit conserver ses particularités, au risque sinon de perdre tout attrait par rapport à une procédure juridictionnelle classique. Tous les principes directeurs du procès n'ont donc pas vocation à s'appliquer dans ce domaine.

1. Les principes régissant le déroulement de la médiation ou conciliation

Doit notamment être écarté le principe de publicité. Il convient au contraire de garantir la confidentialité.

Le principe du contradictoire ne peut pas non plus jouer pleinement en tant que tel dès lors que ce sont des entretiens bilatéraux entre le médiateur et chacune des parties que pourra naître l'accord. Il paraît toutefois nécessaire de garantir une diffusion transparente des informations, pour assurer une certaine égalité des armes. Il faut donc retenir un principe du contradictoire allégé.

Il nous semble par ailleurs important, cette fois exactement comme dans un procès, de mettre les parties en mesure d'être assistées par un professionnel du droit lors de la procédure de médiation.

Le recours à la médiation ou à la conciliation n'est donc pas incompatible, bien au contraire, avec l'intervention de l'avocat, qui peut en être à l'initiative, et accompagner les parties dans le processus.

2. Le coût et la durée de la médiation

L'intérêt de la médiation, c'est aussi de permettre aux parties de mettre fin au litige plus rapidement et de leur éviter une perte de temps et d'argent.

Il serait donc souhaitable que la médiation, dont le coût est à la charge des parties, soit limitée dans le temps, à l'instar de ce que prévoit l'article 22-3 de la loi du 8 février 1995[8]. Une médiation qui s'éternise sans résultat ne serait guère plus satisfaisante qu'un procès.

Les parties ayant recours à la médiation doivent aussi pouvoir, dans les mêmes conditions que pour un recours juridictionnel, pouvoir bénéficier de l'aide juridictionnelle, à l'instar de l'article 22-2 de la loi précitée.

Le cas échéant, l'avocat doit d'ailleurs, lorsqu'il assiste une partie dans un processus de médiation, être indemnisé au même titre que s'il assistait son client dans le cadre d'un procès, pour que les parties ne soient pas dissuadées de recourir à la médiation afin de ne pas perdre l'avantage d'un avocat rétribué au titre de l'aide juridictionnelle.

---

[8] Loi n° 95-125 du 8 février 1995 relative à l'organisation des juridictions et à la procédure civile pénale et administrative, dans sa rédaction issue de l'ordonnance n° 2001-1540 du 16 novembre 2011 portant transposition de la directive 2008/52/CE du Parlement européen et du Conseil du 21 mai 2008 sur certains aspects de la médiation en matière civile et commerciale.

Soit autant de dispositions à adapter dans une loi ou dans le code de justice administrative.

3. Le médiateur

En matière judiciaire coexistent le conciliateur, qui est bénévole et ne peut intervenir que sur un certain nombre de litiges, et le médiateur civil, désigné par le juge ou par les parties, qui est un professionnel rémunéré.

En matière administrative, il serait souhaitable de créer un médiateur administratif, avec un statut, une formation, des obligations déontologiques.

Il faut veiller à ce que ceux qui se voient confier cette fonction soient compétents en technique de médiation mais aussi droit administratif, afin qu'ils soient des interlocuteurs crédibles vis-à- vis de l'administration.

Il existe par exemple un diplôme d'État pour les médiateurs familiaux créé par décret n° 2003- 1166 du 2 décembre 2003.

Pour les médiateurs de justice, des formations sont dispensées par plusieurs centres, notamment le centre de formation permanente de Panthéon-Assas, la chambre de commerce et d'industrie de Paris. Une formation obligatoire pour acquérir les compétences requises à l'exercice des fonctions de médiateur administratif pourrait être envisagée.

Il conviendrait en tout cas, si le statut de médiateur administratif était créé, d'étendre à ce dernier les contraintes prévues par l'article 131-5 du code de procédure civile, qui prévoit les conditions pour être médiateur de justice[9].

Des fonctions de médiation pourraient enfin être confiées à des magistrats ou des avocats, en activité ou honoraires.

Enfin, lorsqu'il est décidé en cours d'instance de recourir à la médiation, il est possible de s'interroger sur la possibilité de confier au rapporteur de l'affaire le rôle de médiateur. Sa bonne connaissance du dossier peut constituer un atout de même que les garanties qu'il présente nécessairement de par sa qualification professionnelle. Cependant, en cas d'échec de la médiation comme en cas de succès, il doit bien entendu lui être interdit de connaître le dossier. Ses précédents contacts avec les parties et la conviction qu'il se sera forgée à propos des faits interfèreraient avec sa mission de juge et feraient obstacle à son bon accomplissement. Le médiateur pris au sein d'une juridiction doit donc renoncer à siéger en tant que juge.

---

[9] Ne pas avoir fait l'objet d'une condamnation, d'une incapacité ou d'une déchéance mentionnée sur le bulletin n° 2 du casier judiciaire ; n'avoir pas été l'auteur de faits contraires à l'honneur, à la probité et aux bonnes mœurs ayant donné lieu à une sanction disciplinaire ou administrative de destitution, radiation, révocation, de retrait d'agrément ou d'autorisation ; posséder, par l'exercice présent ou passé d'une activité, la qualification requise eu égard à la nature du litige ; justifier, selon le cas, d'une formation ou d'une expérience adaptée à la pratique de la médiation ; présenter les garanties d'indépendance nécessaires à l'exercice de la médiation.

III. Le résultat de la médiation

A. La transaction

Quelle que soit l'issue de la médiation, il importe de prendre acte de la fin du processus.

Ainsi, en cas d'échec, il faut encourager les parties à dresser un procès-verbal de non- conciliation. Ce document, daté, présente une réelle utilité puisqu'il permettra d'établir l'existence de la tentative de conciliation et de déterminer, ce que l'on appelle de nos vœux, un nouveau point de départ du délai de recours contentieux.

En cas de succès, la consignation de l'accord par écrit est également souhaitable dès lors qu'une transaction ne se présume pas (CE, 30 mai 1938, *Derue*, au recueil, p. 332). Il pourra s'agir par exemple d'un protocole transactionnel ou, en matière contractuelle, d'un avenant tant que l'économie du contrat ne se trouve pas bouleversée.

B. L'homologation

La transaction sur laquelle la médiation peut aboutir est susceptible d'homologation par le juge administratif, et même par le juge de cassation (CE, ass. 11 juillet 2008, *Société Krupp Hazemag*, au recueil, p. 273).

La pratique présente un réel intérêt puisqu'elle est un outil de sécurisation juridique, entre les parties et vis-à-vis des tiers. En effet, la transaction homologuée a l'autorité de la chose jugée et est exécutoire de plein droit (CE, Ass., 6 décembre 2002, *Syndicat intercommunal des établissements du second cycle du second degré du district de l'Haÿ-les-Roses*, au recueil, p. 433).

L'homologation n'intervient qu'après que le juge a vérifié que les parties ont effectivement consenti à la transaction, que son objet est licite, qu'elle ne constitue pas de la part de la collectivité une libéralité et qu'elle ne méconnaît pas d'autres règles d'ordre public.

Il faut sans doute encourager le procédé lorsque l'accord amiable intervient en cours d'instance. Les parties ayant décidé d'en appeler au juge, il semble opportun que celui-ci valide le protocole transactionnel pour éviter toute contestation ultérieure et clore la procédure.

Mais lorsque le juge n'a jamais été saisi, et que la transaction ne paraît guère de nature à nuire à quelque tiers que ce soit, lequel dans le cas contraire pourrait contester la transaction, quelques réserves peuvent exister vis-à-vis du procédé de l'homologation qui, à certains égards s'écarte de l'esprit de la médiation, qui constitue avant tout une alternative au juge. Ne peut-on pas craindre un allongement du circuit procédural là où la médiation entend offrir une solution rapide et non juridictionnelle ? Déplorer l'engagement de frais de justice quand la conciliation se veut rapide et économique ?

Lorsque la menace d'une contestation par un tiers est peu probable, il n'est donc peut-être pas nécessaire d'encourager l'homologation.

Pour résumer, les propositions qui pourraient accompagner le développement de la médiation :

- Modifier le code de justice administrative pour permettre au Conseil d'État, juge de premier ressort, d'organiser une médiation
- Encourager la pratique de la médiation pour certains contentieux d'excès de pouvoir et en matière de plein contentieux objectif
- Prévoir l'information des parties, dans la notification de certaines décisions administratives, sur la possibilité de recourir à une médiation
- Proroger les délais de recours contentieux ou contraindre le juge à surseoir à statuer en cas de recours à une médiation
- Lever l'obligation d'exercice d'un recours administratif préalable obligatoire en cas de recours à la médiation
- Définir les principes directeurs de la médiation, et les distinguer de ceux du procès
- Créer un statut de médiateur administratif
- Sécuriser le résultat de la médiation (formalisation systématique par une transaction ; recours si nécessaire seulement à l'homologation)

Intervention de Jean-Christophe Gracia, premier conseiller des tribunaux administratifs et cours administratives d'appel, directeur adjoint des affaires civiles et du sceau

Quelles réformes pour la juridiction administrative, quels outils ?

Le souci de procéder à un règlement amiable des conflits pouvant s'élever en matière administrative ne date pas d'aujourd'hui. Déjà dans son étude adoptée le 4 février 1993 par son assemblée générale, *Régler autrement les conflits : conciliation, transaction, arbitrage en matière administrative*[1], le Conseil d'État avait encouragé le développement de modes alternatifs de règlement des conflits. Qualifiée par le professeur Richer de « *document d'étape important* » et de « *référence dans la mesure où il marque une volonté de faire une place plus grande aux modes de règlement des litiges autres que le recours au juge étatique* »[2], cette étude a été contemporaine de l'émergence de nombreux dispositifs de règlements non juridictionnels des litiges dans le domaine administratif. Dans la période plus récente, le Conseil d'État a remis, en 2010, au Premier ministre, une étude intitulée *Développer la médiation dans le cadre de l'Union européenne*[3] à l'occasion de la transposition de la directive 2008/52/CE, du Parlement européen et du Conseil sur certains aspects de la médiation en matière civile et commerciale (la « directive 2008/52/CE »), dans laquelle il formulait des propositions concrètes non seulement pour la transposition de la directive mais aussi, plus largement, pour améliorer l'efficacité de cette catégorie de règlement alternatif des différends.

Selon la définition qu'en donne le professeur Cornu, dans son précieux *Vocabulaire juridique*, la médiation est un *« mode de résolution des litiges, consistant pour la personne choisie par les antagonistes (en raison le plus*

---

[1] CONSEIL D'ÉTAT, *Régler autrement les conflits : conciliation, transaction, arbitrage en matière administrative,* La Documentation française, 1993.
[2] L. RICHER, *Arbitrage et conciliation*, Dalloz, juin 2013, §3.
[3] CONSEIL d'ÉTAT, *Développer la médiation dans le cadre de l'Union européenne,* La Documentation française, 2010.

souvent de son autorité personnelle), à proposer à ceux-ci un projet de solution, sans se borner à s'efforcer de les rapprocher, à la différence de la conciliation, mais sans être investi du pouvoir de leur imposer comme décision juridictionnelle, à la différence de l'arbitrage et de la juridiction étatique. «[4]

À cet égard, le droit positif se caractérise par une multiplicité de procédures, qualifiées de « médiation », qu'elles soient menées par des autorités indépendantes (d'abord le Médiateur de la République et désormais le Défenseur des droits), des autorités administratives indépendantes (médiateur de l'autorité des marchés financiers, médiateur du cinéma), des commissions instituées par la loi (commission de médiation pour le droit au logement opposable) ou qu'elles soient traitées au sein même des ministères (notamment ministère de l'Economie et des Finances ; ministère de l'Education nationale ; ministère de l'intérieur).

Cependant, si la *médiation devant l'administration,* au moyen de dispositifs internes, est relativement développée et structurée, la *médiation administrative*, qu'elle soit judiciaire ou conventionnelle, n'a fait son entrée que récemment dans l'ordonnancement juridique. Ce n'est en effet qu'à la faveur de la transposition de la directive 2008/52/CE par l'ordonnance du 16 novembre 2011[5] que la médiation a fait son apparition en droit administratif et encore pour les seuls litiges transfrontaliers ne mettant pas en œuvre, par une personne publique, l'exercice de prérogatives de puissance publique.

Par ailleurs, dans un registre voisin, une mission de « conciliation » a été confiée aux tribunaux administratifs par l'article 22 de la loi du 6 janvier 1986[6], fixant les règles garantissant l'indépendance des membres des tribunaux administratifs. La loi du 13 décembre 2011[7] a étendu cette disposition aux cours administratives d'appel qui est désormais codifiée à l'article L. 211-4 du code de justice administrative (CJA).

Ainsi, après avoir brossé un rapide panorama de l'état du droit (I) seront présentées les pistes de réflexion que la Chancellerie explore pour accroître le recours à la médiation (II).

---

[4] G. CORNU, ASSOCIATION HENRI CAPITANT, *Vocabulaire juridique*, PUF, Quadrige, 2014, p. 568-569.

[5] Ordonnance n° 2011-1540 du 16 novembre 2011, prise sur le fondement de l'article 198 de la loi du 17 mai 2011 de simplification et d'amélioration de la qualité du droit.

[6] Loi n° 86-14 du 6 janvier 1986, fixant les règles garantissant l'indépendance des membres des tribunaux administratifs et cours administratives d'appel.

[7] Loi n° 2011-1862 du 13 décembre 2011, relative à la répartition des contentieux et à l'allègement de certaines procédures juridictionnelles.

I. L'état du droit est marqué par la multiplicité d'outils de médiation/conciliation tant devant l'administration que devant le juge

A. Les mécanismes de médiation/conciliation préalables à la saisine du juge sont divers

Plusieurs mécanismes préalables à la saisine du juge administratif coexistent en droit positif. Il peut s'agir soit de mécanismes extérieurs à l'administration (Défenseur des droits) soit de mécanismes internes à l'administration mais extérieurs au service qui a pris la décision (médiateurs ministériels, commissions), soit de médiation au sens plus traditionnel du terme.

1. Le défenseur des droits

La plus ancienne des institutions chargée de manière générale d'une mission de médiation reste le médiateur de la République[8], devenu Défenseur des droits, par l'effet de la révision constitutionnelle du 23 juillet 2008, et regroupant quatre institutions : le Médiateur de la République, le défenseur des enfants, la haute autorité de lutte contre les discriminations et pour l'égalité (HALDE) et la commission nationale de déontologie de la sécurité (CNDS). Qualifié par la loi organique n° 2011-333 du 29 mars 2011, relative au Défenseur des droits, « d'autorité constitutionnelle indépendante », le Défenseur des droits dispose de 397 délégués, tous bénévoles, couvrant l'ensemble du territoire national. Ils informent les usagers sur leurs droits, les réorientent vers une structure adaptée si nécessaire et peuvent proposer des solutions amiables ou engager une procédure.

Le Défenseur des droits, qui ne peut remettre en cause une décision de justice, ni faire injonction à l'administration, intervient auprès de cette dernière essentiellement par la persuasion en s'efforçant de trouver des solutions davantage fondées sur l'équité que sur une stricte application du principe de légalité. À ce titre, il constitue plus un complément qu'un concurrent ou même une alternative au recours au juge.

2. Les médiateurs ministériels

Certains ministères ont créé des processus internes de médiation avec pour but de traiter, par le biais d'un tiers interne à l'administration concernée mais non inscrit dans la ligne hiérarchique des services qui ont pris la décision litigieuse, les réclamations qui peuvent s'élever dans la gestion des usagers ou des agents employés. Deux exemples, parmi d'autres, peuvent

[8] Le médiateur de la République avait été créé sur le modèle de l'ombudsman suédois en tant qu'autorité administrative indépendante par la loi n° 73-6 du 3 janvier 1973, instituant un médiateur de la République.

être évoqués : la médiation au sein du ministère de l'Education nationale et de l'Enseignement supérieur et la médiation au sein de la police nationale.

a. Le médiateur de l'Education nationale et de l'enseignement supérieur

Dans le champ de l'Education nationale, un décret n° 98-1082 du 1er décembre 1998 a institué des médiateurs à l'Education nationale. Désormais codifié aux articles D. 222-37 et suivants du code de l'éducation, ce décret a prévu la création d'un médiateur de l'Education nationale, des médiateurs académiques et leurs correspondants avec pour mission de recevoir les réclamations concernant le fonctionnement du service public de l'éducation dans ses relations avec les usagers et ses agents.

Selon l'article D. 222-41, les réclamations doivent avoir été précédées de démarches auprès des services et établissements concernés. L'article D. 222-42 prévoit que, lorsque les réclamations leur paraissent fondées, les médiateurs émettent des recommandations aux services et établissements concernés. Ceux-ci les informent des suites qui leur ont été données. Si le service ou l'établissement saisi maintient sa position, il leur en fait connaître par écrit les raisons.

Depuis 1999, les services de la médiation de l'Education nationale ont ainsi reçu plus de 100 000 réclamations des usagers ou des agents (11 442 réclamations reçues en 2014). Sur la période récente, les réclamations des usagers représentent près des trois quarts des réclamations traitées par les médiateurs alors qu'elles ne représentaient que 31% en 2000. Les réclamations des usagers concernent en 2014 pour 41% des questions liées au cursus scolaire ou universitaire (inscription, orientation, affectation...) et pour 20% des questions liées aux examens et concours. Les réclamations des agents concernent en 2014 pour 25% d'entre elles les affectations/mutations et pour 22% les questions financières. Le médiateur de l'Education nationale a une action variée : tantôt, il donne une information ou un conseil, tantôt il explique à l'usager ou à l'agent la décision de l'administration ; enfin, il peut intervenir également auprès de l'administration s'il estime que la décision est illégale ou légale mais inéquitable[9].

b. Le médiateur de la police nationale

Créée par un arrêté du 27 novembre 2012 et définie par une circulaire du 31 décembre 2012, la fonction de médiateur interne de la police nationale a pour objet de régler les litiges pouvant s'élever entre un agent et son administration en ayant recours à un « *tiers impartial et indépendant* » dans le but

---

[9] Tous les chiffres de cette partie sont tirés du rapport annuel 2014 du médiateur de l'éducation nationale disponible à l'adresse suivante :
http://www.education.gouv.fr/cid88947/rapport-annuel-2014-mediateur-education-nationale-enseignement-superieur.html

explicite de régler les litiges et d'éviter les contentieux. Le médiateur a été placé auprès du Directeur des ressources et des compétences de la police nationale (DRCPN).

Installé au 1er janvier 2013, le médiateur a enregistré 477 saisines et rendu 300 avis en 2013, ces chiffres étant respectivement portés à 466 et 350 en 2014. De même que le médiateur du ministère de l'Education nationale, le médiateur de la police nationale n'intervient qu'après une saisine infructueuse de l'administration. Après avoir entendu le cas échant les parties, le médiateur formule un avis sur le litige qu'il transmet au DRCPN ainsi qu'à l'agent. Le DRCPN transmet l'avis au service concerné qui informe l'agent et le médiateur des suites données à cet avis.

Ce dispositif de médiation, développé par la police nationale, illustre la spécificité de ce mode alternatif de traitement des litiges qui permet de prendre en compte, davantage qu'un recours contentieux, l'ensemble des dimensions humaines d'un litige en ne se limitant pas à l'aspect statutaire et règlementaire de la question posée. Il permet au demeurant l'instauration d'une politique dynamique de gestion des conflits en évitant les effets néfastes d'un litige se réglant devant le tribunal administratif[10].

3. Un mécanisme préalable de conciliation obligatoire : le comité national olympique et sportif français (« CNOSF »)

Un mécanisme original et rapide de traitement des litiges sportifs a été mis en place par la loi « Bredin » du 13 juillet 1992[11], qui a introduit, au IV de l'article 19 de la loi du 16 juillet 1984, l'obligation de saisir le CNOSF au titre de préalable obligatoire à tout recours contentieux.

Ce mécanisme concerne tous les litiges relevant du juge administratif.

En vertu de l'article L. 141-4 du code du sport, le CNOSF est chargé d'une mission de conciliation dans les conflits opposant les licenciés, les agents sportifs, les associations et sociétés sportives et les fédérations sportives agréées, à l'exception des conflits mettant en cause des faits de dopage. Il constitue une « conférence des conciliateurs » dont il nomme les membres.

C'est la partie réglementaire du code du sport qui définit la procédure de conciliation applicable.

L'article R. 141-5 de ce code prévoit ainsi que la saisine du comité à fin de conciliation constitue un préalable obligatoire à tout recours contentieux, lorsque le conflit résulte d'une décision, susceptible ou non de recours interne, prise par une fédération dans l'exercice de prérogatives de puissance publique ou en application de ses statuts.

---

[10] Tous les chiffres de cette partie sont tirés du rapport annuel 2014 du médiateur interne de la police nationale.

[11] Loi n° 92-652 du 13 juillet 1992 modifiant la loi n° 84-610 du 16 juillet 1984 relative à l'organisation et à la promotion des activités physiques et sportives et portant diverses dispositions relatives à ces activités.

L'article R. 141-7 de ce même code prévoit la désignation d'un conciliateur. Dans le délai d'un mois suivant sa saisine, le conciliateur, après avoir entendu les intéressés, propose des mesures de conciliation. Ces mesures sont présumées acceptées par les parties, sauf opposition notifiée au conciliateur et aux parties, dans un nouveau délai d'un mois à compter de la formulation aux parties des propositions du conciliateur.

En conséquence, si une partie s'oppose à la proposition, le litige peut reprendre son cours devant le juge.

Si ce mécanisme s'apparente plus à un mécanisme de recours administratif préalable obligatoire (« RAPO ») qu'à une véritable conciliation (dans la mesure notamment où un tel mécanisme implique le consentement des parties à y concourir), il est malgré tout original en ce qu'il fait intervenir un tiers neutre et spécialisé apte à convaincre les parties du bien-fondé de sa décision.

Comme l'indique le président Foucher dans les mélanges Labetoulle, « *ce système de conciliation a en tout cas fait ses preuves, à la fois de son efficacité et de son rôle de filtrage par rapport au juge* »[12]

Ainsi, d'une part, le juge déclare en principe irrecevable la requête qui n'a pas été précédée de la saisine du CNOSF (TA Paris, 7 mai 1996, *Association La berrichonne de Châteauroux*, n° 9305059/6). D'autre part, le juge ne saurait revenir sur un litige qui fait l'objet d'une proposition de conciliation acceptée explicitement ou tacitement (CAA Versailles, 24 mars 2005, *Trouabal c/ Fédération d'athlétisme*, n° 02VE03535)[13].

4. Les commissions administratives

Certaines commissions administratives présidées par un magistrat administratif, un membre du Conseil d'État, ou encore un magistrat de l'ordre judiciaire, ont également pour effet voire pour objet, de régler des contentieux qui pourraient normalement trouver leur issue devant le juge. Si de telles commissions n'ont pas, selon les cas, une mission de médiation ou de conciliation, l'examen de leur fonctionnement concret permet de considérer qu'elles la remplissent en pratique en rapprochant les parties et en favorisant l'émergence d'une solution au litige qui les oppose.

Tel est le cas des commissions départementales des impôts et des commissions de conciliation et d'indemnisation des accidents médicaux des affections iatrogènes et des infections nosocomiales.

---

[12] B. FOUCHER, *Les litiges sportifs et le juge administratif*, in *Mélanges Labetoulle*, Dalloz, 2007, p. 368.

[13] B. FOUCHER, *ibid*, p. 368-369.

a. Les commissions départementales des impôts (CDI)

En vertu de l'article 1651 du code général des impôts, les CDI comprennent, outre un magistrat administratif qui les préside, trois représentants des contribuables et deux représentants de l'administration ayant au moins le grade d'inspecteur départemental. Les commissions peuvent, en application de l'article L. 59 du livre des procédures fiscales (« LPF »), être saisies par l'administration ou le contribuable en cas de désaccord persistant sur les rectifications notifiées sur les questions énumérées à l'article L. 59 A du LPF.

Et, de fait, il n'est pas rare de constater, en séance de CDI, l'accord du contribuable sur certaines rectifications envisagées et de son côté l'administration renoncer à d'autres parce que l'un et l'autre sentent bien qu'ils ne pourraient maintenir leur position devant le juge. À cet égard, la présence d'un magistrat, susceptible de rappeler, s'il y a lieu, la jurisprudence applicable sur tel ou tel point du litige examiné peut constituer un puissant incitatif pour les parties à ne pas maintenir une position qui s'avèrerait de manière très probable non fondée en droit.

Les CDI constituent donc un organe original de résolution amiable des litiges et prévention des contentieux et ce d'autant que l'administration, qui n'y est pas tenue, a pour habitude de suivre ses avis.

Avec le recours préalable, obligatoire en matière fiscale, les CDI constituent donc un mécanisme important, apte à limiter le contentieux fiscal devant le juge de l'impôt.

b. Les commissions de conciliation et d'indemnisation des accidents médicaux des affections iatrogènes et des infections nosocomiales (CCI)

Les CCI ont été créées par un décret du 3 mai 2002[14] et sont indépendantes de l'office national d'indemnisation des accidents médicaux (« ONIAM »).

Présidées par un magistrat administratif ou judiciaire, ces commissions sont composées (outre le président) de membres représentant les usagers, les professionnels de santé, les établissements de santé, les assureurs, l'ONIAM, ainsi que de personnalités qualifiées. Au nombre de 18, elles se réunissent en moyenne une fois par mois.

Les CCI sont chargées, d'une part, de favoriser la résolution des conflits par la conciliation et, d'autre part, de permettre l'indemnisation des victimes d'accidents médicaux dont le préjudice présente un degré de gravité supérieur à un seuil fixé par un décret du 4 avril 2003.

---

[14] Décret n° 2002-886 du 3 mai 2002, relatif aux commissions régionales de conciliation et d'indemnisation des accidents médicaux, des affections iatrogènes et des infections nosocomiales.

Les CCI connaissent deux procédures distinctes de règlement des litiges qu'il faut distinguer.

La procédure de conciliation

La procédure de conciliation est applicable aux faits qui se sont déroulés après le 5 septembre 2001. Elle est prévue aux articles R. 1142-19 et suivants du code de la santé publique.

Dans un premier temps, le président de la CCI informe les personnes mises en cause (un professionnel ou un établissement de santé de son ressort) de l'engagement d'une procédure de conciliation. La CCI peut transmettre la demande des victimes à l'ordre professionnel concerné par le conflit ou à la commission des relations avec les usagers de l'établissement.

La CCI peut déléguer la mission de conciliation à un de ses membres ou à un médiateur indépendant ou bien étudier elle-même les faits.

Dans un second temps, la CCI, après avoir entendu les personnes intéressées au litige, établit un document de conciliation indiquant les résultats de la procédure. Ce document est signé par le président de la CCI ou un représentant, ainsi que par les parties. Un original du document de conciliation est remis à chaque personne intéressée.

Dans cette procédure, il ne s'agit pas pour la CCI de donner son avis sur une possible indemnisation, mais seulement de permettre une conciliation des parties.

La procédure de règlement amiable

La procédure de règlement amiable est prévue aux articles L. 1142-4 et suivants et R. 1142-13 et suivants du code de la santé publique.

La CCI dispose d'un délai de six mois pour rendre un avis sur la demande d'indemnisation de la victime. Si cet avis aboutit à une proposition d'indemnisation, le dossier est transmis soit à l'assureur, soit à l'ONIAM, en fonction des situations. L'avis de la CCI n'a pas force obligatoire et ne peut pas faire l'objet d'une contestation devant les juridictions (CE, 10 octobre 2007, *Sachot*, n° 306590).

L'avis des CCI facilite l'indemnisation. La décision d'indemnisation est cependant prise par le payeur (l'assureur ou l'ONIAM). Si ces derniers ne font pas d'offre, leur décision peut être contestée devant le juge.

En cas de refus d'indemnisation de la part des assureurs, avant de saisir le juge, la victime peut demander à l'ONIAM de l'indemniser par substitution. Si l'ONIAM accepte, il indemnise la victime puis se retourne contre l'assureur. Si l'ONIAM refuse, la victime peut saisir le juge.

Ces deux procédures, bien que distinctes, témoignent de la vitalité des modes alternatifs de règlement des litiges dans le domaine de la santé.

5. La médiation

La loi n° 95-125 du 8 février 1995 relative à l'organisation des juridictions et à la procédure civile, pénale et administrative contient un titre IV relatif à la juridiction administrative mais ses dispositions relatives à la médiation ne sont pas applicables à la matière administrative.

C'est uniquement dans le cadre de la transposition de la directive européenne n° 2008/52/CE par l'ordonnance du 16 novembre 2011, que la médiation est entrée dans le champ du droit administratif mais uniquement pour les litiges transfrontaliers et à l'exclusion de ceux qui concernent la mise en œuvre par l'une des parties de prérogatives de puissance publique (pour une description du régime cf. *infra* B 3°). Force est d'ores et déjà de constater que son champ est extrêmement limité.

B. Les mécanismes de médiation/conciliation postérieurs à la saisine du juge relativement récents, sont peu utilisés

À côté de ces dispositifs préalables à la saisine du juge, dont le succès est croissant, il existe aussi, une fois le juge saisi, des mécanismes de conciliation et de médiation.

1. Un mécanisme de conciliation par le juge peu utilisé

L'article L. 211-4 du CJA prévoit : « *Dans les tribunaux administratifs et les cours administratives d'appel, les chefs de juridiction peuvent, si les parties en sont d'accord, organiser une mission de conciliation et désigner à cet effet la ou les personnes qui en seront chargées.* »

Cet article, issu de l'article 49 de la loi du 13 décembre 2011, précitée, a, d'une part, repris, en l'élargissant aux cours administratives d'appel, l'ancien article L. 3 du code des tribunaux administratifs et des cours administratives d'appel (« CTACAA »), qui prévoyait, pour les seuls tribunaux administratifs, la possibilité d'exercer une mission de conciliation dans les litiges dont ils étaient saisis et, d'autre part, permis à la juridiction saisie d'un litige de confier la mission de conciliation à un tiers.

L'article L. 3 du CTACAA était, pour sa part, issu de la loi du 6 janvier 1986, précitée, et avait été introduit par amendement parlementaire sans réel débat ni étude d'impact. Pourtant, le Conseil d'État a jugé que cet article était directement applicable alors même que les textes réglementaires auxquels il renvoie n'ont pas été pris (CE, 23 juin 1989, *Vériter*, p.146).

L'article L. 211-4 du CJA, qui est le pendant de l'article 21 du code de procédure civile[15], permet aux juges du fond, tribunaux administratifs et cours administratives d'appel, d'exercer une mission de conciliation. Les tribunaux administratifs peuvent exercer une telle mission dès lors que le

[15] Selon lequel « *il entre dans la mission du juge de concilier les parties* ».

litige relève de leur compétence (CE, 22 mars 1995, *Dadillon*). Dans une décision de section du 11 février 2005, *Organisme de gestion du cours du Sacré-Cœur et autres*, le Conseil d'État a d'ailleurs admis la possibilité pour le juge de déléguer à un expert sa mission de conciliation des parties.

Cependant, la conciliation au sens de l'article L. 3 du CTACAA et de l'article L. 211-4 du CJA a été mise en œuvre de façon marginale, voire « homéopathique »[16]. On peut ainsi citer l'exemple d'une conciliation opérée au printemps 2006 par le tribunal administratif de Dijon dans une affaire opposant un office public d'HLM aux services fiscaux sur le calcul de la taxe foncière due au titre de nombreux immeubles. L'office s'est désisté après avoir obtenu partiellement satisfaction[17]. Un autre exemple d'application de ce mécanisme de conciliation est issu de la mission de conciliation menée par le tribunal administratif de Cergy-Pontoise dans le cadre des travaux de construction du tram T5[18].

Trois séries de raisons expliquent cette faible utilisation de la mission de conciliation par le juge du fond[19]. D'abord, force est de constater que la conciliation par le juge avait été, dans un premier temps, réservée aux seuls tribunaux administratifs par l'article L. 3 du CTACAA. Ensuite, les magistrats administratifs ne sont pas incités à recourir à ce dispositif car, en cas d'échec de la conciliation, il faudra revenir au traitement contentieux classique et au demeurant le résultat de la conciliation peut faire l'objet d'un nouveau contentieux lui-même. Enfin, et peut-être surtout, la mise en œuvre de la conciliation prend du temps pour un résultat incertain alors que la mise en œuvre de son *imperium* de juge lui permet rapidement de vider le litige et de clore un dossier.

2. Un mécanisme de conciliation possible dans le cadre de l'expertise

Un autre mécanisme de conciliation existe devant le juge administratif. L'article R. 621-1 du CJA prévoit ainsi que la juridiction peut confier à l'expert qu'elle désigne la mission de concilier les parties. En cas de réussite de la tentative de conciliation, la mission confiée à l'expert devient sans objet et l'expert doit en faire immédiatement rapport au magistrat qui l'a commis (article R. 621-7-2 du CJA). Son rapport doit dans ce cas être accompagné d'une copie du procès-verbal de conciliation signé des parties et faisant apparaître l'attribution de la charge des frais d'expertise.

---

[16] Pour reprendre l'expression qui figure dans les *Grands arrêts du contentieux administratif* (« GACA »), Dalloz, 2011, p. 1358.

[17] Sur ce point voir P. FOMBEUR, « De quelques considérations de gestion en matière contentieuse », *Mélanges Labetoulle*, Dalloz, 2007, p. 348 sqq.

[18] Sur ce point, voir E. COSTA, AJDA. 2012 p. 1834.

[19] Voir sur ce point, GACA, *ibid.*, p. 1256-1257.

Cette possibilité, mise place par le décret n° 2010-164 du 22 février 2010, a été, semble-t-il, peu utilisée depuis (à 57 reprises par des tribunaux administratifs, selon « Ariane archives »).

Ce décret n'a fait que codifier une pratique déjà admise par le Conseil d'État. C'est ainsi que, à l'occasion d'un litige entre des associations et l'administration de l'Education nationale sur les montants de forfait d'externat, lesdites associations avaient saisi le juge des référés du tribunal administratif d'une demande d'expertise ; en cassation, le Conseil d'État a estimé qu'il « *y a lieu de donner à l'expert mission de concilier les parties si faire se peut* » (CE, sect., 11 février 2005, *Organisme de gestion du cours du Sacré-Cœur*, n° 259290), revenant ainsi sur sa jurisprudence CE, 12 octobre 1979, *Secrétaire d'État aux postes et télécommunications*, p.375.

3. Un mécanisme de médiation au champ limité

L'ordonnance du 16 novembre 2011 a, comme on l'a esquissé (cf. supra A 5°), introduit dans le CJA des dispositions relatives à la médiation.

L'article L. 771-3 dispose que les « *différends <u>transfrontaliers</u> relevant de la compétence du juge administratif, à l'exclusion de ceux qui concernent la mise en œuvre par l'une des parties de prérogatives de puissance publique, peuvent faire l'objet d'une médiation dans les conditions prévues aux articles 21, 21-2 à 21-4 de la loi n° 95-125 du 8 février 1995 relative à l'organisation des juridictions et à la procédure civile, pénale et administrative* » (souligné par nos soins).

L'article L. 771-3 renvoie ainsi explicitement au régime général de la médiation défini à l'article 21 de la loi du 8 février 1995, dans sa version issue de l'ordonnance du 16 novembre 2011, précitée, et selon lequel *« La médiation régie par le présent chapitre s'entend de tout processus structuré, quelle qu'en soit la dénomination, par lequel deux ou plusieurs parties tentent de parvenir à un accord en vue de la résolution amiable de leurs différends, avec l'aide d'un tiers, le médiateur, choisi par elles ou désigné, avec leur accord, par le juge saisi du litige ».*

L'article L. 771-3-1 prévoit que « *les juridictions régies par le présent code, saisies d'un litige, peuvent, dans les cas prévus à l'article L. 771-3 et après avoir obtenu l'accord des parties, ordonner une médiation pour tenter de parvenir à un accord entre celles-ci* ».

Enfin, l'article L. 771-3-2 énonce que « *saisie de conclusions en ce sens, la juridiction peut, dans tous les cas où un processus de médiation a été engagé en application du présent chapitre, homologuer et donner force exécutoire à l'accord issu de la médiation* ».

De même est introduit un article 2-1 dans la loi n°68-1250 du 31 décembre 1968, relative à la prescription des créances sur l'État, les départements, les communes et les établissements publics. Cet article dispose que « *la prescription est suspendue à compter du jour où, après la survenance d'un litige, les parties conviennent de recourir à la médiation ou, à défaut d'accord écrit, à compter de la première réunion de médiation. La suspension de la prescription ne peut excéder une durée de six mois. Les délais de prescription courent à nouveau, pour une durée qui ne peut être inférieure à six mois, à compter de la date à laquelle soit l'une au moins des parties, soit le médiateur déclare que la médiation est terminée. Le présent article ne s'applique qu'aux médiations intervenant dans les cas prévus à l'article L. 771-3 du code de justice administrative* ».

Ainsi définie, la médiation est susceptible d'intervenir en dehors de toute instance, par convention entre les parties, mais également dans un cadre juridictionnel.

Cependant, le champ d'application de la directive et de l'ordonnance qui l'a transposée en matière administrative est doublement limité.

D'une part, il ne couvre que les différends transfrontaliers, c'est-à-dire les litiges dans lesquels une des parties au moins est domiciliée ou a sa résidence habituelle dans un État de l'Union européenne autre que la France, à la date à laquelle il est recouru à la médiation.

D'autre part, il se limite aux différends intervenant dans les matières civile et commerciale et exclut les matières fiscale, douanière ou administrative au sens du droit de l'Union européenne. Sont ainsi placées hors champ de la médiation la contestation des décisions prises en matière régalienne, ainsi que la mise en œuvre de la responsabilité de l'État pour des actes accomplis dans l'exercice de la puissance publique (« *acta jure imperii* »).

Pourtant, la médiation transfrontalière, qu'elle soit conventionnelle ou juridictionnelle, n'a pas davantage eu de succès que la conciliation opérée par le juge ou par l'expert.

II. Inciter à une plus grande utilisation des dispositifs de médiation

Les réformes envisagées dans le cadre du projet « justice du XXIème siècle » fournissent une bonne occasion de se pencher sur les mécanismes de médiation. En effet, la mesure n° 7 de ce projet vise à favoriser la résolution amiable des différends pour tendre vers une plus grande rapidité dans la solution du différend, une meilleure appréciation de l'opportunité d'engager une action en justice et un apaisement du conflit. Dans ce contexte, la Chancellerie réfléchit à rendre le dispositif de médiation administrative plus clair et plus attractif tandis que les réflexions menées dans le cadre plus large de la médiation civile et commerciale pourraient trouver un écho dans le champ de la médiation administrative.

A. Les réflexions en cours en matière de médiation administrative

1. Mieux distinguer juridiquement médiation et conciliation

a. Le constat : depuis 2011, médiation et conciliation se distinguent mal

Si les principales exigences de la directive 2008/52/CE ont trouvé leur traduction dans le droit français, demeure toutefois la question de l'articulation des procédures de médiation, telle qu'issue de l'ordonnance du 16 novembre 2011, et de conciliation, telle qu'elle résulte de la loi du 13 décembre 2011, puisque ces deux modes alternatifs de règlement des litiges coexistent dans le CJA.

En l'état du droit, ces procédures se distinguent par leur champ d'application et leur régime juridique respectifs.

La médiation se limite ainsi aux litiges transfrontaliers non régaliens relatifs à des droits disponibles tandis que la conciliation peut être mise en œuvre à l'occasion de tous types de litiges, y compris ceux qui concernent la mise en œuvre de prérogatives de puissance publique.

Par ailleurs, le régime de la médiation fait l'objet d'une définition quasi complète, en conformité avec les exigences du droit de l'Union (suspension du délai de prescription ; qualité du médiateur ; confidentialité de la médiation ; procédure d'homologation ; caractère exécutoire des accords), alors que la conciliation n'est que très peu réglementée.

Pourtant, depuis que la loi du 13 décembre 2011 a modifié l'article L. 211-4 du CJA en permettant à la juridiction saisie d'un litige de confier la mission de conciliation à un tiers, la procédure de conciliation est entrée dans le champ d'application de la directive 2008/52/CE, sans toutefois bénéficier d'un régime juridique aussi complet et en brouillant, en outre, la différence entre médiation et conciliation lorsque le juge fait usage de la possibilité de désigner un conciliateur (la directive ne s'appliquant en revanche pas lorsque c'est le juge saisi du litige qui entreprend lui-même une mission de conciliation).

C'est pourquoi il apparaît souhaitable d'assurer une meilleure coordination entre la procédure de médiation, qui a seule vocation à transposer la directive 2008/52/CE mais dont le champ notamment territorial est excessivement restreint, et la procédure de conciliation.

b. Une solution possible : clarifier l'état du droit en distinguant mieux conciliation et médiation

La clarification des notions de « conciliation » et de « médiation » en droit administratif doit tenir compte du fait que l'existence de la médiation dans le CJA est issue de la transposition de la directive 2008/52/CE et procède donc d'une « obligation constitutionnelle »[20]. Il ne saurait donc être

---

[20] Pour reprendre la formule de la célèbre décision du Conseil constitutionnel du 10 juin 2004, *Loi pour la confiance dans l'économie numérique*, n° 2004-496 DC, aux termes de laquelle

question de la faire disparaître au profit de la conciliation, même si, en pur droit, le champ de la conciliation au sens de l'article L. 211-4 du CJA comprend le champ de la médiation au sens de l'article L. 771-3 du CJA. En revanche, comme l'a d'ailleurs relevé le rapport du Conseil d'État de 2010, rien n'obligeait à cantonner la médiation administrative aux seuls litiges transfrontaliers[21], celle-ci pouvant, aux termes mêmes de la directive, être élargie aux litiges « purement internes », pour employer une expression issue du droit de l'Union.

C'est ainsi que la Chancellerie réfléchit, d'une part, à étendre le champ de la médiation à tous les litiges administratifs (et pas seulement les litiges transfrontaliers), à l'exclusion de ceux qui concernent la mise en œuvre par l'une des parties de prérogatives de puissance publique. D'autre part, la Chancellerie réfléchit à exclure le recours à un tiers dans le cadre de la conciliation afin de la réserver au seul juge mais dans tous les litiges, y compris ceux qui concernent la mise en œuvre par l'une des parties de prérogatives de puissance publique.

Les critères ainsi retenus pour distinguer conciliation et médiation pourraient être facilement identifiables :

- le premier critère serait organique : la médiation est opérée par un tiers tandis que la conciliation est opérée par le juge ;
- le deuxième critère cumulatif serait matériel : la médiation est réservée aux matières non régaliennes, alors que la conciliation pourrait comprendre les matières régaliennes.

Il en résulterait à l'évidence une clarification du droit applicable puisqu'en supprimant la possibilité que la conciliation soit menée par un tiers, on ferait sortir la conciliation prévue à l'article L. 211-4 du CJA du champ d'application de la directive 2008/52/CE.

2. Suspendre les délais de recours contentieux si un processus de médiation est engagé

En l'état du droit, aucune suspension du délai de recours n'existe en cas de recours à la médiation (seul le délai de prescription est suspendu).

L'introduction dans le droit positif d'une telle suspension des délais de recours contentieux serait de toute évidence un dispositif susceptible de fa-

l'article 88-1 de la Constitution implique que « *la transposition en droit interne d'une directive communautaire résulte d'une exigence constitutionnelle* » (cons.7), repris dans la décision du 27 juillet 2006, *Loi relative au droit d'auteur et aux droits voisins dans la société de l'information*, n° 2006-540 DC (cons. 17), qui a aménagé et précisé les limites de ce contrôle ; la formule a été reprise par le Conseil d'État dans son non moins célèbre arrêt CE, Ass., 8 fév. 2007, *Société Arcelor Atlantique et Lorraine et autres*, n° 287110.

[21] À l'exclusion de ceux qui concernent la mise en œuvre par l'une des parties de prérogatives de puissance publique (cf. *supra*).

voriser le recours à la médiation en en faisant une véritable alternative au procès.

B. Les réflexions en cours en matière de médiation civile et commerciale qui pourraient trouver un écho dans le champ de la médiation administrative

Plusieurs mesures sont envisagées pour favoriser le recours à la médiation dans le cadre civil et commercial, qui pourraient être transposées pour la médiation dans le cadre administratif.

1. Les innovations procédurales

Trois axes principaux structurent la réflexion actuelle de la Chancellerie pour accroître le recours à la médiation devant le juge civil : l'instauration, dans certains contentieux, de mécanismes de médiation préalable obligatoire ; la facilitation au plan procédural de l'homologation des accords issus de processus de médiation et de conciliation ; l'élaboration d'un barème dans tous les domaines de droit civil et commercial donnant lieu de façon répétitive à indemnisation.

a. Faire de la médiation un préalable obligatoire pour certains litiges

Les expérimentations menées en matière familiale

Deux dispositifs expérimentaux ont été instaurés en matière de médiation familiale :

- celui prévu par le décret n° 2010-1395 du 12 novembre 2010, pris pour l'application de l'article 373-2-10 du code civil, et qui précise les modalités pouvant être retenues lorsque le juge décide d'enjoindre les parties de rencontrer un médiateur pour les informer de l'objet et du déroulement d'une mesure de médiation. Précisément, ce texte permet de pratiquer un système de « double convocation » dans lequel les parties sont convoquées devant un médiateur familial, antérieurement à l'audience devant le juge aux affaires familiales, à la suite de la requête qui a été déposée ;
- celui prévu par l'article 15 de la loi n° 2011-1862 du 13 décembre 2011, instaurant une tentative de médiation familiale obligatoire, sous peine d'irrecevabilité, pour les demandes tendant à modifier des dispositions sur l'autorité parentale et la pension alimentaire contenues dans une décision de justice déjà rendue entre les parents.

Deux arrêtés du garde des Sceaux du 16 mai 2013 ont désigné les TGI d'Arras et Bordeaux pour expérimenter ces dispositifs. Des protocoles ont été négociés avec les associations de médiation et les barreaux locaux pour la mise en œuvre pratique de ce dispositif dont l'expérimentation a débuté en septembre 2013.

Un rapport d'évaluation de ces deux expérimentations est en cours de rédaction à la Chancellerie.

Les réflexions en cours devant le juge civil

Permettre au juge d'enjoindre aux parties de rencontrer un médiateur

Par un décret n° 2015-282 du 11 mars 2015, relatif à la simplification de la procédure civile, à la communication électronique et à la résolution amiable des différends, la Chancellerie a encouragé le recours aux modes alternatifs de résolution des litiges, en particulier en obligeant les parties à indiquer, dans l'acte de saisine de la juridiction, les démarches de résolution amiable précédemment effectuées.

La Chancellerie réfléchit à une modification du corpus, afin d'autoriser tout juge à enjoindre aux parties de rencontrer un médiateur au sens large, qui peut donc être un conciliateur, pour qu'il soit expliqué aux parties l'objet et le déroulement d'une mesure de conciliation. L'instauration de ce pouvoir d'injonction a vocation à lever l'opposition initiale des parties à une médiation ou une conciliation. Un tel dispositif viendrait renforcer l'effet du décret du 11 mars 2015 qui oblige les parties à présenter dès l'introduction de l'instance les efforts préalables réalisés ou non pour une résolution amiable.

Instaurer un préalable de conciliation obligatoire pour les litiges inférieurs à un certain montant

La Chancellerie réfléchit également à instaurer un préalable obligatoire de conciliation par un conciliateur de justice pour les litiges pouvant faire l'objet d'une déclaration au greffe auprès du tribunal d'instance et de la juridiction de proximité (litiges de moins de 4000 euros).

Cela permettrait au juge de n'examiner que les affaires les plus conflictuelles, tout en incitant les parties à tenter de trouver elles-mêmes une solution amiable à leur litige.

Si, compte tenu du relativement faible enjeu financier, on conçoit qu'une solution amiable est préférable pour ce type de litige, en revanche cela pose la question de l'aide juridictionnelle en cas de recours à un médiateur rémunéré.

Au demeurant, se pose la question du « droit au juge » au sens constitutionnel et conventionnel du terme, qui pourrait être regardé comme entravé même si la démarche en cause n'interdit en rien la saisine ultérieure du juge en cas d'échec.

Un tel dispositif pourrait *mutatis mutandis* être transposé aux litiges en droit administratif. On pourrait ainsi imaginer que les litiges inférieurs à un certain montant fassent l'objet d'une médiation préalable obligatoire (puisque dans le système envisagé la conciliation n'est plus le fait que du seul juge).

b. Faciliter au plan procédural les suites d'un processus de médiation ou de conciliation

La Chancellerie réfléchit à des mécanismes procéduraux facilitant devant le juge les suites de la médiation ou de la conciliation, que celles-ci aient réussi ou pas.

D'abord, lorsque la médiation ou la conciliation a réussi, la Chancellerie envisage de créer un circuit simple et rapide pour l'homologation devant le juge civil, avec obligation pour le juge de statuer dans un délai rapide (sans toutefois fixer de délai car la méconnaissance de ce délai ne pourrait être assortie de sanction).

Ensuite, la Chancellerie réfléchit à proposer un circuit plus court d'enrôlement lorsqu'il a été recouru à un processus de médiation ou de conciliation et que celui-ci a échoué. Cependant, la Chancellerie est consciente des risques de « détournement de procédure » que ferait courir l'insertion d'une telle disposition dans un cadre processuel contraignant. En effet, les personnes peuvent être incitées à se livrer à une conciliation factice pour voir leur affaire être enrôlée plus rapidement. C'est pourquoi une telle disposition aurait sans doute davantage sa place dans une circulaire afin d'inciter les juridictions à procéder à un ré-enrôlement rapide de ce type de dossiers.

c. Élaborer dans tous les domaines de droit civil et commercial qui donnent lieu de façon répétitive à indemnisation, un barème établi en fonction des décisions de justice rendues au cours des dernières années

L'élaboration d'un barème fondé sur les décisions des juridictions et susceptible d'être appliqué dans les processus de médiation pourrait être de nature à dissuader d'avoir recours à un juge pour autant que ce barème soit diffusé et appliqué par les juridictions autant que les médiateurs/conciliateurs.

Cela étant, si un tel barème serait certainement un instrument utile permettant une forme d'harmonisation entre les phases amiable et contentieuse, il ne saurait à lui seul dissuader de saisir le juge si la médiation/conciliation n'aboutit pas à un processus satisfaisant pour les parties, d'autant qu'il ne saurait être davantage qu'une indication pour le juge.

2. Utiliser les nouvelles technologies : l'exemple de la transposition de la directive 2013/11/UE du 21 mai 2013, relative au règlement extrajudiciaire des litiges de consommation (REL)

La directive 2013/11/UE du 21 mai 2013, relative au REL, a pour objet de proposer au consommateur un règlement extrajudiciaire du litige l'opposant à un professionnel lors de l'achat d'un bien ou à l'occasion d'une prestation de service, que ce litige soit national ou transfrontalier. La transposition de cette directive doit intervenir avant le 9 juillet 2015, les travaux sont conduits par la direction générale de la concurrence, de la consommation et de la répression des fraudes (DGCCRF).

Selon la directive, le règlement extrajudiciaire des litiges permet d'offrir une solution simple, rapide et peu onéreuse aux litiges entre consommateurs et professionnels sans qu'ils aient à intenter une action en justice.

Ces procédures de règlement extrajudiciaire seront conduites par des organes de règlement extrajudiciaire des litiges qui pourront, selon la législation des États membres, réunir les parties afin de faciliter la recherche d'une solution amiable et/ou proposer, voire imposer, une solution aux parties.

En France, ce seront les médiateurs qui seront principalement organes de REL ; ils pourront faciliter la recherche d'une solution amiable au litige et/ou proposer une telle solution.

Parallèlement à la directive 2013/11/UE a été adopté le même jour le règlement 524/2013, qui sera applicable à compter du 9 janvier 2016. Ce règlement crée une plateforme européenne de règlement en ligne des litiges de consommation qui reliera tous les organes nationaux de REL. Le consommateur confronté à un litige pourra introduire sa réclamation en ligne, via cette plateforme européenne qui avisera le professionnel concerné.

Il faut voir dans ce dispositif, et notamment sa plateforme, un mode de règlement d'avenir des litiges dont pourrait s'inspirer le droit administratif.

*

* *

Dans le domaine administratif, comme dans le domaine civil et commercial, il convient de rechercher la réponse la plus adaptée au règlement d'un litige particulier. À cet égard, il n'est pas sûr que tous les litiges requièrent l'intervention du juge, fût-il unique : selon leur nature ou leur intensité, certains litiges peuvent et doivent trouver une issue hors la vue du juge, par exemple dans un processus de médiation administrative mieux défini, mieux encadré et mieux connu des praticiens du droit.

C'est particulièrement le cas lorsque les parties doivent poursuivre une relation de travail ou une relation contractuelle ensemble au-delà de la période de conflit qui les oppose pour un temps.

Ceci n'exclut pas évidemment la recherche d'autres modes de règlement des litiges : la généralisation, dans un plus grand nombre de matières, d'un recours administratif préalable obligatoire, sur le modèle de ce qui a été instauré notamment pour la fonction publique militaire[22] ; un plus grand usage par l'administration de la transaction pour régler amiablement certains conflits, notamment quand l'État a engagé sa responsabilité et quand le montant de la

---

[22] Décret n°2001-407 du 7 mai 2001, organisant la procédure de recours administratif préalable aux recours contentieux formés à l'encontre d'actes relatifs à la situation personnelle des militaires.

créance du demandeur peut être évalué de manière suffisamment certaine[23] ; le recours à l'arbitrage.

L'essentiel est que chaque type de litige puisse trouver la réponse la plus adéquate en termes d'efficacité, de rapidité et de coût pour la collectivité, ce qui suppose d'assumer pleinement une diversification des formes de traitement des différends.

[23] Comme y invite la circulaire du 6 avril 2011, relative au développement du recours à la transaction (JORF n°0083 du 8 avril 2011, p. 6248).

Conclusion de Bernard Stirn, président de la section du contentieux du Conseil d'État

Vous avez eu raison d'évoquer au début de votre intervention les recours préalables. À mes yeux la frontière n'est pas étanche entre le monde des recours administratifs préalables obligatoires (RAPO) et le monde de la médiation et de la conciliation, car de nombreux RAPO jouent en réalité cet office. C'est très net en matière fiscale, où cette procédure est un grand succès. Il y a aujourd'hui à peine 20 000 requêtes fiscales devant l'ensemble des tribunaux administratifs, pour 4 millions de réclamations présentées à l'administration fiscale. Ces procédures ont été créées par Poincaré dès 1926, à une époque où c'était par centaines de milliers que les conseils de préfecture traitaient les affaires fiscales. L'administration fiscale est très attachée à cette procédure d'une efficacité remarquable, et veille à ce qu'elle se déroule dans de bonnes conditions. Vous avez cité le Comité national olympique. Je voudrais également rappeler qu'a été créé il y a quelques années en matière de fonction publique militaire un recours préalable qui est d'une grande efficacité : le contentieux de la fonction publique militaire a diminué de 80% devant les tribunaux administratifs et le Conseil d'État. De nombreuses affaires sont réglées selon des modalités internes qui concilient souvent le militaire et sa hiérarchie ne serait-ce qu'en expliquant mieux, parfois, une mesure.

Sur les procédures administratives, deux observations :

- Peut-être y aurait-il lieu de réfléchir aux référés. Les juges administratifs des référés, frappés de ce rôle de conciliation de fait qu'ils jouent, se demandent s'il ne pourrait être inscrit dans le code de justice administrative que le juge des référés peut exercer une mission de médiation et de conciliation, signer un procès-verbal de conciliation, ce qui consoliderait une pratique informelle.
- De manière plus ambitieuse, du point de vue de la juridiction administrative, certains contentieux vont aujourd'hui devant le juge alors qu'ils n'y ont pas leur place, parce qu'ils ne comportent pas de sujet juridique. C'est une véritable impasse pour les requérants, le recours ne pouvant déboucher sur aucune satisfaction. C'est le cas notamment du contentieux du droit au logement opposable (DALO) et du conten-

tieux, dans une large mesure, du revenu de solidarité active. Pour ce type de contentieux sociaux, au sens large du terme, ce dont les requérants auraient besoin, c'est beaucoup plus d'un médiateur social, qui les écouterait, les conseillerait, les mettrait en relation avec un organisme utile. C'est alors par milliers que les tribunaux administratifs seraient allégés d'affaires qui aujourd'hui sont présentées inutilement, pour le juge, mais aussi, et c'est plus grave, pour les requérants eux-mêmes.

ALLOCUTION DE CLOTURE

Pierre-Olivier Sur, bâtonnier de l'ordre des avocats de Paris

Trois leçons principales peuvent être tirées :

Tout d'abord, l'existence d'un maillon manquant juridique, en particulier en matière administrative, ce qui est paradoxal puisque c'est probablement en droit administratif que nous avons été précurseurs, avec le recours préalable, notamment en matière fiscale. Et pourtant, si le droit administratif a permis d'ouvrir la voie, il n'a pas complètement accepté de s'engouffrer, encore, dans cette voie ouverte.

La directive du 21 mai 2008 n'a donné lieu qu'à une transposition partielle pour le contentieux transfrontalier, ce qui est insuffisant, en dépit de l'étude du Conseil d'État à ce sujet et de ses rapports intervenus depuis lors. Comment, à la suite de cette journée qui a réuni des membres du Conseil d'État, des médiateurs, des magistrats de l'ordre administratif, des magistrats de l'ordre judiciaire, et des avocats, ne pas appeler ensemble à ce que ce maillon manquant soit comblé ? M. le directeur[1], la balle est dans votre camp, et pas seulement dans le cadre de J21[2], qui se présente à nos yeux (permettez maintenant le propos de l'avocat) comme une sorte de texte « ramasse-miettes ». Nous avons besoin là de pages très structurées pour combler ce que j'appelais ce maillon manquant.

Deuxièmement, je souhaite saluer mon barreau, et ceux qui ont été les inventeurs de la médiation au barreau de Paris, l'Association des médiateurs européens – Centre de médiation du barreau de Paris, présidée par Hirbod Dehghani-Azar, Romain Carayol, et l'Institut d'expertise, d'arbitrage et de médiation (IEAM), notre école de la médiation. Nous avons au barreau de Paris la première école au monde de médiation, la plus large. Je sais qu'aujourd'hui nous n'avons pas parlé d'arbitrage, mais cette école représente tous les modes alternatifs de règlement des litiges : la médiation, le droit collaboratif, les procédures collaboratives, l'arbitrage également. Elle est ouverte bien au-delà du simple périmètre du barreau, c'est une école de formation professionnelle et continue. Le barreau de Paris est prêt à relever

---

[1] Jean-Christophe Gracia, directeur adjoint des affaires civiles et du sceau.

[2] Projet de réforme judiciaire *Justice du 21e siècle.*

le défi, il fait partie de ceux qui ont initié, par la formation, cette nouvelle culture dont je parlais tout à l'heure quand j'indiquais qu'il y a maintenant non pas trois temps, mais quatre temps – le temps de la médiation étant devenu le troisième temps, et le temps du juge, peut-être un jour résiduel, étant désormais le quatrième temps.

Troisièmement, parlant encore, et m'en excusant à nouveau, des avocats, j'ajoute que les avocats sont les premiers concernés et, par leur déontologie, prêts à relever le défi pour participer à cette médiation. L'avocat a changé : quand j'ai prêté serment, il y a bientôt trente ans, on avait une image un peu caricaturale, je vais oser le dire, du menteur, de celui qui fait des effets de manche, du mauvais plaideur, de l'homme de mauvaise foi. Je crois qu'aujourd'hui, l'avocat participe à l'œuvre de vérité. Il n'est plus l'homme de la mauvaise foi, il n'est plus le sophiste, il n'est plus Protagoras, mais il est l'un des acteurs de la vérité judiciaire. Il est essentiel de le rappeler, au point que nous avons décidé, au Conseil de l'Ordre, d'en faire le thème de notre prochaine université d'hiver : la vérité. Ce nouvel avocat – cet avocat féru non seulement d'une nouvelle déontologie mais d'un nouvel impératif moral, qui le place dans cette recherche de la vérité, dans ce partage – cet avocat-là est l'interlocuteur naturel du nouveau temps qui est le temps de la médiation.

Nous appelons tous de nos vœux qu'en droit administratif nous puissions combler le maillon manquant, et, M. le directeur, si vous pouviez transmettre ce message à Mme la ministre, il serait légitime que l'on vous applaudisse. Je vous remercie.

ANNEXES

DISCOURS SUR LA MÉDIATION ADMINISTRATIVE PRONONCÉS LORS DE DIFFÉRENTS COLLOQUES ORGANISÉS PAR GEMME-FRANCE

Médiation et conciliation devant le juge administratif en Allemagne. La médiation de courte durée. Une méthode efficace pour les médiations devant les juridictions administratives allemandes

Par Prof. Dr. Roland Fritz M.A., président du tribunal administratif de Francfort-sur-le Main, Médiateur

Résumé

Roland Fritz, président du tribunal administratif de Francfort-sur-le-Main, décrit la situation actuelle de la médiation dans les conflits administratifs. Il indique les différents domaines où la médiation peut être utilisée avec succès. Dans plus de 80% des affaires où une médiation est faite à l'intérieur du tribunal, on arrive à une solution consensuelle.
Ceci provient du fait que, parfois, on utilise la nouvelle méthode de médiation de courte durée.
Cette méthode se caractérise par deux points : dans un stade préliminaire, on rassemble le maximum d'informations sur les personnes impliquées et leur différend ; ensuite, on gère la durée de façon très stricte, ce qui nécessite une préparation poussée et une surveillance rigoureuse.
En conclusion son rapport présente une étude effectuée au tribunal administratif de Francfort-sur-le-Main où les responsables et les avocats commentent différentes déclarations concernant cette médiation interne du tribunal.

Comme vous le savez tous, le système juridique allemand est très différencié.

Les principaux domaines du droit, droit civil et du travail, droit de la finance et droit administratif – ont chacun leur propre législation. Dans ce pays, l'éventail de compétences est très large.

Dans ce qui suit, je ne parlerai que des tribunaux administratifs. Ils sont compétents pour les litiges du secteur public, si ces différends ne sont pas attribués par la loi à un autre tribunal ou s'il ne s'agit pas de litiges constitutionnels.

En pratique, cela induit leur compétence dans 17 grands domaines du droit public, avec près de 1 000 sous-groupes. Il est évident que je ne peux pas tous les énumérer. Mais je voudrais citer quelques-uns d'entre eux à titre d'exemples.

Le droit d'asile, la loi sur la fonction publique, le droit municipal, le droit de police, le droit de la construction, le droit de l'université et le cadre réglementaire pour les banques et les compagnies d'assurance.

Dans tous ces domaines – à part le droit d'asile – les différends peuvent être réglés par la médiation.

D'une part, les médiations sont extrêmement réussies, d'autre part, leur nombre n'est pas encore très élevé par rapport aux autres décisions judiciaires.

Dans ce contexte, les éléments suivants peuvent être observés : une administration peut être prête à discuter des conflits avec les citoyens d'une manière consensuelle, puisque plus de 80% des entretiens trouveront un accord consensuel. Par ailleurs, dans 20 à 30% l'entente ne se limite pas à résoudre le cœur du conflit, mais aussi d'autres problèmes connexes entre les parties.

Que signifie « **accord consensuel** » ?

Il y a trois possibilités ou alternatives...

Alternative 1

Avant de décider d'un acte administratif, le devoir de l'administration est de s'asseoir avec les citoyens concernés à une table dans le but de parvenir à une solution consensuelle. Il est convenu que pour cela l'aide d'un tiers neutre est nécessaire, c'est le médiateur.

De nos jours, on ne discute plus le principe de l'utilisation de cette voie dans les affaires de droit public.

La seule question qui reste est de savoir si le cadre juridique permet une telle action alternative administrative, alternative dans la mesure où il existe plusieurs solutions disponibles pour résoudre le conflit.

En matière d'asile, par exemple, ce choix n'existe pas.

En ce qui concerne la question de savoir si oui ou non il y a persécution politique, la réponse ne peut être que oui ou non. Cela signifie que la médiation ne peut pas être prise en considération.

Toutefois, si la loi permet à l'autorité de choisir entre les modes d'action différents, ou si le cadre juridique est ouvert à l'interprétation des conditions légales, une solution consensuelle au conflit devient possible.

Par exemple, une autorité de planification peut accorder, en harmonie avec les souhaits du propriétaire et les exigences générales de développement, une exception sur la hauteur du bâtiment, sur son utilisation ou sa situation dans la propriété et ainsi de suite.

Cette alternative ne nécessite pas de passer par le tribunal, à la différence des deux alternatives suivantes.

Alternative 2

L'autorité ne négocie pas, mais émet un acte administratif impliquant une charge pour un sujet. Par exemple, il l'oblige à démolir sa maison délabrée. Ou l'autorité refuse la subvention requise.

Contre ces décisions, une plainte est déposée devant le tribunal administratif avec demande d'annulation de la mesure lourde pour la remplacer par une décision favorable.

Le tribunal peut alors recommander aux parties d'interrompre la procédure, de demander l'aide d'un médiateur professionnel **externe** et d'essayer de parvenir à un accord.

Cette approche correspond dans une large mesure à l'idéal du législateur allemand et des représentants des professions juridiques concernées.

Malheureusement les tribunaux ne souscrivent à ce genre de proposition que dans de rares cas. Quand cela se présente, elle est souvent refusée par les parties pour des raisons de coût, parce que le recours à un médiateur professionnel implique des coûts en plus des frais judiciaires et des frais d'avocats.

Alternative 3

Si un citoyen dépose une plainte devant le tribunal administratif avec les mêmes objectifs que dans la variante 2, au lieu de décider de manière traditionnelle, le tribunal a le droit d'offrir aux citoyens et aux autorités la possibilité de résoudre le conflit dans le cadre de la **médiation interne à la cour**, avec l'aide d'un médiateur judiciaire, qui ne doit être impliqué dans aucune décision potentielle de l'affaire si, en cas de non-accord, elle devait suivre les règles générales de la procédure des tribunaux. Cette « offre » de la cour est souvent bien acceptée par les parties.

Pourquoi ? Tout d'abord, sans doute, pour des raisons financières. La médiation par le médiateur judiciaire n'entraîne pas de coûts supplémentaires.

Mais il y a une autre raison attrayante : cela fait gagner du temps aux plaignants, aux avocats et aux autorités.

Ceci vient du fait que la médiation judiciaire utilise une méthode appelée « **médiation de courte durée** ».

Quelle est la particularité de la médiation de courte durée ?

Eh bien, les parties ont seulement un temps limité. La méthode exige le règlement du conflit en une seule séance.

Une phase dite préliminaire est donc indispensable.

Cette phase (qui n'est utilisée dans la médiation ordinaire que pour régler des questions techniques) consiste dans le cas de la médiation de courte durée à échanger des informations entre le médiateur et les parties.

Le médiateur donne des informations sur la procédure, le demandeur et le défendeur des informations sur le conflit.

Le médiateur utilise ces informations pour élaborer des hypothèses relatives aux parties, à leur conflit et à la conception d'un processus de médiation réussie qui inclut l'action du médiateur lui-même. Ces hypothèses servent à fournir des orientations pour que le processus se réalise de façon idéale.

La phase préliminaire sert également à déterminer le calendrier et la gestion du temps.

Le médiateur élabore un programme : combien faudra-t-il de temps pour exposer le sujet, combien de temps pour les intérêts en jeu, combien de temps pour les options ? Il examinera également une période dite de « *wild card* », une réserve de temps pour les imprévus au cas où une étape du processus ne pourrait pas être réalisée dans le temps imparti.

Enfin, le médiateur préparera la réunion, il exposera systématiquement les différentes étapes du processus. Il expliquera ces différentes étapes aux parties ainsi que la méthode et les techniques utilisées. Avec cette préparation systématique la phase préliminaire est terminée.

Quelques mots sur **la mise en œuvre** et la réalisation de la médiation de courte durée.

- Le médiateur fournira l'équipement technique nécessaire.
- Au début, il va discuter avec les parties sur les règles de conduite et la gestion du temps.
- Il doit impliquer les avocats dans le processus.
- Avec les parties, il va passer par toutes les étapes-clés du processus et il fera en sorte que le calendrier soit respecté.

J'ai effectué un **sondage** auprès du tribunal administratif de Francfort avec des responsables gouvernementaux et des avocats, qui avaient une expérience personnelle de la médiation. Les résultats confirment ce que j'ai mentionné.

La question centrale était la motivation : « quelles sont vos raisons de participer à une médiation ? »

Plus de 80% des répondants ont identifié les trois raisons suivantes :

- Prévention des conflits futurs
- L'intérêt pour la médiation
- L'espoir d'un gain de temps.

La question : « qu'est-ce qui est favorable à la médiation ? », a entraîné les réponses suivantes :

- La compétence du médiateur
- L'organisation (environnement, installations, atmosphère non judiciaire)
- L'orientation vers les résultats
- La présence de décideurs administratifs.

D'un autre côté, il y avait certains points identifiés comme peu propices :

- De fausses attentes
- Comportement passif du médiateur
- Déclarations non contraignantes.

La question de l'atmosphère au cours de la médiation a été principalement décrite comme « agréable ».

Tous ceux qui ont répondu sont d'accord pour admettre qu'il était important, pour l'acceptation de la médiation, que le médiateur soit un juge du tribunal. Dans le même temps, il est apparu aussi important qu'il ne se comporte pas comme un juge, mais plutôt comme un intermédiaire et une personne sensible.

Une dernière série de questions au sujet de la médiation par rapport à un procès traditionnel a montré les réponses suivantes :

À la question de savoir si le processus de médiation a correspondu aux attentes, 80% des parties ont affirmé que oui.

Le même résultat a été obtenu pour la question « Le conflit a-t-il été résolu grâce à la médiation de façon définitive ? ».

90% ont exprimé leur conviction que la médiation est une alternative très utile aux procédures judiciaires traditionnelles, et à nouveau 90% ont répondu par la négative à la question de savoir si un procès devant le tribunal aurait donné un résultat similaire.

Permettez-moi de résumer :

La médiation judiciaire interne dans les tribunaux administratifs allemands est bien établie.

La médiation ne peut pas et ne remplacera pas la procédure judiciaire. Le processus de médiation et la procédure judiciaire sont des options différentes qui sont complémentaires et ne s'excluent pas.

Et maintenant, mon dernier commentaire :

Celui qui, d'après ce que je vous ai dit, conclurait, qu'en Allemagne, la médiation judiciaire interne a un brillant avenir, se trompe. La mise en œuvre prévue de la directive sur la médiation de l'Union européenne par le législateur allemand prévoit l'interdiction de la médiation judiciaire interne. Au lieu de cela, le juge devrait à l'avenir être autorisé à utiliser des « éléments » de médiation.

Mais cela sera peut-être le sujet d'une autre causerie.

(Remarque : En attendant, les organismes allemands législatifs "*Deutscher Bundestag*" et "*Deutscher Bundesrat*" ont adopté la loi sur la nouvelle médiation. Elle permet à nouveau aux juges, qui ne sont pas impliqués dans une éventuelle décision concernant l'affaire en question, d'aider les parties grâce à la médiation – mais il est interdit de l'appeler « médiation interne du tribunal ».)

Médiation administrative en Allemagne

Par Dr. Jan Malte von Bargen, LL.M. (University of Michigan)

Les différentes approches de résolution des conflits par consensus, en particulier par la médiation, bénéficient actuellement d'une attention et d'une attraction qui augmentent rapidement. Le nouveau statut de la médiation allemande, rédigé à partir de la directive 2008/52/EG européenne, devrait lui donner encore une impulsion positive. Le 28 juin 2012, le Parlement (*Bundestag*) a finalement accepté[1] la proposition de règlement élaborée par le groupe de travail conjoint du Bundesrat et du Bundestag (*Vermittlungsausschuss*)[2]. Il devrait entrer en vigueur à l'automne 2012. Le domaine de cette loi nouvelle de médiation allemande ne sera pas lié à des sujets spécifiques, il s'étendra également au secteur administratif et législatif, même si la directive européenne est limitée aux litiges transfrontaliers en matière civile et commerciale[3]. Issue de la directive européenne relative aux matières civiles et commerciales, la nouvelle loi allemande ne concernera pas le domaine particulier du droit administratif, ni en ce qui concerne le contenu, ni les modalités. Ses modifications formelles auront une incidence

---

[1] Le protocole de la session avec d'autres liens vers de la documentation parlementaire peut être trouvé sur le site suivant :
http://www.bundestag.de/dokumente/protokolle/amtlicheprotokolle/2012/ap17187.html.

[2] Suggestion des *Vermittlungsausschuss* concernant le statut de la médiation, *Drucksache* 17/10102, 27.06.2012, disponible à http://dip.bundestag.de/btd/17/101/1710102.pdf. Le différend entre le *Bundestag* et le *Bundesrat* concerne l'avenir des programmes de médiation en justice établis dans de nombreuses juridictions allemandes. Ces programmes permettent aux juges qui ne sont pas autorisés à se prononcer sur le fond de l'affaire en question à agir en tant que médiateurs dans leur fonction de juges. La majorité du *Bundestag* voulait mettre fin à ces programmes pourtant couronnés de succès et favoriser le transfert de ces cas à des médiateurs privés. Le *Bundesrat* ne voulait pas renoncer à ses projets. Enfin, le *Bundesrat* a réussi à convaincre le *Bundestag*, et la loi nouvelle sur la médiation devrait désormais expressément permettre ce genre de médiation spéciale par les juges.

[3] Art. 1 (2) La directive 2008/52/CE du Parlement européen et du Conseil du 21 mai 2008 sur certains aspects de la médiation en matière civile et commerciale, Journal officiel n ° L 136 du 24/05/2008, p. 3. (s'applique, dans les litiges transfrontaliers, aux matières civiles et commerciales).

sur la loi de procédure des tribunaux administratifs, mais tous les autres codes administratifs ne seront pas directement touchés. Ainsi, il sera très intéressant de voir l'impact exact des nouveaux statuts du domaine particulier de procédure administrative extérieure au tribunal.

Les autres institutions administratives ont mis plus longtemps que les tribunaux administratifs pour découvrir le potentiel de la médiation et elles ont juste commencé, très prudemment, à l'explorer[4]. Jusqu'à aujourd'hui, du moins en Allemagne, une idée très démodée de procédure administrative existe et domine les concepts et les statuts. Eberhard Schmidt-Assman décrit ces concepts de la façon suivante : pour chaque affaire il doit y avoir une décision. Les décisions d'exécution sont le mode normal de l'action de l'administration en Allemagne. Les procédures doivent être « *au service* » des règles prescrites par la loi. On considère que les citoyens doivent rechercher leurs droits individuels, et que l'administration est chargée de faire les lois et les statuts. Finalement, le corps administratif est exclusivement responsable de la définition du bien-être commun[5]. En résumant, *Klaus Bloch* déclare : « *les administrations sont censées agir, pas négocier* »[6].

Cependant, il y a déjà eu quelques exceptions spectaculaires : cas dans lesquels diverses unités administratives avaient déjà suivi une philosophie différente de la procédure, inspirée par l'idée d'un bien-être coopératif, des négociations, la résolution des conflits par la procédure administrative et une gestion intelligente de la communication.

L'une de ces exceptions est le projet de la dernière extension de l'aéroport international de Francfort / Main[7], qui peut être considérée comme cruciale. Pour une large acceptation de cette extension à l'époque de la construction de la piste, une procédure de médiation précoce avait été mise en place avant même le début des procédures formelles de planification administrative. Après une médiation réussie, l'extension de l'aéroport a été

---

[4] De simples tribunaux administratifs (Berlin, Fribourg) ont déjà commencé en 2001 à mettre en place des projets modèles très réussis de médiation interne au tribunal faite par les juges. Ces projets ont été suivis par les tribunaux de toute l'Allemagne. Pour des informations détaillées sur les faits et le contexte juridique, voir Jan Malte von Bargen, *Médiation Gerichtsinterne - Eine der Kernaufgabe rechtsprechenden Gewalt*, 2008.

[5] Eberhard Schmidt-Assmann, Verwaltungsverfahren, dans : Isensee / Kirchhof (éditeurs), *Handbuch des Staatsrechts*, Volume 5, troisième édition, 2007, p. 1073.

[6] Klaus Bloch, Médiation Médiation und im Verwaltungsrecht beim Verwaltungsgericht, Bayerische Verwaltungsblätter, 2010, p. 136 (137).

[7] Sur ce point, voir le rapport très instructif sur les procédures de planification de l'aéroport international de Francfort par Christine von Knebel, Die Ausbauplanung des Flughafens Francfort / Main - Praxisbericht ein, Zeitschrift für Umweltrecht 2011, p. 351 ; aussi Rudolf Steinberg, Die Bewältigung von durch Infrastrukturvorhaben Verwaltungsverfahren - eine Bilanz, Zeitschrift für Umweltrecht 2011, p. 340 (342, 344); Lars Schäfer, médiation im Bereich öffentlichen, 2011, p. 81 ; Lars Schäfer, médiation im Bereich öffentlichen braucht gesetzliche Regeln, Neue Zeitschrift für Verwaltungsrecht 2006, p. 39 ; Viola Bolscher, Die Flughafenerweiterung Frankfurt / M. - Spannungsfeld zwischen politischer médiation und Verwaltungsverfahren, Zeitschrift für Konfliktmanagement 2006, p. 116.

acceptée presque sans manifestations. Dans les années soixante-dix et quatre-vingts, lorsque la dernière piste a été construite sur le même aéroport, les esprits ont été chauffés à un niveau complètement différent.[8]

D'autre part, le projet de rénovation de la gare centrale dans le centre de Stuttgart (S21), où aucune procédure ADR n'a accompagné le processus de planification et d'autorisation, a entraîné à nouveau de grandes manifestations et des blessés, lorsque le chantier a été préparé au printemps 2011[9]. Pour cette préparation, 282 vieux arbres d'un parc devaient être abattus en comparaison des 216 hectares de forêt rasés pour la quatrième piste de Francfort en 2009. Par la suite, pour apaiser la situation à Stuttgart[10] une procédure de conciliation publique diffusée en direct a été essayée sans grand succès. Même si des procédures judiciaires et des problèmes sont nés à Francfort en raison de violations de l'accord de médiation par le gouvernement, cette médiation peut encore être considérée comme un modèle pour l'avenir[11].

Un autre exemple concret de cette nouvelle façon d'organiser les procédures administratives est le projet de médiation "*Landwehr-canal*" à Berlin. Le canal historique utilisé pour le transport touristique et comme zone de loisirs de la ville doit être entièrement rénové. L'administration a découvert la situation en raison d'un effondrement majeur de 50 mètres de murs. Elle a décidé de fermer le canal, de rénover ses 8 km et pour cela, il a fallu abattre une quantité d'arbres comparable à ce qui avait été fait pour la gare de Stuttgart. Un grand nombre de personnes ont manifesté contre ces projets et les médias en ont parlé. Dans cette situation, l'administration a décidé de tenter une médiation qui est toujours en cours et est devenue l'une des procédures de médiation les plus importantes dans le monde germanophone, s'étendant

[8] Le projet de construction de la piste ouest dans les années 80 a engendré des protestations massives par les résidents et les écologistes. Des manifestations monstres et un camp massif de manifestants ont été mis en place sur le chantier. Les parties en conflit se sont été disputées à propos de l'augmentation des bruits, de la pollution et de la suppression d'un grand nombre d'arbres. Les protestataires sont même allés sur la piste après sa mise en service en 1984. Lors de manifestations en 1987, deux policiers ont même été tués et d'autres blessés par un homme armé. Pour cet incident voir : http://www.apnewsarchive.com/1987/Two-Police-Shot-at-Airport-Protest-Suspect-Arrested/id-de7ca3e096fb262bdb1470564101a401.

[9] Pour plus d'informations sur la controverse reportez-vous à : https://en.wikipedia.org/wiki/Stuttgart_21 ou en moins détaillées : https://fr.wikipedia.org/wiki/Stuttgart_21.

[10] Pour la documentation de cette conciliation, voir http://www.schlichtung-s21.de.

[11] Entre autres, le gouvernement n'a pas fait respecter l'interdiction convenue des vols de nuit. Cela a abouti à une décision de la Cour administrative fédérale (Bundesverwaltungsgericht) renforçant l'accord de médiation. Voir le communiqué de presse du 4 avril 2012 à : http://www.bundesverwaltungsgericht.de/enid/3ca8c71e1fe9d4bd4bc149aa44b254b2,cb072c7365617263685f646973706c6179436f6e7461696e6572092d093134313539093a095f7472636964092d09353737/Pressemitteilungen/Pressemitteilung_9d.html.

sur beaucoup de questions et impliquant un grand nombre de participants, de services de l'administration et d'entreprises[12].

Un dernier exemple impressionnant est la réalisation d'une nouvelle ligne de tramway à Mannheim. Le tracé, qui a été initialement proposé par l'administration, mais a été fortement critiqué par le public, a été très remanié, en tenant compte des résultats d'une procédure de médiation avant que les procédures formelles d'autorisation administrative aient commencé. Après ces corrections le projet a pu être réalisé très rapidement sans grandes interruptions pour des questions juridiques[13].

La plupart de ces exemples sont des exceptions. Le tournant vers une nouvelle approche administrative peut être vu dans la procédure de conciliation de la nouvelle gare de Stuttgart au printemps 2011. Même les fervents partisans de l'approche traditionnelle administrative devraient se rendre compte que les grands projets d'infrastructure ne peuvent être réalisés à l'avenir sans obtenir au préalable l'acceptation la plus grande possible au sein des membres de la communauté.

Toutefois, les statuts actuels des procédures administratives laissent un espace très limité pour pratiquer cette nouvelle approche, voire faire progresser la « qualité » de la communication des services administratifs. Ces dernières années, les possibilités ont encore diminué en raison de quelques impulsions originales. Au lieu d'améliorer l'état de la procédure, la tendance était - complètement à l'encontre de la tendance européenne[14] – de marginaliser les droits procéduraux. Les dernières propositions donnent de l'espoir cependant[15]. Un paragraphe analogue au § 33 b de la loi fédérale

---

[12] Les informations sur l'ensemble du projet, les faits et les documents peuvent être trouvés à http://www.landwehrkanal-berlin.de.

[13] Les informations peuvent être trouvées dans http://www.stadtbahn-mannheim-nord.de/.

[14] Pour une description détaillée de ces idées, voir Bernd Holznagel / Janina Nagel, Verfahrensbeschleunigung nach dem Energieleitungsausbaugesetz - Grenzen und Verfassungsrechtliche Alternativen, Deutsches Verwaltungsblatt 2010, p. 669 et suiv.

[15] Vgl. z.B. Matthias Knauff, Öffentlichkeitsbeteiligung im Verwaltungsverfahren, Die Verwaltung Öffentliche 2012, p. 1 (3 et suiv.); Wolfgang Durner, Möglichkeiten der Verbesserung förmlicher Verwaltungsverfahren suis Beispiel der Planfeststellung, Zeitschrift für Umweltrecht 2011, p. 354 (355), Rainer Pitschas, médiation als kollaborative gouvernance, Die Verwaltung Öffentliche 2011, p. 333 (339 f.); Ruldolf Steinberg, Die Bewältigung von durch Infrastrukturvorhaben Verwaltungsverfahren - eine Bilanz, Zeitschrift für Umweltrecht 2011, p. 340 (350); Reinhard Wulfhorst, Konsequenzen aus "Stuttgart 21": Vorschläge zur Verbesserung der Bürgerbeteiligung, Die Verwaltung Öffentliche 2011, p. 581 (583 et suiv.), Annette Guckelberger, Einheitliches Mediationsgesetz auf für verwaltungsrechtliche Konflikte, Neue Zeitschrift für Verwaltungsrecht 2011, p?. 390 (392 et suiv.), Annette Guckelberger, Formen und von Öffentlichkeit Öffentlichkeitsbeteiligung im Umweltverwaltungsrecht, Verwaltungsarchiv 2012, p. 31 (57 et suiv.). Dans ce contexte l'avis du comité consultatif "procédure administrative" du ministère fédéral de l'Intérieur est également intéressant : Für mehr und Transparenz Akzeptanz: frühe Öffentlichkeitsbeteiligung bei Genehmigungsverfahren, Neue Zeitschrift für Verwaltungsrecht 2011, p. 859.

suisse sur la médiation dans la procédure administrative n'est pas en vue[16], mais le développement actuel va dans la bonne direction.

Par quelques réflexions je vais essayer d'expliquer les raisons de l'importance croissante de la médiation administrative[17].

Une phrase-clé expliquant cette évolution peut être trouvée dans l'idée de ce que l'on appelle « l'État coopératif[18]». Ce concept d'État vise une organisation qui non seulement oriente de façon unilatérale, s'attend à l'obéissance de ses citoyens et agit en donnant des obligations. Cet État utilise les négociations, les conciliations et tente de trouver un équilibre, il fonctionne avec des stratégies de négociation et de conviction. Il est, en parlant comme Hermann Pünder, moins « gouvernement » et plus « gouvernance »[19], « nouvelles formes d'autocontrôle et d'auto-surveillance »[20] qui s'avèrent plus efficaces et efficientes dans la société industrielle moderne. Que les procédures de médiation conviennent particulièrement aux décisions administratives compliquées, qui ne peuvent être prises qu'au cas par cas, ne nécessite aucune explication supplémentaire.

Une autre raison de la popularité croissante de la médiation dans le contexte administratif est probablement la possibilité d'améliorer la qualité des décisions administratives et donc de contribuer à développer une « bonne » administration telle que la garantit l'art. 41 de la Charte des droits fondamentaux de l'Union européenne.

Enfin, de nouvelles approches de gestion efficace au sein de l'administration[21] doivent être mentionnées. Ces approches considèrent les citoyens non seulement comme des destinataires, mais aussi comme des co-créateurs des procédures et des décisions de l'État. La « *qualité* » n'est pas seulement de réaliser « *pour* » les citoyens, mais aussi « *avec* » eux[22]. Les procédures de médiation ont également un potentiel très élevé dans ce contexte.

---

[16] Introduit par le ch. 10 de l'annexe à la loi du 17 juin 2005 sur le tribunal administratif fédéral, en vigueur depuis le 1er janv. 2007 <8ro 2006 2197 ; FF 2001 4000).

[17] Pour une discussion détaillée, voir Jan Malte von Bargen, la médiation dans Verwaltungssachen, dans: Quaas / Zuck, Prozesse dans Verwaltungssachen, deuxième édition 2011, p. 1002 et suiv.

[18] Pour une description détaillée de ce concept, voir Helmuth Schulze-Fielitz, § 12 Grundmodi der Aufgabenwahrnehmung, dans: Hoffmann-Riem / Schmidt-Assmann / Voßkuhle (éditeurs), Grundlagen des Verwaltungsrechts, vol. I, 2006, p. 761 et suiv., 790 et suiv., 796 f.

[19] *Hermann Pünder*, Verwaltungsverfahren, in: Erichsen / Ehlers (editors), Allgemeines Verwaltungsrecht, 14th edition 2010, p. 568 ff., 570.

[20] Pour le terme « gouvernance », voir Andreas Voßkuhle, dans: Hoffmann-Riem / Schmidt-Assmann / Voßkuhle (éditeurs), Grundlagen des Verwaltungsrechts, vol. I, 2006, p. 1 et suiv., 23, 57 et suiv.

[21] Hermann Hill, Qualitätsmanagement im 21. Jahrhundert, dans: Hill (rédacteur en chef), Qualitätsmanagement Wege zum, 2010, p. 11 ss ; Hermann Hill, Qualitätsmanagement im 21. Jahrhundert - Ein Neuansatz, Die Verwaltung Öffentliche 2008, p. 789.

[22] Hermann Hill, Qualitätsmanagement im 21. Jahrhundert, dans: Hill (rédacteur en chef), Qualitätsmanagement Wege zum, 2010, p. 11 ss ; Hermann Hill, Qualitätsmanagement im 21. Jahrhundert - Ein Neuansatz, Die Verwaltung Öffentliche 2008, p. 789.

Un avantage énorme des procédures de médiation administrative est leur capacité à augmenter les chances de trouver une solution innovante, en particulier dans la phase préparatoire d'une décision administrative complexe par rapport aux procédures traditionnelles hiérarchiquement structurées. La volonté d'accepter les décisions administratives au sein de la communauté sera considérablement augmentée, non seulement parmi les citoyens qui participent directement au processus de médiation, mais aussi dans l'ensemble de la société. L'inconvénient est bien sûr que si la médiation échoue, l'effort consenti n'a aucun effet. Les choses sont encore pires si la solution trouvée en médiation n'est pas correctement suivie par l'administration. Dans le cas de l'aéroport de Francfort, déjà mentionné ci-dessus, la médiation avait accepté d'interdire les vols de nuit, cependant cela n'a pas été appliqué. Ce type de décision pourrait réduire considérablement la volonté d'accepter de participer à une procédure de médiation.

En guise de conclusion, je tiens à faire remarquer qu'en ce moment la médiation administrative en Allemagne n'est pas toujours à la hauteur des attentes. Les médiateurs auront des problèmes dans les trois prochaines années pour réaliser les médiations nécessaires aux 1 000 km de lignes électriques à haute tension que vient de prévoir le législateur allemand[23]. D'autre part, ce serait une énorme erreur de sous-estimer le potentiel de la médiation dans le contexte administratif. Dans chaque scénario, il faut essayer d'œuvrer en faveur d'une valorisation des procédures administratives que nous venons de décrire, au lieu de continuer à chercher leur accélération uniquement par le déclin de la procédure classique.

[23] Sur ce point, voir seulement Masterplan für Merkel, Süddeutsche Zeitung 30.05.2012 v.

Questions juridiques aux éditions L'Harmattan

Dernières parutions

DIVORCE (LE) DU CHEF D'ENTREPRISE
Artiste, libéral, artisan, commerçant, actionnaire – Se marier, payer, divorcer
Rond Patrice
Patrice Rond, expert financier auprès des tribunaux, donne dans cet ouvrage les clés incontournables qui permettent à un entrepreneur, quel qu'il soit, d'anticiper sur ses droits et ses risques en cas de divorce. Prendre les bonnes décisions de protection de son patrimoine en choisissant les bons contrats de mariage, savoir changer de régime matrimonial quand il s'avère inadapté est tout à fait possible et souhaitable.
(16.50 euros, 158 p.)
ISBN : 978-2-343-05282-3, ISBN EBOOK : 978-2-336-36540-4

L'EXPERTISE NON JUDICIAIRE À L'AUNE DES DROITS FONDAMENTAUX
Goujon-Bethan Thibault
L'expertise déjudiciarisée est en plein essor, d'une part parce que l'avis d'experts se révèle indispensable dans un nombre croissant de matières juridiques irriguées par la technique (construction, dommage corporel), et d'autre part, car la recherche d'une efficacité économique conduit à minimiser le recours au juge. Cet ouvrage est conçu comme un mode d'emploi pour aider à la décision.
(Coll. Droit privé et sciences criminelles, 21.00 euros, 196 p.)
ISBN : 978-2-343-05335-6, ISBN EBOOK : 978-2-336-36778-1

TRANSPARENCE (LA) FINANCIÈRE DES ÉLUS POLITIQUES FRANÇAIS
Les conséquences des mesures législatives de 2013
Cael Céline - Préface de Sébastien Jakubowski ; postface de Pierre-Yves Néron
Cet ouvrage veut étudier les apports des lois et dispositifs mis en œuvre pour lutter contre la corruption depuis l'affaire Cahuzac, avec notamment la mise en place d'une haute Autorité pour la Transparence de la Vie Publique, le durcissement des conditions d'éligibilité, l'encadrement du *lobbying*, la naissance d'un procureur financier,... L'auteur analyse les conséquences de ces mesures et rend compte à l'aide d'entretiens d'élus politiques, des résistances de ces derniers à une publicité financière envers les citoyens.
(Coll. Logiques sociales, 21.00 euros, 214 p.)
ISBN : 978-2-343-05013-3, ISBN EBOOK : 978-2-336-36817-7

QUI A PEUR DE LA NOUVELLE PEINE SANS PRISON ?
Ajouter du «lien» et non du «rang» pour réussir la contrainte pénale et en finir avec la récidive
Delamotte Danielle
La contrainte pénale, nouvelle peine sans prison, fait peur. Car, ce qu'on retient d'elle, c'est qu'elle évite la prison. Le sujet est pourtant plus complexe et plus nuancé. Les psychologues et les criminologues s'accordent à dire que la délinquance est la maladie du lien. Pour soigner cette maladie, il faut s'intéresser à la personne et la placer au centre de la réflexion pour envisager la «contrainte pénale» sous un autre angle.
(11.50 euros, 86 p.)
ISBN : 978-2-343-04717-1, ISBN EBOOK : 978-2-336-36487-2

JUSTICE (LA) PÉNALE INTERNATIONALE EN AFRIQUE
Aspects juridiques, défis et perspectives
Diakité Kémoko - Préface du professeur Alioune Sall
Cet ouvrage met en exergue le contexte de création ainsi que les aspects juridiques et judiciaires des juridictions pénales internationales en Afrique, notamment le TPIR (Tribunal Pénal International pour le Rwanda), la CPI (Cour Pénale Internationale)... Il montre également les défis et les perspectives de la Justice pénale internationale en Afrique.
(23.00 euros, 234 p.)
ISBN : 978-2-343-05050-8, ISBN EBOOK : 978-2-336-36705-7

GOUVERNANCE, ENJEUX ET MONDIALISATION
Recherche sur les politiques environnementales de zonage maritime
Le challenge maritime de la France de Méditerranée et d'Outre-mer
Sous la direction de François Féral et Bernard Salvat
Dans le Pacifique et l'Océan Indien, la France ne participe pas très activement au mouvement de création d'aires marines protégées géantes alors que les possibilités y sont grandes. En métropole et Outre-mer, la mise en place des parcs naturels marins apparaît laborieuse. Le programme Gouvernance des Grandes Aires Marines Protégées a donné l'occasion à deux équipes de se pencher sur ce phénomène institutionnel majeur dans la conduite globale des politiques de protection des mers et des océans.
(23.00 euros, 218 p.)
ISBN : 978-2-343-04160-5, ISBN EBOOK : 978-2-336-36489-6

COLLECTIVITÉS TERRITORIALES ET ORGANISATIONS RÉGIONALES
De l'indifférence à l'interaction
Sous la direction de Danielle Perrot
Cet ouvrage traite des modes d'insertion des collectivités territoriales dans des organisations internationales conçues par leurs États de rattachement dans diverses régions du monde. Ces collectivités, ou «entités infra-étatiques» selon le droit international, sont souvent oubliées lors des débuts de ces constructions régionales. Elles tentent d'obtenir d'être représentées, et leur participation peut générer une interaction moins inégalitaire.
(Coll. Grale, 47.00 euros, 488 p.)
ISBN : 978-2-343-05111-6, ISBN EBOOK : 978-2-336-36639-5

ÉTHIQUE (L') DE L'AVOCAT PÉNALISTE
Rude-Antoine Edwige - Préface de Jean Danet
L'avocat est représenté, dans la fiction, sous les traits d'un être ambigu, sans cesse sur le fil... ce livre tente d'en approcher la réalité, qui est tout autre. Quelles relations d'ordre éthique l'avocat entretient-il avec lui-même mais aussi avec l'autre : son client, qu'il soit prévenu ou accusé, les jurés, les magistrats ? Peut-on parler du rapport de l'avocat à la vérité ? Comment peut-il construire des lignes de défense tout en restant partenaire de justice ?
(Coll. Éthique en contextes, 21.00 euros, 208 p.)
ISBN : 978-2-343-05222-9, ISBN EBOOK : 978-2-336-36460-5

NAISSANCE DE L'OBSERVATOIRE DE LA RÉCIDIVE ET DE LA DÉSISTANCE
Un long processus inachevé
Tournier Pierre V.
L'analyse de la récidive aurait logiquement dû relever de la compétence de l'Observatoire national de la délinquance et des réponses pénales placé sous l'autorité du Premier ministre. Mais sous l'impulsion de Christiane Taubira le choix s'est porté sur la création d'un observatoire *ad hoc* de plus, dépendant du ministère de la Justice : l'Observatoire de la récidive et de la désistance (août 2014). Ne s'est-on pas ainsi privé des outils d'une évaluation indépendante de la loi du 15 août 2014 sur la contrainte pénale et la libération sous contrainte ?
(Coll. Criminologie, 19.00 euros, 184 p.)
ISBN : 978-2-343-05118-5, ISBN EBOOK : 978-2-336-36387-5

ÉLÉMENTS DE PRÉVENTION DU CRIME
Lemaître André
Cet ouvrage montre la diversité des modèles de prévention de la délinquance, leur spécificité mais aussi leur nécessaire complémentarité. Il insiste également sur l'obligation de veiller aux aspects éthiques des politiques de prévention mises en place. En effet, l'utopie d'une société débarrassée de toute forme de criminalité contient la disparition de toute liberté.
(Coll. Sciences criminelles, série Controverses, 15.50 euros, 160 p.)
ISBN : 978-2-343-04666-2, ISBN EBOOK : 978-2-336-36324-0

SEXUALITÉ (LA) À L'ÉPREUVE DU COUPLE
Les révélations d'une avocate
Dalbin Agnès
Dans la majorité des divorces, les difficultés d'ordre sexuel sont souvent pointées du doigt comme une cause majeure de la rupture. S'appuyant sur les confidences recueillies lors de ses entretiens avec les couples qui divorcent, l'avocate Agnès Dalbin tente d'apporter son éclairage personnel sur cette problématique. Ce livre évolue comme une véritable histoire humaine, du mariage au divorce, en passant par la parentalité et l'après-divorce.
(Coll. La justice au quotidien, 13.50 euros, 118 p.)
ISBN : 978-2-343-04938-0, ISBN EBOOK : 978-2-336-36399-8

DROIT (LE) DU HANDICAP ET LA GESTION DU PATRIMOINE CULTUREL
Vers un modèle européen ?
B. Degros Eric
La rencontre entre le droit du handicap et le droit du patrimoine peut conduire à une confrontation d'intérêts contradictoires, nécessitant de trouver un équilibre entre le principe de l'accessibilité et le respect de l'authenticité, en faveur d'une conservation durable du patrimoine culturel. Il apparaît essentiel de trouver un équilibre entre «le droit des gens» et celui «des pierres».
(40.00 euros, 424 p.)
ISBN : 978-2-343-04418-7, ISBN EBOOK : 978-2-336-36269-4

DROIT BANCAIRE ISLAMIQUE
Notions, mécanismes et protections pénales
Jafari Amin
Conçu comme un manuel de droit, l'ouvrage étudie trois thèmes principaux : la notion de finance islamique et son fonctionnement, les instruments bancaires islamiques et enfin la protection du système bancaire dans l'ensemble de ses instruments et fonctionnements. La 3e partie propose un regard classique de droit pénal des affaires en matière de droit bancaire de finance islamique. Les branches chiite et sunnite de la finance islamique ont été distinguées dès le départ, permettant ainsi une comparaison tout au long du livre.
(Coll. Sciences criminelles, 33.00 euros, 326 p.)
ISBN : 978-2-343-04637-2, ISBN EBOOK : 978-2-336-36380-6

DROIT (LE) INTERNATIONAL. ASPECTS POLITIQUES (Volume 1)
Sous la direction de Jacques Bouineau – Textes réunis par Burt Kasparian
Ces contributions invitent à réfléchir sur la recomposition contemporaine de l'espace méditerranéen et sur le droit international qui s'y applique, à partir d'exemples tirés des plus grandes civilisations méditerranéennes aux époques antique et médiévale. Elles invitent le lecteur à s'interroger sur les piliers de la Méditerranée dans le jeu des relations entre les hommes et les institutions, et à découvrir l'essence des réponses juridiques et politiques.
(Coll. Méditerranées, 16.50 euros, 158 p.)
ISBN : 978-2-343-04661-7, ISBN EBOOK : 978-2-336-36366-0

DROIT (LE) INTERNATIONAL. ASPECTS POLITIQUES (Volume 2)
Sous la direction de Jacques Bouineau – Textes réunis par Burt Kasparian
Ce volume offre une réflexion sur la recomposition de l'espace méditerranéen contemporain à partir de l'histoire ou de l'actualité. L'histoire est traitée de la période qui s'étend de la Renaissance

à la fin du XIXe siècle. En ce qui concerne l'actualité, le jeu des emprunts et des modèles juridiques transparaît aussi bien dans la fiscalité internationale actuelle que dans les transpositions constitutionnelles du droit français en Égypte ou dans l'observation du fonctionnement de l'Europe.
(Coll. Méditerranées, 19.00 euros, 184 p.)
ISBN : 978-2-336-30904-0, ISBN EBOOK : 978-2-336-36367-7

SECRETS (LES) DU DROIT
Secret, droit et cinéma
Sous la direction de Stéphane Boiron, Nathalie Goedert et Ninon Maillard
Notre société du visible, pour savoir, exige de tout voir et tout montrer, sans délai, au risque de confondre espaces privés et espaces publics. Parce qu'on l'accusait de dissimuler les abus, de servir l'arbitraire, de diviser les hommes entre initiés et profanes, le secret a été condamné comme contraire au pacte démocratique. Pourtant, c'est aussi au nom de la liberté que, face à une transparence érigée en dogme, certains osent faire l'éloge du secret. C'est pourquoi, il appartient au droit d'orchestrer l'équilibre et de distinguer le bon du mauvais secret.
(Coll. Presses Universitaires de Sceaux, 24.00 euros, 248 p.)
ISBN : 978-2-343-04670-9, ISBN EBOOK : 978-2-336-36326-4

TABLES (LES) DE LA LOI : DE L'ARGILE AU NUMÉRIQUE
La diffusion de la règle de droit à travers les âges
Evrard Sébastien
On parle aujourd'hui de «culture digitale» ou culture numérique et de diminution du papier. Est-ce un bien ou un mal ? Comment les textes, la jurisprudence et toutes les normes juridiques sont-ils diffusés aujourd'hui ? Enfin, quelles sont les spécificités de l'édition dite juridique par rapport à l'édition générale ? Répondre à ces questions nécessite d'envisager l'histoire de la connaissance puis de la diffusion de la règle de droit, ce qui fait l'objet de ce livre.
(Coll. Logiques Juridiques, 13.00 euros, 122 p.)
ISBN : 978-2-343-04478-1, ISBN EBOOK : 978-2-336-36201-4

ARTICULATION (L') DES VOIES DE DROIT DANS LE CONTENTIEUX DE LA COMMANDE PUBLIQUE À L'INITIATIVE DES TIERS AU CONTRAT
Tallet-Preud'homme Laura - Préface de Paul Cassia
Parallèlement à la formation progressive d'un «droit de la commande publique», le contentieux à l'initiative des tiers au contrat a muté, à tel point que le changement de paradigme opéré tend à faire émerger un «contentieux de la commande publique». Diverses voies de droit ont été instituées, engendrant «l'embarras du choix» voire «l'embarras tout court» du tiers concurrent évincé. La complexité de ce contentieux est telle qu'il faut détruire pour reconstruire ce paysage contentieux.
(Coll. Logiques Juridiques, 49.50 euros, 536 p.)
ISBN : 978-2-343-04827-7, ISBN EBOOK : 978-2-336-36265-6

APPRÉHENSION (L') DES PRATIQUES RESTRICTIVES PAR LES AUTORITÉS FRANÇAISES ET EUROPÉENNES DE LA CONCURRENCE
Analyse des pratiques contractuelles abusives entre professionnels à l'épreuve du droit des pratiques anticoncurrentielles
Mallen Guillaume - Préface de Linda Arcelin-Lécuyer
Définies au sens de l'étude comme des comportements contractuels unilatéraux et abusifs dans les rapports commerciaux entre professionnels, les « pratiques restrictives » peuvent être réprimées au titre du droit des pratiques anticoncurrentielles (abus de domination et entente). L'ouvrage permet d'exposer l'office des autorités de concurrence lorsqu'elles sont confrontées à ces pratiques contractuelles abusives et d'envisager des solutions concrètes en vue de perfectionner le droit positif actuel.
(Coll. Logiques Juridiques, 65.00 euros, 874 p.)
ISBN : 978-2-343-04739-3, ISBN EBOOK : 978-2-336-36189-5

L'HARMATTAN ITALIA
Via Degli Artisti 15; 10124 Torino

L'HARMATTAN HONGRIE
Könyvesbolt ; Kossuth L. u. 14-16
1053 Budapest

L'HARMATTAN KINSHASA
185, avenue Nyangwe
Commune de Lingwala
Kinshasa, R.D. Congo
(00243) 998697603 ou (00243) 999229662

L'HARMATTAN CONGO
67, av. E. P. Lumumba
Bât. – Congo Pharmacie (Bib. Nat.)
BP2874 Brazzaville
harmattan.congo@yahoo.fr

L'HARMATTAN GUINÉE
Almamya Rue KA 028, en face
du restaurant Le Cèdre
OKB agency BP 3470 Conakry
(00224) 657 20 85 08 / 664 28 91 96
harmattanguinee@yahoo.fr

L'HARMATTAN MALI
Rue 73, Porte 536, Niamakoro,
Cité Unicef, Bamako
Tél. 00 (223) 20205724 / +(223) 76378082
poudiougopaul@yahoo.fr
pp.harmattan@gmail.com

L'HARMATTAN CAMEROUN
BP 11486
Face à la SNI, immeuble Don Bosco
Yaoundé
(00237) 99 76 61 66
harmattancam@yahoo.fr

L'HARMATTAN CÔTE D'IVOIRE
Résidence Karl / cité des arts
Abidjan-Cocody 03 BP 1588 Abidjan 03
(00225) 05 77 87 31
etien_nda@yahoo.fr

L'HARMATTAN BURKINA
Penou Achille Some
Ouagadougou
(+226) 70 26 88 27

L'HARMATTAN SÉNÉGAL
10 VDN en face Mermoz, après le pont de Fann
BP 45034 Dakar Fann
33 825 98 58 / 33 860 9858
senharmattan@gmail.com / senlibraire@gmail.com
www.harmattansenegal.com

L'HARMATTAN BÉNIN
ISOR-BENIN
01 BP 359 COTONOU-RP
Quartier Gbèdjromèdé,
Rue Agbélenco, Lot 1247 I
Tél : 00 229 21 32 53 79
christian_dablaka123@yahoo.fr

Achevé d'imprimer par Corlet Numérique - 14110 Condé-sur-Noireau
N° d'Imprimeur : 123620 - Dépôt légal : novembre 2015 - *Imprimé en France*

www.ingramcontent.com/pod-product-compliance
Lightning Source LLC
LaVergne TN
LVHW011009061026
849535LV00006B/1785
* 9 7 8 2 3 4 3 0 7 2 7 0 8 *